高职高专"十三五"经济与管理类核心课程系列规划教材

管理学基础

（第二版）

主　编　王红梅　蔡爱丽

副主编　陈日华　白夏平

西安交通大学出版社
XI'AN JIAOTONG UNIVERSITY PRESS

内 容 提 要

本教材从高职高专人才培养目标出发，力求向广大读者提供全面、系统的管理学知识，充分突现"以职业活动为导向，以职业能力为核心"的指导思想。

本教材的主要内容包括：管理、管理学、管理者等基本概念，西方古典管理理论、行为科学理论、现代管理理论、东方管理思想等管理理论，计划的特点、作用、原理、分类、程序、方法以及目标管理，决策的原则、类型、过程、方法以及环境研究与竞争战略，组织的功能、类型、组织结构的基本类型以及管理幅度与管理层次，领导的特征、方式，激励的作用、过程、原则、理论、方法，沟通的渠道原则，控制的过程、类型、原则等内容。

本教材力求做到学以致用，达到可操作性强的目标，可作为高职高专的相关专业教材，也可供从事相关职业的工作人员参考使用。

第二版前言

高职院校的很多同学们走向工作岗位之后,经过努力工作,都会由基层被提升到管理层。通过调查发现,大部分的同学们所处的都是中基层管理者的岗位,因此,本课程的内容围绕中基层管理者的基本工作内容展开。

"管理学基础"是管理类专业和相关专业的一门专业知识课程,主要介绍管理学的一些基本理论和基本方法,内容包括管理学概述、管理学理论简介、决策、计划、组织、领导、激励、沟通和控制等。

与前一版相比,本次改版增加了"知识链接""拓展案例"等模块,使得教材内容更加具有可读性和趣味性,让相对枯燥的管理学原理与理论在简单的案例中得到解释。

本书第1章由南通纺织职业技术学院陈日华编写;第2章由渭南职业技术学院白夏平编写;第3章由南京信息职业技术学院蔡爱丽编写;第4章由南京信息职业技术学院王红梅编写;第5章由陕西国防工业职业技术学院张琼编写;第6章由陕西国防工业职业技术学院王珊珊编写;第7章由商洛学院刘龙龙编写;第8章和第9章由安徽城市管理职业学院张芹编写。

本书在编写过程中参考借鉴了很多学者、前辈的教材和资料,编者特此表示衷心的感谢。

由于编写时间仓促,编者水平有限,书中错误或不当之处在所难免,敬请广大读者批评指正。

编者
2017 年 7 月 4 日

第一版前言

　　管理学基础是管理类专业及其相关专业的一门基础性课程,主要介绍管理的一些基本理论和基本方法,主要内容包括:管理、管理学与管理者;管理理论的形成和发展;决策;计划;组织;领导;激励;沟通;控制。本书可作为高职高专教材,也可作为企业管理人员的参考资料。

　　本教材是高职高专"十二五"规划教材,其特点是:强调实用性,增加的案例、操作题等使内容更加丰富多彩。本教材总结了参编教师多年教学工作中的经验,根据教学的需要组织了相关内容,更具有实用价值。

　　本书由南京信息职业技术学院赵胜刚和王红梅两位担任主编,南通纺织职业技术学院陈日华、渭南职业技术学院白夏平担任副主编。本书第1章由南通纺织职业技术学院陈日华编写;第2章由渭南职业技术学院白夏平编写;第3章由南京信息职业技术学院赵胜刚编写;第4章由南京信息职业技术学院王红梅编写;第5章由陕西国防工业职业技术学院张琼编写;第6章由陕西国防工业职业技术学院王珊珊编写;第7章由商洛学院刘龙龙编写;第8章和第9章由安徽城市管理职业学院张芹编写。赵胜刚、王红梅负责全书的统稿。

　　本书在编写过程中参考借鉴了很多学者、前辈的教材和资料,编者特此表示衷心的感谢。

　　由于编写时间仓促,编者水平有限,书中错误或不当之处在难免,敬请广大读者批评指正。

编者

目 录
Contents

第1章
管理与管理学

学习要点

1. 掌握管理的含义
2. 理解管理的属性、职能,以及管理系统的构成
3. 掌握管理者的分类、素质与技能
4. 理解管理对象的构成及其特点

案例导入

徐经理的一天

徐帆是华东某新能源汽车公司的高管,她一天的工作记录如下:

(1)8:30—9:00

参加公司早会,参加高层会议,汇报昨日部门工作,并说明今日工作计划、可能遇到的问题以及相关解决方案。

(2)9:00—9:15

参加部门会议,听取部门人员工作汇报,指导工作,同时,落实需要推进的重点工作。

(3)9:15—10:00

复审部门人员工作计划,了解整体工作情况,针对工作任务中的问题思考解决办法,并同相关负责人员沟通。

(4)10:00—11:00

听取关于产品宣传方案报告,对其中涉及的场地、产品出库、产品拍摄方案、整体报价等情况进行了解,提出问题,协调团队人员,设定计划完成时间。

(5)11:00—12:00

对网站板块内容更新涉及的新闻稿件、海报等的编辑进度以及上传情况进行跟踪,检查最终实施情况。同时,指导网站编辑发布通知,告知各通讯站信息征集的要求。

(6)12:00—13:00

午餐、小睡、看杂志。

(7)13:00—14:00

制定部门近期工作计划,考虑杂志出版、产品视频拍摄、社交平台宣传等的推进方案,思考相关负责人、任务落实注意要点、主要宣传方向等。

(8)14:00—15:00

小范围面对面同职员沟通计划任务的想法,完善工作计划内容,同上级领导沟通自己的初始想法,看方案是否有通过的可能。根据领导意见进行二次整理修改。

（9）15：00—16：00

同演艺公司负责人见面，了解拍摄事宜的具体情况，确定拍摄的时间。

（10）16：00—17：00

向高层领导汇报工作计划，确定工作内容，对任务进行分解，整理今日工作，制定明日工作计划。

思考题

这则案例涵盖了管理者、管理对象、管理活动和管理过程等基本管理要素，结合案例，分析徐帆在这一天的管理活动有哪些。

1.1 管理

管理活动是与人类社会的生产和生活相伴而生的。随着社会的发展，管理已经成为了人们社会生活的重要组成部分。管理是社会组织中，为了实现预期的目标，以人为中心的协调活动。从管理的概念描述中发现它包括四个含义：①管理是为了实现组织未来目标的活动；②管理的工作本质是协调；③管理工作存在于组织中；④管理工作的重点是对人进行管理。为了更好地理解管理，我们首先要理解组织。

1.1.1 组织的概念

所谓组织，是指完成特定使命的人们，为了实现共同的目标而组合成的有机整体。

组织就是由两个或两个以上的人组成的有特定目标和一定资源并保持某种权责结构的群体。组织的特征可以概括为三点：

1. 有明确的目标

没有目标就不是组织而仅是一个人群。目标是组织的愿望和外部环境结合的产物，所以组织的目的性不是无限的，而是受环境影响和制约的，这个环境包括物质环境及社会文化环境，有了目标后组织才能确定方向。就像引例中提到的，只有确立了目标和方向才能立起大旗，才能有号召力和吸引力去组建一支队伍。

2. 拥有资源

这种资源主要包括五大类，即人、财、物、信息和时间。人的资源是组织最大的资源，是组织创造力的源泉。财的资源主要是指资金。资金不同于资本，资本是要讲所有权的，而资金是流动中的货币，主要是使用权。组织在其存在和发展中需要大量的资金，这些钱有一部分是归组织或股东所有的，还有相当一部分是通过各种渠道聚集起来的，有了资金组织的各项工作才能运转起来。做任何事情物资管理都非常重要，仅有资金是不够的，货币是一种抽象的资源，只有转化成物的资源，才完成了从抽象到具体、从一般到特殊的过程，从而能满足组织发展的特定需要。信息实际上是一种可以认知其意义的符号，例如，微笑就是一种信息，这种信息可以代表你对本书的内容感兴趣，一旦能读到这样的含义，那么微笑信息就完成了其传递过程。现代社会信息传输、交换、存储的手段已经非常发达，信息量激增，它给管理带来了许多好处，同时也提出了挑战。在海量的信息中如何找到最有价值的，如何能在信息不完全的情况下进行经营决策呢？这是对每一个管理者的考验。运用好信息资源对一个企业来说也是非常关键的。所以在谈到企业组织的运营特色的时候,管理学大师德鲁克说,一个管理者最不同于其他岗位和领域的人员具有三大特征:一是他要交换和处理信息;二是基于前者作出决策;三是要为组织进行战略规划。可见信息对管理是非常重要的。时间是生命的尺度,具有不可重复性、不可再生性,而且是不可替代的。科学管理起源于工业革命后期企业家对效率的追求,而效率就是对时间的节约,同样的时间做更多的事、出更多的成果就是效率,从这点上看,可以说管理学这门学科的发展起源于人类理性对时间的珍爱和对于充分利用自己时间资源的追求。

3. 保持一定的权责结构

这种权责结构表现为层次清晰,任务有明确的承担者,并且权力和责任是对等的。有多大的权力就有多大的责任,这也是非常重要的。例如,一个企业的领导者,带领下属研发一种产品,他对大家说:"本人是领导,你们要服从我,但失败了是你们自己的责任,跟我没关系。"如果他这样说,就会有人反对他做领导。权力和责任一定要对等,它是行使管理权的前提。如果哪个管理者要坐享其成,却努力逃避责任风险,那么被管理者就一定会站出来反对他。

为完成组织的使命及目标,组织需开展两项工作:①开展业务活动(作业活动);②管理,即需要人力、物力和财力,还需要信息资源。

1.1.2　管理的概念

1. 管理的定义

管理学界对管理的定义可谓多种多样,多年来,不同管理学派从不同角度对管理一词有不同的解释:

科学管理学派认为:"管理就是效率。"他们认为管理就是协调团体的活动,以达到其共同的目标所做努力的过程。

管理过程学派认为:"管理就是实行计划、组织、指挥、协调和监督。"

行为科学学派认为:"管理就是对人的管理。"

决策理论学派认为:"决策贯穿管理全过程,管理就是决策。"

管理科学学派认为:"管理就是用数学模型与程序来表示计划、组织、控制、决策等合乎逻辑的程序,求出最优的解答,以达到组织的目标。"

综上所述,我们认为,所谓管理就是在特定环境中,对组织所拥有的资源进行有效的计划、组织、领导和控制,以便达到既定的组织目标的过程。

它包括以下四层含义:①管理为实现组织目标服务,是有意识有目的进行的过程;②管理由一系列相互关联、连续进行的活动构成,包含计划、组织、领导、控制(管理的基本职能);③管理的对象是组织的各种资源,通过综合运用资源来实现,要既有效率又有效果;④管理在一定的环境条件下开展,环境既提供机会,也构成威胁,管理活动必须适应特定的管理环境和条件的要求,采用不同的方法和手段,灵活应变。

2. 管理的要素

管理是在一定的环境条件下,为实现既定目标,对所属的组织、人员的活动施加影响的过程。形成一种管理活动,除了管理行为本身之外,首先要有管理主体,即说明由谁来进行管理的问题;其次要有管理客体,即说明管理的对象或管理什么的问题;再次要有管理目的,即说明为何而进行管理的问题。有了以上三个要素,就具备了形成管理活动的基本条件。同时,我们还应想到,任何管理活动都不是孤立的活动,它必须要在一定的环境和条件下进行。不考虑管理的环境和条件,也难以解决"如何进行管理"的问题。因此,管理作为动态过程,它包括组织环境、组织目的、管理主体和管理客体四个要素,离开任何一个要素,管理行为便无法产生。这四个要素决定管理行为的发生,它们就是管理要素。

从组织的观点来分析管理要素,也可以得出相同的结论。我们知道管理是一种行为,管理的行为主体是组织,而组织与管理相互依存、无法分离,管理离不开组织,组织也离不开管理,组织决定管理。因此,组织是影响管理的因素,构成组织的要素也就是管理要素。组织由组织环境、组织目的、管理主体和管理客体这四个要素所构成,这四个要素是管理要素,也就是说,组织要素和管理要素是相同的。

(1)管理主体。在管理要素对管理行为的影响中,管理主体是起主导作用的。管理主体的作用表现为对管理客体的领导、组织、控制和协调,使管理客体能够按照管理主体的要求和目标进行工作,管理客体工作成绩的好坏,在很大程度上取决于管理主体的领导水平及素质。管理主体的另一个作用,表现为对组织环境的掌握和适应,使环境有利于管理工作的进行。虽然,组织环境是客观形成的,不因管理主体主观愿望而改变。

(2)管理客体。作为管理的特定对象,管理客体常常是根据管理主体的指令,按管理主体的意图,为达成组织目标服务的各级下属人员。管理客体的作用表现为对管理主体制定目标的主动性、创造性的实施。

(3)组织目的。任何管理行为都具有一定的目的性,都是一种有意识、有目的的活动。管理行为努力使这个目的实现。如企业的目的是生产产品,满足社会需要,获得利润;学校的目的是培养人才,军队的目的是保卫国家,医院的宗旨是救死扶伤。

(4)组织环境。管理活动除了是管理主体、管理客体和组织目的三个基本要素相互作用的过程之外,还处在一个客观环境之中,与外界发生着输出和输入的交流。

组织环境包括自然环境和社会环境,大到国际政治、经济关系,小到企业外部的环境变化,都对管理行为产生影响。管理是一个动态过程,是一个对环境的动态适应过程。

上述影响管理行为的管理要素相互结合,相互作用,共同构成管理行为的动态过程。

在管理要素中,管理主体和管理客体的划分并非是绝对的,而是在一定的条件下可以转化进行。在组织中,人不仅是管理主体,而且是管理客体。在一定的时间、场合下相对于一定的对象,一个人是管理主体;在另一些条件和场合下,他又变成了管理客体。组织中没有绝对的管理主体,也没有绝对的管理客体,只能根据一定的条件做相对的划分。在组织中,既没有不参与管理的人,也没有不接受管理的人。

人们在组织中处于双重角色的地位,这首先是由组织系统多层次的复杂结构决定的。在组织系统中,既有纵向关系,也有横向关系。在纵向的各级管理层次中,某一层次机构的管理者同时又是更高一级层次管理者的管理对象;某一层次结构的管理客体相对于更低一级层次的管理者和管理客体来说,又成为管理主体。显然,在组织系统的复杂结构中,管理者和被管理者、管理主体和管理客体,是相对的,是会在一定条件下相互转化的,组织中没有绝对的管理者和被管理者。例如,科长相对于科员是管理者,但相对于局长又是被管理者;而局长对于科长来说是管理者,但局长对于市长来说又是被管理者。当然,实际的管理关系远比这要复杂得多。各级管理组织之间的关系也是如此。

其次,在组织管理中,上下级之间的管理关系,也非单向的,而是可逆的、双向的。上级管理下级,而下级也可以通过各种建议、意见、提议、对话等形式,对上级进行监督。在这种情况下,下级这个管理客体又在某种程度上转化为管理主体。

再次,企业中所有的人都是自己工作岗位上的管理主体。事实上,任何工作岗位都首先是一种管理工作。如果在这个岗位上没有管理工作,那么我们完全可以把这项工作交给机器去完成。人和机器的差别,大概也就是人具有管理的能力,而机器是不可能有的。因此,职工都应该是有管理的责任和权力的。生产线上的职工要努力使设备与工作最有效地协调起来,并且还要为机器生产准备必要的条件,这是一项复杂的生产管理工作。同样,其他工作岗位也要对工作进行具体的组织和调整,以使工作的效率最高。在每个岗位上,任何人都是与此岗位直接相关的财、物的主人,相对于这些客体来说,人始终是管理主体。

总之,我们在分析管理行为的时候,就应该全面分析组织环境、组织目的、管理主体和管理客体,仅仅研究某一项或几项管理要素是不全面的。传统管理学派之所以存在种种缺陷,其原因就在于此。

◤ 知识链接

管理的分类

管理可以分为很多种类,比如行政管理、社会管理、工商企业管理、人力资源管理、情报管理等。在现代市场经济中,工商企业管理最为常见。每一种组织都需要对其事务、资产、人员、设备等所有资源进行管理。每一个人也同样需要管理,比如管理自己的起居饮食、时间、健康、情绪、学习、职业、财富、人际关系、社会活动、精神面貌(即穿着打扮)等。企业管理可以划为以下几个分支:人力资源管理、财务管理、生产管理、物控管理、营销管理、成本管理、研发管理等。在企业系统的管理上,又可分为企业战略、业务模式、业务流程、企业结构、企业制度、企业文化等系统的管理。

1.1.3　管理的性质

管理的性质由管理活动的自身性质和特点产生和形成,一般而言,管理活动具有如下基本特征:

1. 管理的二重性——自然属性和社会属性

任何社会生产都是在一定的生产关系下进行的。管理,从最基本的意义来看,一是指挥劳动,二是监督劳动。由于生产过程具有两重性——既是物质资料的再生产,同时又是生产关系的再生产。因此,对生产过程进行的管理也就存在着两重性:一种是与生产力、社会化大生产相联系的管理自然属性;一种是与生产关系、社会制度相联系的管理社会属性。这就是管理的二重性(管理的性质)。它是马克思关于管理问题的基本观点。

(1)自然属性。自然属性是管理与生产力、社会化大生产相联系而体现出的性质。它由共同劳动的性质所产生,是合理组织生产力的一般职能。

(2)社会属性。社会属性是管理与生产关系、社会制度相联系而体现出的性质。它由生产关系的性质和社会制度所决定,是维护和完善生产关系的职能。

(3)管理的二重性对比。管理的二重性对比如表 1-1 所示。

表1-1　管理的二重性对比

项目	自然属性	社会属性	
1.产生条件	协作(共同劳动)	生产资料所有制形式(公、私)	
2.在管理中的作用	集中表现在"指挥的意志上"	监督	资本主义:出于剥削的需要 社会主义:维护人们的利益,增加社会财富的需要
3.职能	一般职能:合理组织生产力	特殊职能:维护和完善生产关系	
4.性质	"生产"劳动	监督劳动	资本主义:剥削 社会主义:增加社会财富
5.决定因素	生产力水平(社会化大生产程度)	生产关系(社会制度)	

2. 管理的科学性和艺术性

(1)管理的科学性。管理是一门科学,是由大量学者和实业家在总结管理工作的客观规律基础上借用许多学科的理论、知识和方法,如经济学、心理学、社会学、运筹学和数学等形成的一整套管理理论体系,它为指导管理实践提供了原理、原则、方法和技术。管理的科学性具有科学的规律性、严密的程序性和先进的技术性等特征。

①科学的规律性。管理科学是人类长期从事社会生产实践活动中,对管理活动规律的总结。作为一门科学,要求管理具有系统化的理论知识。管理科学是把管理的规律性提示出来,形成原则、程序和方法,对管理者管理活动予以普遍性指导,使管理成为理论指导下的规范化的理性行为。承认管理的科学性,就是要求在管理活动中要不断发现与摸索管理的规律性,按照管理的规律来办事,在科学的管理理论与原则的指导下,搞好管理,提高管理效率。

管理学是从客观实际出发,来研究人类社会中各种组织的管理活动及其规律性的学科,这些规律是客观存在的,如果谁违背了这些规律,就必然会遭到惩罚。比如企业经营中有一条亘古不变的真理:企业必须以自己的产品和服务最大限度地去满足顾客的需求才能盈利。这条法则应该说是古今中外企业必须遵循的不二法则。这就是管理规律,谁违背了谁就要吃亏。

②严密的程序性。科学的逻辑在管理活动中表现为一种严格的程序化操作,程序性是管理活动的一个重要特征。这种程序性首先体现在管理流程的设计中,其次体现在具体的操作工艺中。

③先进的技术性。管理学是一门应用性很强的学科,管理的理论只有转化为具体的管理技术和技能才能发挥作用。在现代管理学中,这些管理技术又被转换成各种管理软件和具体的操作技能,以便完成具体的管理任务。

(2)管理的艺术性。管理是一门艺术,管理要达到预期的目的,就必须灵活地、巧妙地运用管理理论、方法和技术,这就是管理的艺术性。

管理是一种随机的创造性工作,它不像有些科学那样可以单纯通过数学计算去求得最佳答案,也不可能为管理者提供解决问题的具体模式,它只能使人们按照客观规律的要求,实施创造性管理,从这个意义上讲,我们说管理是一种艺术。同时,管理中还存在着许多未知的、活的、模糊的因素。所谓未知的、活的、模糊的因素,即靠人的经验、感觉、魄力、权威等都无法度量甚至无法言传,被人们称之为"艺术"的部分,这部分也正是管理学应该开发的处女地。随着科学技术的发展和管理科学的发展,那些未知的、活的、模糊的领域会越来越少(但不会没有),但需要人们去从事管理艺术水平的要求却越来越高。

管理的艺术性在具体的管理活动中要求如下:

①巧妙的应变性。管理者在其管理生涯中,会遇到各种意想不到的事件发生,有无应变能力,便显得十分重要。尤其是当组织遇到突然的重大变故时,管理者的应变能力往往起着决定性的作用。

相关案例

海南农民种植的一种叫"白象牙"的芒果,因为在开花时受精受粉不完全,导致"发育不良",结出的果只有鸡蛋般大小,这种果子学名称为"败育果"。前几年,这种果只能作为淘汰处理。但是,原本要扔掉的小东西,在通过合理的转换后却变成了"珍珠果"。这种果由于其口感好,果肉中几乎没有纤维,核小甚至无核,深受人们的欢迎。正常大小的优质象牙芒果每斤售价二、三元,而它却卖到了四、五元,最高时可卖到八元一斤,而且供不应求。在海口、广州、深圳等地,这种小个的象牙芒果成为当地人的送礼佳品。气候还是那个气候,芒果还是那个芒果,但结果却大不相同。这就是在管理的应变性,遇到不同的情况、不同的对象,进行不同的处理。

②灵活的策略性。管理者不仅需要运用智慧进行战略层面上的思维和运作,更需要策略层面上的灵活操作,只有一个个策略上的成功,才能最终取得战略上的成功。

③完美的协调性。管理者的重要任务就是对各种关系的成功协调,如乐队指挥、弹奏钢琴协奏曲。协调出动力,出效益,其中,人际关系的成功协调,是对管理者的重大考验。

3. 管理是科学与艺术的统———客观规律与主观能动性的统一

管理科学是反映管理关系领域中的客观规律的知识体系,管理艺术则是以管理知识和经验为基础,富有创造性管理技巧的综合。管理科学是管理这一能动过程的客观规律的反映,而管理艺术则是它的主观创造性方面的反映。管理者只有既懂得管理科学又有娴熟的管理艺术,才能使自己的管理活动达到炉火纯青的地步。

在管理的科学性上,人们常犯的错误是:盲目照搬国外的管理理论;将书本上的管理原理当做教条;认为管理只靠实践,从不相信管理专家。尤其是第三种看法,在管理者中广泛存在。

在管理的艺术性上,人们常犯的错误是:管理的艺术性是指管理靠的是人格魅力、灵感与创新,而管理本身是没有规律可循的,更没有办法通过学习(尤其是书本学习)掌握管理的技巧;过分强调管理的艺术性,从而否认管理的科学性;认为管理艺术是少数人天生所具有的,从而大多数人只能天生地处于被管理、被领导的地位;在管理实践上缺乏科学的管理制度,而常常以管理者的心情、好恶来作为决策的依据。

对于学习管理学的人来说,不能把管理学当做一般的知识性学科进行学习,也不能把管理学简单地当做完成职业任务的操作技能来学习,而应该从管理科学、管理艺术两个层面来学习研讨管理学,使自己修炼成一个出色的管理者。

▍知识链接

对管理艺术性的理解

管理的艺术性是指管理靠的是人格魅力、灵感与创新,而管理本身是没有规律可循的,更没有办法通过学习掌握管理的技巧。不同的文化背景体现出不同的管理艺术,因此,管理者如何在管理工作中应用不同的管理方法艺术和领导艺术关系到管理工作的成败。

所谓艺术就是以个人的经验和熟练程度为基础的技艺和技巧。管理活动是处理和协调人与人之间关系的社会活动,管理主体是人,管理主体之中最重要也是人,人是有思想、有意识的高级社会动物。虽然管理活动必须遵循客观规律办事,但是管理者在应用管理理论指导管理实践时,不可能像自然科学应用其定理和公式去指导自然科学实践那么"刻板"和"一丝不苟",而是要求管理者在管理实践中灵活多变地运用管理理论进行具体问题具体分析。

1.1.4 管理的职能

管理的职能是指企业在其经营管理活动中所具有的职责和功能。前面所述管理两重性,表明管理的基本职能,即由自然属性决定的合理组织生产力的功能和由社会属性决定的巩固完善社会关系及其社会制度的功能。在具体的管理活动中,这两种基本职能表现在许多方面,因而就有许多具体的管理职能。管理学家们对这些具体的管理职能的划分,众说纷纭,本书概括为五种具体职能。

1. 计划职能

计划职能就是管理者对要实现的组织目标和应采取的行动方案作出选择和具体安排,包括研究活动的内外环境条件、制定经营决策和编制行动计划。

①研究活动条件,即计划过程中对活动条件的研究,主要包括内部资源能力研究、外部环境研究。

②制定经营决策,即在活动条件研究的基础上,根据这种研究所揭示的环境机会和威胁,以及组织在资源拥有和利用上的优势和劣势,确定组织在未来某个时期内的总体目标和方案。

③编制行动计划,即主要对未来行动任务、行动路线、行动方式、规则等方案等进行规划、选择等。

2. 组织规划

为保证组织计划的顺利实现,管理者要根据计划对组织活动中的各种要素和人们在工作中的分工合作关系进行合理的安排,这就是管理的组织职能。它包括设计组织结构、配备人员、运行组织和变革组织。

①设计组织结构,是指组织结构界定组织中所进行活动的分工和协作关系的一种结构或框架。

②配备人员,是指将适当人员安置在组织适当的岗位上。

③运行组织,是指向配备在各岗位的人员发布工作指令,提供必要物质和信息条件,使组织运行。

④变革组织是指根据组织活动开展和内外环境的变化,研究和推行必要的组织变革。

3. 领导职能

领导职能就是指管理者利用组织所赋予的职权和自身所拥有的权力去指挥、影响和激励组织成员,为实现组织目标而努力工作的一种具有很强艺术性的管理活动过程。它包括领导方式的选择、对下属的激励和沟通渠道的选择。

4. 控制职能

管理者必须根据计划目标确立控制标准,并对各项活动的执行情况进行检查,发现或预见偏差应及时采取措施予以纠正,这就是狭义的控制职能。广义的控制职能还包括根据组织内外环境的变化,对计划目标和控制标准进行修改和重新制定。

5. 创新职能

创新就是使组织的作业工作和管理工作都不断地有所革新、有所变化。

这些职能之间存在着某种逻辑上的先后顺序关系,通常是按照"计划—组织—领导—控制"的顺序发生,但是在实际管理工作过程中,某一职能进行中间可能穿插着其他职能。因此,管理工作是一个各职能活动相互交叉、周而复始的不断反馈和循环的过程。

1.2　管理学

1.2.1　管理学的研究对象

为了实现本单位的既定目标,通过计划、组织、领导、控制、创新等职能进行任务、资源、职责、权力和利益的分配,协调人们之间的相互关系,这就是各行各业各种管理工作的共同之点。

管理工作的共性是建立在各种不同的管理工作的特殊性之上的,专门管理学中又包含着共同的普遍的管理原理和管理方法,这就形成了管理学的研究对象,即管理活动和管理过程。

管理学是以各种管理工作中普遍适用的原理和方法作为研究对象的,简单地说,这些原理和方法包括以下三个方面:

(1)根据管理活动总是在一定的社会生产方式下进行的特点,研究内容可以分为生产力、生产关系和上层建筑。

(2)从历史的角度研究管理实践、管理思想及管理理论的形成与演变过程。

(3)从管理者的工作或职能出发,系统研究管理活动的原理、规律和方法问题。

具体来讲,对管理学的研究涉及以下几个方面:

①对管理理论的研究。管理思想是管理实践的产物,而管理实践是与人类历史的发展同步进行的。对管理理论的研究就需要追寻人类的管理实践,扫描不同时期的管理环境,研究管理思想的演变和发展的历史趋势,从中把握住管理的发展规律。

②对管理的过程和职能的研究。管理是一个过程,管理者就是在这个过程中重复地履行各种职能的。对管理的过程和职能的研究,主要是研究管理的计划和决策、实施和执行、组织和人事、领导和指挥、控制和监督、评价和调整等,以便从中找到管理的循环规律,明确管理循环是往复不断、呈螺旋式上升的。

③对管理的生产力属性的研究。这主要是研究生产力的合理组织问题。这项研究要求管理者研究如何合理地、经济地、高效地使用和协调组织内的人、财、物资源来达到管理目的,即

怎样计划、组织、控制这些资源的使用问题。

④对管理的生产关系属性的研究。在生产关系方面,管理学主要研究以下方面:如何正确处理管理系统内部人与人的关系,如领导和群众的关系、管理者与被管理者的关系、群众之间的关系;如何建立和完善组织机构和分工协作关系;如何调动各方面的积极因素,达到最大的工作效益。

⑤对与上层建筑有关的管理问题的研究。上层建筑是建立在经济基础之上的政治、法律、道德、哲学、艺术、宗教等观点,以及与这些观点相适应的政治、法律制度。管理离不开政策、法令和规章制度。因此,在上层建筑方面,管理学主要研究的是组织的管理体制、规章制度的建立和完善问题,研究组织的内部环境与不断变化的外部环境相适应的关系问题,研究组织文化的塑造和落实的问题,研究组织的社会责任和伦理道德问题等,以维持正常的生产关系,适应和促进生产力的发展。

◢ 相关案例

副厂长的烦恼

新华公司新上任的分管生产的副厂长年轻有为,积极肯干,技术革新能力强,且办事雷厉风行。上任不久,他便主持制定了严格科学的有关生产管理的规章制度及经济奖惩措施,并在技术改革、提高生产率等方面做了大量工作,使企业生产效率大大提高。但在一年任期结束考核中,他的群众评价却出人意料的不佳,该副厂长也感到很苦恼。

分析:造成这样的局面的原因是什么? 与他的管理方法有关系吗?

1.2.2 管理学的研究方法

1. 归纳法

归纳法通过对客观存在的一系列典型事物(或现象)进行观察,从掌握典型事物的典型特点、典型关系、典型规律入手,进而分析研究事物之间的因果关系,从中找出事物变化发展的一般规律,也称为实证研究。在管理学研究中,归纳法应用最广,但其局限性也十分明显。

2. 试验法

试验法就是人为地为某一试验创造一定条件,观察其实际试验结果,再与未给予这些条件的对比试验的实际结果进行比较分析,寻找外加条件与试验结果之间的因果关系。

3. 演绎法

演绎法中常用的模型有三种:从理论概念出发建立的模型称为解释性模型;从统计规律出发建立的模型称为经济计量模型;建立在经济归纳法基础上的模型称为描述性模型。

1.3 管 理 者

任何管理活动都是通过人来实现的,人是进行管理活动的主体,一般而言,管理者需要指挥和协调工作的开展,并肩负着特定的任务和职能。管理者是组织的核心和灵魂,他们对组织的生存和发展起着至关重要的作用。

1.3.1　管理者的类型

管理者按其所处的组织层次可以分为高层管理者、中层管理者和基层管理者。管理者按其所从事的工作领域可以分为综合管理者和专业管理者。

1. 根据组织层次分类

（1）高层管理者。高层管理者的主要职责是制定组织的发展目标和发展战略，把握组织的发展方向。

（2）中层管理者。中层管理者负责将高层管理者制定的总目标和计划转化为更具体的目标和活动，并监督和协调基层管理者的工作。

（3）基层管理者。基层管理者的主要职责是给下属作业人员分派具体工作任务，直接指挥和监督现场作业活动以及保证各项任务的有效完成。

2. 根据管理的领域分类

（1）综合管理者。综合管理者是指负责管理整个组织或组织中某个事业部的全部活动的管理者。

（2）专业管理者。专业管理者是指仅仅负责管理组织中某一类活动（职能）的管理者。

▌相关案例

张经理该怎么办?

张军是某企业的网络销售部经理，该部门每天要处理大量的邮购业务，一般情况下，登记定单、按单备货、发送货物都是由部门中的业务人员承担的。但在前一段时间里，接连发生了多起A要的货发给了B，B要的货却发给了A之类的事，引起了顾客极大的不满。今天又有一批货要发送，张军不想让这种事再次发生。请问：张军是应该亲自核对这批货，还是仍由业务员们来处理？为什么？

思考题

（1）一名成功的企业高层管理者应该具备哪些素质？这种素质要求是否因企业的具体情况不同而各异？

（2）在工作中该如何让曾经发生的错误不再发生？

1.3.2　管理者的基本技能

一名合格的管理者需要具备技术技能、人际技能和概念技能。

1. 技术技能

技术技能是指"运用管理者所监督的专业领域中的过程、惯例、技术和工具的能力"。如监督会计人员的管理者必须懂会计。尽管管理者未必是技术专家，但他（或她）必须具备足够的技术知识和技能以便卓有成效地指导员工、组织任务，把工作小组的需要传达给其他小组以及解决问题。

2. 人际技能

人际技能，有时称为人际关系技能，是指"成功地与别人打交道并与别人沟通的能力"。人际技能包括对下属的领导能力和处理不同小组之间的关系的能力。管理者必须能够理解个人和小组、与个人和小组共事以及同个人和小组处理好关系，以便树立团队精神。管理者作为小组中的一员，其工作能力取决于人际技能。

3. 概念技能

概念技能是指"把观点设想出来并加以处理以及将关系抽象化的精神能力"。具有概念技能的管理者往往把组织视作一个整体，并且了解组织各个部分的相互关系。具有概念技能的管理者能够准确把握工作单位之间、个人之间和工作单位与个人之间的相互关系，深刻了解组织中任何行动的后果，以及正确行使各种管理职能。很强的概念技能为管理者识别问题的存在、拟订可供选择的解决方案、挑选

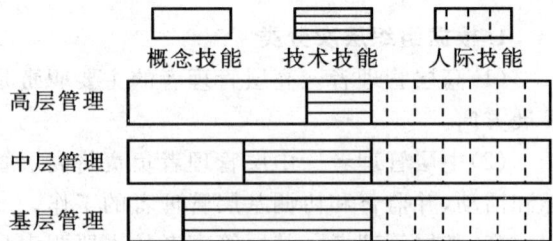

图1-1　各种层次管理所需要的管理技能比例

最好的方案并付诸实施提供了便利。各种层次管理所需要的管理技能比例如图1-1所示。

相关案例

IBM 公司兴衰的奥秘

IBM 公司是在托马斯·沃森的领导下，从20世纪50年代开始进入电子计算机行业，以其强大的销售服务队伍和每年占销售收入10%的研究开发投入，很快地超越先行者（雷明顿兰德公司）占领了工商界电子计算机市场。20世纪60年代，IBM 公司成功地开发出自我兼容但与其他厂家及以往机器并不相容的360大型计算机，狠狠打击了竞争对手，并推动了美国和世界电子计算机市场的迅速扩大。到1969年，IBM 取得了年72亿美元的营业收入和9亿美元的净收益，并以70%的占有率近乎垄断了美国的大型计算机市场。

进入20世纪70年代以后，电子计算机市场上出现了来自日本和美国国内的低成本计算机制造商，使 IBM 的大型机业务受到了日益严峻的挑战。与此同时，靠立足于科研用计算机的市场定位而避开了 IBM 公司威胁的数据设备公司在1965年率先向市场投放了小型计算机，而"后起之秀"苹果计算机公司则在1977年研制出内存少、没有数据库、速度慢、计算能力差但价格十分低廉的苹果个人计算机，此种产品后来引起了计算机行业的重大革命。与对小型机的迟缓反应（IBM 直到1986年才研制出 AS/400 小型机参与市场竞争）不同，在 IBM 公司任职已7年、即将退休的董事长福兰克·卡里在1986年9月召开的公司经营委员会上力排众议，作出了一项果断而又重大的决策，促成一支由50位富有创新精神的科研人员组成的个人电脑项目小组在不足1年时间内开发出内存和性能远胜于苹果机的 IBM—PC 电脑，并很快地变成全世界个人电脑行业标准的制定者。到1984年，IBM 个人电脑的营业收入达到40亿美元，该数足以使 IBM 个人电脑分部成为美国第74大工业公司和仅次于 IBM 所有其他部门和整个数据设备公司的第三大计算机生产商。从市场占有率来看，IBM 个人电脑在1985年占据了工商界市场80%的份额。可是，好景不长。IBM 在瞬间发展壮大的个人电脑业务，因为系统配套件的来源主要依靠外购（如微软公司为其提供 DOS 操作系统，英特尔公司提供中央处理器芯片），不知不觉中为竞争厂家通过仿效追赶而上提供了机会，也为微软公司、英特尔公司这些配套产品厂家的发展留下了广大的空间，这是使 IBM 个人电脑业务逐渐丧失竞争优势的一大原因。另一原因是该个人电脑业务从1985年开始改由忠于 IBM 传统的、来自大

型机产品分部的经理人员负责,慢慢地,IBM 的形象也就由营销者、创新者变成了组织者、守业者,公司集中统一管理的市场营销力量和高达 17 个层次的金字塔型结构及繁杂琐碎的新产品开发审批窒息了冒险和创业精神,而后起于 IBM 的对手们则以其一波紧接一波的创新浪潮,推动着计算机市场的发展、变化。1986 年,康柏公司首先采用英特尔公司发明的奔腾 386 机芯开发出便携式计算机,向 IBM 发出了一个有力的挑战。接着,戴尔计算机公司以其独特的邮递销售方式使个人电脑售价大幅削减,之后康柏和盖特韦 2000 公司又加入了新一轮竞争战。面对日益严峻的市场形势,IBM 的个人电脑业务在 1992 年发生了 10 亿美元的亏损,在1992 年 9 月机构改组而成为独立企业后,情况虽有所好转,但也只获得微利。1992 年,美国各大计算机公司绩效如下表所示:

IBM 及其他美国计算机企业 1992 年经营绩效对比

企业名称	销售额(亿美元)	销售利润率(%)	资金利润率(%)
IBM 公司	645	−8	−6
数据设备公司	140	−20	−25
苹果计算机公司	71	7	13
康柏计算机公司	41	5	7
盖特韦 2000 公司	11		26
太阳微系统公司	37	−0.8	0.6
王安公司	19	−19	−33
戴尔计算机公司	9	6	9
行业平均水平		−0.8	0.6

　　IBM 公司在 20 世纪 80 年代的二度兴起,到 1984 年时实际上已达到了顶点。那一年,IBM 以高达 12% 的销售增长率创得 65.8 亿美元利润,这是所有公司历史上最高的盈利记录,也代表着 IBM 发展的高峰。在 1985 年略有下降赚得 65.6 亿美元的盈利后,IBM 走向了似乎无可阻挡的衰落。公司接替卡里之后任首席执行董事及董事会主席的约翰·埃克斯在 8 年的当政时间内,尽管采取了万人规模的大幅精简人员、重组组织机构(允许各分部之间相互竞争和自主地向市场购售商品,并试图将包括 9 个新产品制造商和 4 个地区营销部的 13 个事业分部先后改组为如个人电脑业务部那样的独立机构)以及增强销售力量(进一步给本已相当强大的销售队伍增加 5000 名国内销售人员)等措施,可经营绩效并没有因此而改进。IBM 从1986—1990 年间,销售额的年增幅只保持在 3%~6% 的水平,而盈利在 1986 年降低了 27%,此后连年下降,到 1988 年盈利只有 57.4 亿美元,1989 年进一步降到了 37.2 亿美元。虽然1990 年在销售额增加 5% 的情况下取得了 59.7 亿美元的盈余,但这笔收益的很大部分是来自于诸如 4 年前投放市场的 AS/400 小型机的销售余力,大型机分部在 1990 年初为促进现有机型销售而采取的允诺现货购买者可得到下一年度新推出机型"可观价格优惠"的促销手法,以及不久前开始的簿记方式调整使 1989 年吸收了本应由 1990 年度注销的上亿美元开支等短期不稳定因素的作用。IBM 的高层领导没有意识到 1990 年业绩回升中潜在的不持久性,反而判定这是因为前几年推行的"改革"初见效果。也许受这种认识的误导,证券分析家也乐观地预测 IBM 公司 1991 年将盈利 70 亿美元,埃克斯董事长本人也向董事会许诺股票分红将提高

35％。1991年2月底,埃克斯还向董事会报告一切进展顺利,可忽然在半个月后不得不宣布IBM第一季度发生了17亿美元的亏损,并将原因归咎于海湾战争冲击和美国经济萧条。1992年初,证券分析家再次预测IBM本年度将取得40亿美元盈余,可结果完全出乎人们的预料。IBM在1991年亏损28.6亿美元后,1992年继续恶化,出现了商界少见的49.7亿美元的大亏损。1993年1月,IBM股票价格跌至每股40美元以下,达到了17年来最低价,从而构成了对公司高层领导改组的压力。1993年1月26日,埃克斯在宣布了将公司历史上从未有过克扣的每年超过25亿美元的红利分配削减55％以后,引咎辞职。

IBM公司董事会经过3个月的多方寻找,选择了年龄54岁、并无计算机行业经营经验,但具有27年从事咨询和中高层管理工作经历的RJR烟草公司董事长路易斯·格斯特纳担任IBM新一届董事长。最初,股票投资者和社会一般公众对格斯特纳的上任怀有重重疑虑,这可以从IBM股票价格进一步跌落3美元中得到真实反映。但是,格斯特纳从1993年4月接管公司起便大刀阔斧地推行改革,更换了公司2/3的高层经理人员,以同他本人一样的"外来者"来取代公司原首席财务审计官、市场营销副总裁、磁盘驱动器业务负责人和人事部门负责人等职务,从而给公司注入了新鲜的血液。与一般人认为的格斯特纳将继承其前任的分权改革法相反,新董事长重申了IBM商标的价值和集中使用营销力量的必要。他反对将公司的13个事业分部都改组为独立单位,而是相反地强调各部门间资源、技能和思想的更大程度的共享。为此,格斯特纳和他新组阁的高层管理班子花了近一年时间研究如何对公司进行"再改造工程",以强化企业与顾客之间以及公司总部与分部之间的联系。与此同时,格斯特纳重新强调了技术创新对于高新技术企业发展的重要性,但他明确指出,创新不应该围绕公司产品展开,而必须着眼于顾客和市场的需要。因此他上任后,花40％的时间用于听取顾客的意见及其未来计划安排。由于加强了同顾客的联系,IBM公司1986年向市场投放的一种新大型机几个月内就被抢购一空,并在近几年大型系统项目的投标竞争中取得了80％的平均中选率。

在为世界各大公司提供计算机及各种信息技术产品业务方面,IBM公司1995年取得了540亿美元的营业收入,1996年营业额继续增长了8％,达到583亿美元。IBM个人电脑业务的营业额,1996年最后一个季度得到了25％的高增长。近年才引起IBM特别注意的计算机服务业务,1994年的收入达97亿美元,1995年和1996年相继增加到127亿和160亿美元。1996年,IBM公司总营业额达到了770亿美元。尽管公司近2/3的营业收入来自销售利润率较低的个人电脑、工作站和计算机服务业务,但IBM还是取得了60亿美元的净收益(而格斯特纳刚接手的第一年公司还继续亏空83.7亿美元)。IBM在1997年和1998年将分别取得营业收入830亿和890亿美元,届时净收益会分别达到65亿和69亿美元。1996年11月22日,IBM公司的股票收盘价达158.5美元,成为股民们不愿错过的投资对象。

1.3.3 管理者的角色和任务

1. 管理者的角色和任务

根据亨利·明茨伯格的一项被广为引用的研究,管理者扮演着十种角色,这十种角色可被归入三大类:人际角色、信息角色和决策角色。下面我们详细介绍。

(1)人际角色。明茨伯格所确定的第一类角色是人际角色。人际角色直接产生自管理者的正式权力基础,管理者在处理与组织成员和其他利益相关者的关系时,他们就在扮演人际角色。管理者所扮演的三种人际角色是代表人角色、领导者角色和联络者角色。

作为所在单位的领导,管理者必须行使一些具有礼仪性质的职责。例如,管理者有时必须出现在社区的集会上,参加社会活动,或宴请重要客户等。在这样做的时候,管理者行使着代表人的角色。

由于管理者对所在单位的成败负重要责任,他们必须在工作小组内扮演领导者角色。对这种角色而言,管理者和员工一起工作并通过员工的努力来确保组织目标的实现。

最后,管理者必须扮演组织联络者的角色。管理者无论是在与组织内的个人和工作小组一起工作时,还是在与外部利益相关者建立良好关系时,都起着联络者的作用。管理者必须对重要的组织问题有敏锐的洞察力,从而能够在组织内外建立关系和网络。

（2）信息角色。明茨伯格所确定的第二类管理者角色是信息角色。在信息角色中,管理者负责确保和其一起工作的人具有足够的信息,从而能够顺利完成工作。由管理责任的性质决定,管理者既是所在单位的信息传递中心,也是组织内其他工作小组的信息传递渠道。整个组织的人依赖于管理结构和管理者以获取或传递必要的信息,以便完成工作。

管理者必须扮演的一种信息角色是监督者角色。作为监督者,管理者持续关注组织内外环境的变化以获取对组织有用的信息。管理者通过接触下属来搜集信息,并且从个人关系网中获取对方主动提供的信息。根据这种信息,管理者可以识别工作小组和组织的潜在机会和威胁。

在作为传播者的角色中,管理者把他们作为信息监督者所获取的大量信息分配出去。作为传播者,管理者把重要信息传递给工作小组成员,管理者有时也向工作小组隐藏特定的信息,更重要的,管理者必须保证员工具有必要的信息,以便切实有效完成工作。

管理者所扮演的最后一种信息角色是发言人角色。管理者必须把信息传递给单位或组织以外的个人,例如,必须向董事和股东说明组织的财务状况和战略方向,必须向消费者保证组织在切实履行社会义务,必须让政府官员对组织的遵守法律感到满意等。

（3）决策角色。最后,管理者也起着决策者的作用。在决策角色中,管理者处理信息并得出结论。如果信息不用于组织的决策,这种信息就丧失其应有的价值。管理者负责作出组织的决策,让工作小组按照既定的路线行事,并分配资源以保证小组计划的实施。

管理者所扮演的一种决策角色是企业家角色。在前述的监督者角色中,管理者密切关注组织内外环境的变化和事态的发展,以便发现机会。作为企业家,管理者对所发现的机会进行投资以利用这种机会,如开发新产品、提供新服务或发明新工艺等。

管理者所扮演的第二种决策角色是混乱驾驭者角色。一个组织不管被管理得多么好,它在运行的过程中,总会遇到或多或少的冲突或问题而管理者必须善于处理冲突或解决问题,如平息客户的怒气,同不合作的供应商进行谈判,或者对员工之间的争端进行调解等。

作为资源分配者,管理者决定组织资源用于哪些项目。尽管我们一想到资源,就会想到财力资源或设备,但其他类型的重要资源也可以被分配给项目。例如,对管理者的时间来说,当管理者选择把时间花在这个项目而不是那个项目上时,他（或她）实际上是在分配一种资源。除时间以外,信息也是一种重要资源,管理者是否在信息获取上为他人提供便利,通常决定着项目的成败。

管理者所扮演的最后一种决策角色是谈判者角色。对所有层次管理工作的研究表明,管理者把大量的时间花费在谈判上。管理者的谈判对象包括员工、供应商、客户和其他工作小组。无论是何种工作小组,其管理者都进行必要的谈判工作,以确保小组朝着组织目标迈进。

管理者的角色与任务如表1－2所示。

表 1－2　管理者的角色和任务

角色	描述	特征活动
人际角色		
1.代表人	象征性首脑,必须履行许多法律性或社会性的例行义务	迎接来访者,签署法律文件
2.领导者	负责激励下属,负责人员配备、培训以及有关的职责	实际上从事所有的有下级参与的活动
3.联络者	维护自行发展起来的外部关系和消息来源,从中得到帮助和信息	发感谢信,从事外部委员会的工作,从事其他有外部人员参加的活动
信息传递		
1.监督者	寻求和获取各种内部和外部的信息,以便透彻地理解组织与环境	阅读期刊和报告,与有关人员保持私人接触
2.传播者	将从外部人员和下级那里获取的信息传递给组织的其他成员	举行信息交流会,用打电话的方式转达信息
3.发言人	向外界发布组织的计划、政策、行动、结果等	召开董事会,向媒体发布信息
决策制定		
1.企业家	寻求组织和环境中的机会,制定"改进方案"以发起变革	组织战略制定和检查会议,以开发新项目
2.混乱驾御者	当组织面临重大的、意外的混乱时,负责采取纠正行动	组织应对混乱和危机的战略制定和检查会议
3.资源分配者	负责分配组织的各种资源,制定和批准组织决策	调度、授权、开展预算活动,安排下级的工作
4.谈判者	在主要的谈判中作为组织的代表	参加与工会的合同谈判

2.管理者角色与管理层次和组织规模的关系

不论何种类型的组织和在组织的哪个层次上,管理者都扮演着相似的角色。但是,管理者角色的侧重点是随组织的等级层次变化的,特别是挂名首脑、传播者、谈判者、联络者和发言人角色,对高层管理者来说要比低层管理者更重要。相反,领导者角色对于基层管理者,要比高、中层管理者更为重要。

管理者角色的重要性在大型企业和小型企业中有着明显的不同。小型企业管理者更重要的角色是发言人。他们要花费大量时间处理外部事务,如接待客户或消费者,会晤银行人士以安排融资,寻求新的业务机会等。相反,大型企业的管理者主要关心的是企业的内部事务,如怎样在企业内部各单位间分配现有的资源等。创业者角色对于大型企业的管理者来说处于相对次要的地位。

本章思考题

1.什么是组织？组织的特征有哪些？

2.什么是管理？管理的内涵与特征有哪些？

3.如何理解管理的自然属性和社会属性？

4.试论管理的科学性与艺术性。

5.管理的职能有哪些？你认为那个职能最重要？

6.管理者的基本技能有哪些？对不同层级管理者技能要求有何不同？

案例分析

百年老院的现代管理启蒙

北京同仁医院是一所以眼科闻名中外的百年老"店"，走进医院的行政大楼，其大堂的指示牌上却令人诧异地标明"五楼MBA办公室"。目前该医院已经从北大清华聘请了十一位MBA，另外还有一名学习会计的研究生，而医院的常务副院长毛羽就是一位留美的医院管理MBA。

内忧外患迫使同仁医院下定决心引进职业经理人并实施规模扩张，希望建立一套行政与技术相分离的现代医院管理制度。

根据我国加入世贸组织达成的协议，2003年，我国将正式开放医疗服务业。2002年初，圣新安医院管理公司对国内数十个城市的近30家医院及其数千名医院职工进行了调查访谈，得出结论：目前国内大部分医院还处于极低层次的管理启蒙状态，绝大多数医院并没有营销意识，普遍缺乏现代化经营管理常识。更为严峻的竞争现实是：医院提供的服务不属于那种单纯通过营销可以扩大市场规模的市场，即医院不能指望通过市场手段刺激每年病人数量的增长。

同仁医院显然是同行中的先知先觉者。2002年，医院领导层在职代会上对同仁医院的管理做过"诊断"：行政编制过大、员工队伍超编导致流动受限；医务人员的技术价值不能得到体现；管理人员缺乏专业培训，管理方式、手段滞后，经营管理机构力量薄弱。同时他们开出药方：引入MBA，对医院大手笔改造，涉及岗位评价及岗位工资方案、医院成本核算、医院工作流程设计、经营开发等。

目前，国内几乎所有的医院都没有利润的概念，只计算年收入。但在国外，一家管理有方的医院，其利润率可高达20％。这也是外资对国内医疗市场虎视眈眈的重要原因。

同仁医院要在医院中引入现代市场营销观念、启动品牌战略和人事制度改革，树立"以病人为中心"的服务观念：以病人的需求为标准，简化就医流程，降低医疗成本，改善就医环境；建立长期利润观念，走质量效益型发展的道路；适应环境、发挥优势，实行整合营销；通过扩大对外宣传、开展义诊咨询活动、开设健康课堂等形式，有效扩大潜在的医疗市场。

同仁医院所引进的MBA背景各异，绝大多数都缺乏医科背景。他们能否胜任医院的管理工作？医院职业化管理至少包括了市场营销管理、人力资源管理、财务管理、科研教学管理、全面医疗质量管理、信息策略应用及管理、流程管理等7个方面的内容。这些职能管理与医学知识相关但非医学专业。

同仁医院将MBA们"下放"到手术室3个月之后，都悉数调回科室，单独辟出MBA办公室，以课题组的形式，研究医院的经营模式和管理制度。对于医院引入的企业化管理，主要包含医院经营战略、医疗市场服务营销、医院服务管理、医院成本控制、医院人力资源、医疗质量管理、医院信息系统和医院企业文化等多部分内容。其中,医院成本控制研究与医院人力资源研究是当务之急。

几乎所有的中国医院都面临着成本控制的难题,如何堵住医院漏洞,进行成本标准化设计,最后达到成本、质量效益的平衡是未来中国医院成本控制研究的发展方向。另外,现有医院的薪酬制度多为"固定工资十奖金"的模式,而由于现有体制的限制,并不能达到有效的激励效果,医生的价值并没有得到真实的体现,导致严重的回扣与红包问题。如何真正体现员工价值,并使激励制度透明化、标准化成为当前首先要解决的问题。

这一切都刚刚开始,指望几名MBA就能改变中国医院管理的现状是不可能的。不过,医院管理启蒙毕竟已经开始,这就是未来中国医院管理发展的大趋势。

思考题

1.结合案例说明你对管理及管理职能的理解。

2.同仁医院为什么要引进如此多MBA? 你认为MBA们能否胜任医院的管理工作?

第 2 章

管理理论简介

学习要点

1.了解巴纳德的组织理论,儒家管理思想,道家管理思想,法家管理思想,佛、儒、道思想与中国企业文化

2.了解韦伯的"理想的行政组织体系"理论、现代管理理论、最新管理理论、管理道德、企业的社会责任

3.了解泰勒的科学管理理论、法约尔的一般管理、霍桑实验与人际关系学说、人性假设理论

案例导入

该如何进行管理?

在新城集团的车间领导班子会议上,车间的两位副主任就如何进一步提升管理工作水平问题发表意见。周副主任主张应向严格管理方向努力,重点是加强管理的规范化,要进一步加强制度建设,严格劳动纪律,加大现场监督力度,杜绝一切怠工或违纪现象,以确保流水线生产的顺利进行。周副主任引经据典地指出,这是依据被称为"科学管理之父"的泰勒的经典管理思想提出来的。吴副主任则不赞成这种意见。他认为这是一种传统的、已经过时的管理思想。吴副主任主张应坚持以人为本,重视人的需求,充分尊重员工,主要靠激励手段,由员工自我管理,自主控制。吴副主任强调,这是梅奥人际关系论的发展,是一种世界性的大潮流。而周副主任则坚持认为,在中国现阶段主要为流水线生产,还是规范化的科学管理更可行。在这种流水线生产条件下,过分依靠自觉是不可行的,强有力的现场监督控制才是唯一有效的管理。为此两个人各执一词,争执不下。

思考题

(1)案例中提到的"科学管理之父"的泰勒及其思想你了解吗?请简单叙述。

(2)梅奥的人际关系学说理论包含什么?

(3)你更倾向哪位副主任的观点?

2.1 西方古典管理理论

2.1.1 泰勒的科学管理理论

19世纪末之前,工业上采用的是传统的管理办法,它的特点在于企业主的管理主要是凭企业主个人的经验,不仅管理凭经验,而且生产方法、工艺制定以及人员培训也都是凭个人经

验。企业主靠饥饿政策迫使工人工作。企业主为了赚取更多的利润采用的手段不外乎是延长绝对劳动时间,或增加劳动强度。这种办法当时能够得以存在是因为工人阶级没有组织起来,并且失业现象严重。而随着工人阶级的成长壮大,企业主的这两种办法激起了工人阶级越来越强烈的反抗。劳资双方矛盾很大,工人阶级为了加强同企业主的斗争,组织起来而成立了工会,要求缩短工作日,降低劳动强度,增加工资。这就迫使企业主不得不放弃单靠解雇工人的办法去延长劳动时间,增大劳动强度。另一方面,当时生产力的发展水平也亟需一套系统的管理理论和科学的管理方法与之适应。尽管早期的管理思想有其科学的一面,但毕竟非常零散,没有系统化。企业主不可能完全认识到怎样进行管理才能既解决劳资关系问题,又不减少获取的剩余价值。因此,如何改进工厂和车间的管理成了迫切需要解决的问题。当时许多工程师和管理实践家都在进行这方面的研究,泰勒是其中最有成就的一个,后人将他尊为"科学管理之父"。

1. 泰勒简介

泰勒于 1856 年出生在美国费城一个富裕家庭里,19 岁时因故停学进入一家小机械厂当徒工。22 岁时进入费城米德维尔钢铁公司开始当技工,后来迅速提升为工长、总技师。28 岁时任钢铁公司的总工程师。1890 年泰勒离开这家公司,从事顾问工作。1898 年进入伯利恒钢铁公司继续从事管理方面的研究,后来他取得发明高速工具钢的专利。1901 年以后,他用大部分时间从事写作、讲演,宣传他的一套企业管理理论"科学管理——泰勒制"。他的代表作为《科学管理原理》。

2. 泰勒科学管理理论的内容

泰勒科学管理理论的内容概括起来主要有五条:

(1)工作定额。泰勒认为,当时提高劳动生产率的潜力非常大,工人们之所以"磨洋工",是由于雇主和工人对工人一天究竟能做多少工作心中无数,而且工人工资太低,多劳也不多得。为了发掘工人们劳动生产率的潜力,就要制定出有科学依据的工作量定额。为此,首先应该进行时间和动作研究。

所谓时间研究,就是研究人们在工作期间各种活动的时间构成,它包括工作日写实与测时。工作日写实,是对工人在工作日内的工时消耗情况,按照时间顺序,进行实地观察、记录和分析。通过工作日写实,可以比较准确地知道工人工时利用情况,找出时间浪费的原因,提出改进的技术组织措施。比如某位工人在工作时间内,进行工作准备用了多长时间,停工待料用了多长时间,清洗机器用了多长时间等等,都可以通过工作日写实清楚地记录下来,然后加以分析,保留必要时间,去掉不必要时间,从而达到提高劳动生产率的目的。测时,是以工序为对象,按操作步骤进行实地测量并研究工时消耗的方法。测时可以研究总结先进工人的操作经验,推广先进的操作方法,确定合理的工作结构,为制定工作定额提供参考。

所谓动作研究,是研究工人干活时动作的合理性,即研究工人在干活时,其身体各部位的动作,经过比较、分析之后,去掉多余的动作,改善必要的动作,从而减少人的疲劳,提高劳动生产率。

泰勒进行了一项很有名的实验。当时,他在伯利恒钢铁公司研究管理。他看到该公司搬运铁块的工作量非常大,有 75 名搬运工人负责这项工作。每个铁块重 80 多斤,距离为 30 米,尽管每个工人都十分努力,但工作效率并不高,每人每天平均只能把 12.5 吨的铁块搬上火车。

泰勒经过认真的观察分析最后计算出，一个好的搬运工每天应该能够搬运 47 吨，而且不会危害健康。他精心地挑选了一名工人开始实验。泰勒的一位助手按照泰勒事先设计好的时间表对这个工人发出指示，如搬起铁块、开步走、放下铁块、坐下休息等等。到了下班时间，这名工人如期地把 47 吨铁块搬上了火车。而且从这以后，每天都搬运 47 吨。泰勒据此把工作定额一下提高了将近三倍，并使工人的工资也有所提高。

(2)能力与工作相适应。泰勒认为，为了提高劳动生产率，必须为工作挑选第一流的工人。第一流工人包括两个方面：一方面是该工人的能力最适合做这种工作；另一方面是该工人必须愿意做这种工作。因为人的天赋与才能不同，他们所适于做的工作也就不同。身强力壮的人干体力活可能是第一流的，心灵手巧的人干精细活可能是第一流的。所以要根据人的能力和天赋把他们分配到相应的工作岗位上去，而且还要对他们进行培训，教会他们科学的工作方法，激发他们的劳动热情。

(3)标准化。标准化是指工人在工作时要采用标准的操作方法，而且工人所使用的工具、机器、材料等等都应该标准化，以利于提高劳动生产率。

泰勒在这方面也做过一项实验。当时伯利恒钢铁公司的铲运工人每天上班时都拿着自己家的铲子，这些铲子大小各异，参差不齐。泰勒观察一段时间之后发现，这样做是十分不合理的，每天所铲运的物料是不一样的，有铁矿石、煤粉、焦炭等等，在体积相同时，每铲重量相差很大。那么，铲上的载荷究竟多大才能使生产效率最高呢？泰勒考虑，对于一个第一流的工人来说，肯定存在一个相应的载荷，按这种载荷铲运物料，生产效率最高。泰勒选了几个第一流工人，付给他们较高的报酬，让他们努力工作，几星期改变一次铲上的载荷。最后，泰勒发现，对于第一流的铲运工人来说，铲上的载荷大约在 21 磅时生产效率最高。根据这项实验所得到的结论，泰勒依据不同的物料设计了几种规格的铲子，小铲用于铲运重物料，如铁矿石等；大铲用于铲运轻物料，如焦炭等。这样就使每铲的载荷都在 21 磅左右。以后工人上班时都不自带铲子，而是根据物料情况从公司领取特制的标准铲子。这种做法大大地提高了生产效率。这是工具标准化的一个典型例子。

(4)差别计件付酬制。泰勒认为，工人"磨洋工"的重要原因之一是付酬制度不合理。计时工资不能体现按劳付酬，干多干少在时间上无法确切地体现出来。计件工资虽然表面上是按工人劳动的数量支付报酬，但工人们逐渐明白了一件事实，只要劳动效率提高，雇主必然降低每件的报酬单价。这样一来，实际上是提高了劳动强度。因此，工人们只要做到一定数量就不再多干。个别人想要多干，周围的人就会向他施加压力，排挤他，迫使他向其他人看齐。

泰勒分析了原有的报酬制度之后，提出了自己全新的看法。他认为，要在科学地制定劳动定额的前提下，采用差别计件工资制来鼓励工人完成或超额完成定额。如果工人完成或超额完成定额，按比正常单价高出 25% 计酬。不仅超额部分，而且定额内的部分也按此单价计酬。如果工人完不成定额，则按比正常单价低 20% 计酬。泰勒指出，这种工资制度会大大提高工人们的劳动积极性。雇主的支出虽然有所增加，但由于利润提高的幅度大于工资提高的幅度，所以对雇主也是有利的。

(5)计划和执行相分离。泰勒认为应该用科学的工作方法取代经验工作方法。经验工作方法的特点是工人使用什么工具，采用什么样的操作方法都根据自己的经验来定。所以工效的高低取决于他们的操作方法与使用工具是否合理，以及个人的熟练程度与努力程度。科学工作方法就是前面提到过的在实验和研究的基础上确定的标准操作方法和采用标准的工具、设备。泰勒认为,工人凭经验很难找到科学的工作方法,而且他们也没有时间研究这方面的问题。所以,应该把计划同执行分离开来。计划由管理当局负责,执行由工长和工人负责,这样有助于采用科学的工作方法。这里的计划包括三方面内容:①时间和动作研究。②制定劳动定额和标准的操作方法并选用标准工具。③比较标准和执行的实际情况并进行控制。

以上五条就是科学管理的主要内容。泰勒认为科学管理的关键是工人和雇主都必须进行一场精神革命,要相互协作,努力提高生产效率。当然,雇主关心的是低成本,工人关心的是高工资。关键是要使双方认识到提高劳动生产率对双方都是有利的。泰勒对此有这样的论述:"在劳资双方的科学管理中所发生的精神革命是,双方都不把盈余的分配看成头等大事,而把注意力转移到增加盈余的量上来,直到盈余大到这样的程度,以至于不必为如何分配而进行争吵……他们共同努力所创造的盈余,足够给工人大量增加工资,并同样给雇主大量增加利润。"这就是泰勒所说的精神革命。遗憾的是泰勒所希望的这种精神革命一直没有出现。

3. 泰勒科学管理理论的贡献

(1)泰勒在历史上第一次使管理从经验上升为科学。

(2)泰勒讲求效率的优化思想和调查研究的科学方法。

4. 泰勒科学管理理论的不足

(1)泰勒对工人的看法是错误的。

(2)泰勒的科学管理仅重视技术因素及效率的提高,不重视人群社会的因素。

(3)"泰勒制"仅解决了个别具体工作的作业效率问题,而没有解决企业作为一个整体如何经营和管理的问题。

知识链接

吉尔布雷斯的动作研究

弗兰克·吉尔布雷斯对动作的研究始于早年对建筑工人砌砖的研究。1885 年弗兰克通过了麻省理工学院的入学考试,却因家庭困难没有入学,而是进入建筑行业,并以一个砌砖学徒工的身份开始了职业生涯。后来,他成为建筑工程师,被晋升为承包公司总管,不久又成为独立经营的建筑承包商。在工作中,弗兰克发现工人们砌砖的动作各不相同,速度也有快有慢。由此,他对砌砖动作和速度的关系产生了兴趣。他仔细观察砌砖工在工作中用的各种动作模式,探索究竟哪种动作模式是最好而效率最高的。在此基础上,他联系工人所做的工作和使用的工具对工人的动作进行了进一步研究,并制定了一种经过改进的工作方法。例如,在砌外层砖时,他把砌每块砖的动作从 18 个减少到 4.5 个;在砌内层砖时,把动作从 18 个减少到 2 个,使每个工人一小时的砌砖数从 120 块增加到 350 块。他还想出了一种堆放砖的方法,使工人不用像往常那样检查砖的哪一面最好。他设计出一种可调整的支架,使得工人不必象往常那样弯腰取砖。他还调制了一种有精确浓度的灰浆,使得砌砖时不必多余地用泥刀涂抹,弗兰克通过对工人的动作进行科学地研究和分析,制定出更有效而省时间的砌砖方法,并不知不觉地开始以研究进行任何工作的最好方法作为终身事业。

2.1.2 法约尔的一般管理

在以泰勒为代表的一些学者在美国倡导科学管理的时候,欧洲也出现了一些古典的管理理论及其代表人物,其中影响最大的要属法约尔及其一般管理理论。

1. 法约尔简介

亨利·法约尔,法国人,1860 年从矿业学校毕业,从 1866 年开始一直担任高级管理职务。他一生中写了很多著作,其内容包括采矿、地质、教育和管理等。特别是他在管理领域的贡献,使他受到后人的瞩目。法约尔和泰勒的经历不同,研究管理的着眼点也与泰勒不同。泰勒是以普通工人的身份进入工厂的,因此,他所研究的重点内容是企业内部具体工作的作业效率;而法约尔一直从事领导工作,所以他是把企业作为一个整体加以研究的。1916 年法约尔出版了《工业管理和一般管理》一书,他也因此被称为"职能管理之父"。

2. 法约尔一般管理理论的内容

(1)企业组织的六活动论。法约尔认为,企业无论大小,简单还是复杂,其全部活动都可以概括为六种:①技术性的工作——生产、制造;②商业性的工作——采购、销售和交换;③财务性的工作——资金的取得与控制;④会计性的工作——盘点、会计、成本及统计;⑤安全性的工作——商品及人员的保护;⑥管理性的工作——计划、组织、指挥、协调及控制。

(2)管理的五职能论。法约尔管理思想的另一内容是他首先把管理活动划分为计划、组织、指挥、协调与控制五大要素,并对这五大管理要素进行了详细的分析和讨论。法约尔认为:"计划就是探索未来和制定行动方案;组织就是建立企业的物质和社会的双重结构;指挥就是使其人员发挥作用;协调就是连接、联合、调和所有的活动和力量;控制就是注意一切是否按已制定的规章和下达的命令进行。"

法约尔还认为,管理的五大要素并不是企业经理或领导个人的责任,它同企业其他五大类工作一样,是一种分配于领导个人与整个组织成员之间的职能。另外,法约尔特别强调,不要把管理同领导混同起来。领导是寻求从企业拥有的资源中获得尽可能大的利益,引导企业达到目标,保证六大类工作顺利进行的高层次工作。

(3)人员能力结构论。法约尔对这六大类的工作做了分析之后发现,对基层工人主要要求其具有技术能力。随着组织层次中职位的提高、人员的技术能力的相对重要性降低,管理能力的要求逐步加大,并且随着企业规模的增大,管理能力显得更加重要,而技术能力的重要性减少。关于这一点,法约尔与泰勒是不一样的,泰勒极为重视作业阶层和技术能力,而法约尔更为重视一般性的管理工作和管理职能,即计划、组织、指挥、协调与控制。

(4)管理的一般原则。法约尔在他的《工业管理与一般管理》一书中首先提出了一般管理的 14 条原则。

①劳动分工。实行劳动的专业化分工可以提高效率。这种分工不仅限于技术工作,也适用于管理工作。但专业化分工要适度,不是分得越细越好。

②权力与责任。权力与责任是互为依存、互为因果的。权力是指"指挥他人的权以及促使他人服从的力"。而责任则是随着权力而来的奖罚。法约尔认为,一个人在组织阶梯上的位置越高,明确其责任范围就越困难。避免滥用权力的最好办法乃是提高个人的素质,尤其是要提高其道德方面的素质。

更为重要的是,法约尔将管理人员职位权力和个人权力划出了明确的界限。职位权力由个人的职位高低而来。任何人只要担任了某一职位,就须拥有一种职位权力。而个人权力则是由个人的智慧、知识、品德及指挥能力等个性形成的。一个优秀的领导人必须兼有职位权力及个人权力,并以个人权力补充职位权力。

③纪律。法约尔认为,纪律实际上是企业领导人同下属人员之间在服从、勤勉、积极、举止和尊敬方面所达成的一种协议。纪律对于企业取得成功是绝对必要的。法约尔还认为,纪律是领导人创造的。无论哪种社会组织,其纪律状况取决于领导人的道德状况。一般人在纪律不良时,总是批评下级。其实,不良的纪律来自不良的领导。高层领导人和下属一样,必须接受纪律的约束。制定和维护纪律的最有效方法是各级都要有好的领导,尽可能有明确而公平的协定,并要合理地执行惩罚。

④统一指挥。无论什么时候,一个下属都应接受而且只应接受一个上级的命令。法约尔认为,这不仅是一条管理原则,而且是一条定律。双重命令对于权威、纪律和稳定性都是一种威胁。在工业、商业、军队、家庭和国家中,双重命令经常是冲突的根源。这些冲突有时非常严重,特别应该引起各级领导人的注意。

法约尔虽然钦佩泰勒在时间研究与动作研究方面的卓越贡献,但他对泰勒提出的八个职能工长制提出了反对意见。他认为,这种观念否定了统一指挥原则。

⑤统一领导。这项原则表明,凡是具有同一目标的全部活动,仅应有一个领导人和一套计划。只有这样,资源的应用与协调才能指向实现同一目标。

不要把统一领导原则与统一指挥原则混同起来。人们通过建立完善的组织来实现一个社会团体的统一领导,而统一指挥取决于人员如何发挥作用。统一指挥必须在统一领导下才能存在,但并不来源于统一领导。

⑥个人利益服从集体利益。集体的目标必须包含员工的目标,但个人均不免有私心和缺点。这些因素常促使员工将个人利益放在集体利益之上。因此身为领导,必须经常监督又要以身作则,才能缓和两者的矛盾,使其一致起来。

⑦合理的报酬。法约尔认为,薪给制度应当公平,对工作成绩与工作效率优良者应有奖励。但奖励不应超过某一适当的限度,即奖励应以能激起职工的热情为限,否则将会出现副作用。他还认为,任何良好的工资制度都无法取代优良的管理。

⑧适当的集权与分权。提高下属重要性的做法就是分权,降低这种重要性的做法就是集权。就集权的制度本身来说,无所谓好与坏。一个组织机构,必须有某种程度的集权,但问题是集权到何种程度才为合适。恰当的集权程度是由管理层和员工的素质、企业的条件和环境决定的。而这类因素总是变化的,因此一个机构的最优的集权化程度也是变化的。所以领导人要根据本组织的实际情况,适时改变集权与分权的程度。

⑨跳板原则。企业管理中的等级制度是从最高管理人员直至最基层管理人员的领导系列。为了保证命令的统一,各种沟通都应按层次逐渐进行。但这样可能产生信息延误现象。为了解决这个问题,法约尔提出了"跳板"原则。

法约尔用图来解释跳板原则,如图 2-1 所示。他说:"在一个等级制度表现为 I-A-S 双梯形式的企业里,假设要使它的 F 部门与 P 部门发生联系,这就需要沿着等级路线攀登从 F 至 A 的阶梯,然后再从 A 下到 P。这之间,在每一级都要停下来。然后,再从 P 上升到 A,从 A 下降到 F,回到原出发点。"

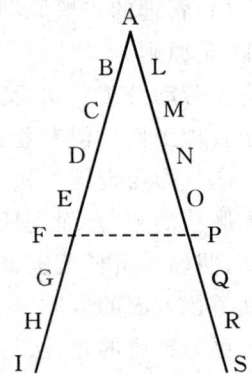

图 2-1　跳板原理解释

"非常明显,如果通过 F-P 这一'跳板',直接从 F 到 P,问题就简单多了,速度也快了,人们经常也是这样做的。"

"如果领导人 E 与 O 允许他们各自的下属 F 与 P 直接联系,等级制度就得到了捍卫;如果 F 与 P 立即向他们各自的领导人汇报他们所共同商定的事情,那么,整个情况都完全合乎规则。"

"只要 F 与 P 双方意见一致,而且他们的活动都得到了他们直接领导人的同意,这种直接关系就可以继续下去;他们的协作一旦中止,或他们的直接领导人不再同意了,这种直接关系就中断,而等级路线又恢复了原样。"

法约尔认为,"跳板"原则简单、迅速,而且可靠,它减少了许多"文件旅行",既维护了统一指挥原则,又大大地提高了组织的工作效率。但是,在实际工作当中,违反"跳板"原则的现象屡见不鲜,而怕负责任是这种现象的主要原因,换句话说,领导人管理能力不够是违反"跳板"原则的主要原因。

⑩秩序。所谓秩序是指"凡事各有其位"。法约尔认为这一原则既适用于物质资源,也适用于人力资源,如设备、工具要排列有序,人员要有自己确定的位置,他们都应在自己的工作岗位上发挥作用。他认为要使人们做到这点,不仅有赖于有效的组织,而且也有赖于审慎的选人。

⑪公平。什么叫公平? 它与公道有什么区别? 法约尔认为,公道是执行已订立的协定。但制定协定时,人们不可能预测到将来所发生的一切事情,因此,要经常地说明它,补充它的不足之处。领导人为了激励其下属人员全心全意地做好工作,应该善意地对待他们。公平就是由善意和公道产生的。在怎样对待下属人员问题上,领导人要特别注意他们希望公平和希望平等的愿望。为了使这种愿望得到最大的满足,而同时又不忽视其他原则,不忘记总体的利益,领导人应该充分发挥自己的能力,努力使公平感深入人心。

在正常情况下,几乎每个人都有平等的愿望,都希望领导者能公平地对待他们以及他们的工作。领导者如果不公平,往往导致他们积极性下降,甚至造成思想上的混乱。

⑫保持人员稳定。一个人要有效地、熟练地从事某项工作,需要相当长的时间。假如他刚刚开始熟悉自己的工作就被调离了,那么他就没有时间为本组织提供良好的服务。领导者的工作更是如此,熟悉工作的过程需要更长的时间。所以,一个成功的企业管理人员必须是稳定的。人员多有变动的机构必然是不成功的。人员不必要的流动是管理不善的原因和结果,因此任何组织都有必要增大职工做长期的服务。

⑬首创精神。首创精神是创立和推行一项计划的动力。除领导人要有首创精神外,还要使全体成员发挥其首创精神。这样,将促使职工提高自己的敏感性和工作能力,对整个组织来说将是一种巨大的动力。因此,领导者要在不违背职权和纪律的情况下,增大和发挥下级的首创精神。高明的领导人可以牺牲自己的虚荣心来满足下级的虚荣心。

⑭人员的团结。一个机构内集体精神的强弱取决于这个机构内职工之间的和谐与团结情况。培养集体精神的有效方法是严守统一指挥原则并加强情况的交流,多用口头沟通。在一个企业中,全体成员的和谐与团结是这个企业发展的巨大力量,所以领导者应尽一切可能保持和巩固人员的团结。

以上是法约尔提出的 14 条管理原则,它们包含了许多成功的经验和失败的教训,为后人的管理研究与实践指明了方向。但并不是说,人们只要记住这些原则,就能进行有效的管理,要真正使管理有效,还必须积累自己的经验,并掌握住应用这些原则的尺度。

3. 法约尔一般管理理论的贡献

虽然法约尔的管理思想与泰勒的管理思想都是古典管理思想的代表,但法约尔管理思想的系统性和理论性更强,后人根据他建立的构架,建立了管理学并把它引入了课堂。

法约尔提出的管理原则,经过多年的研究和实践证明,总的来说仍然是正确的,这些原则过去曾经给实际管理人员巨大的帮助,现在仍然为许多人所推崇。

4. 法约尔一般管理理论的不足

法约尔一般管理理论的主要不足之处是他的管理原则缺乏弹性,以至于有时实际管理工作者无法完全遵守。

▌相关案例

联合包裹公司的科学管理

联合包裹(UPS)雇佣了 15 万员工,平均每天将 900 万个包裹发送到美国各地和 180 多个国家和地区。为了实现他们的宗旨,"在邮运业中办理最快捷的运送",UPS 的管理当局系统地培训他们的员工,使员工以尽可能高的效率从事工作。让我们以送货司机的工作为例,介绍一下他们的管理风格。

UPS 的工业工程师们对每一位司机的行驶路线进行了时间研究,并对每种送货、暂停和取货活动都设立了标准。这些工程师们记录了红灯、通行、按门铃、穿院子、上楼梯、中间休息喝咖啡时间,甚至上厕所时间,将这些数据输入计算机中,从而给出每一位司机每天中工作的详细时间标准。

为了完成每天取送 130 件包裹的目标,司机们必须严格遵循工程师设定的程序。当他们接近发送站时,他们松开安全带,按喇叭,关发动机,拉起紧急制动,把变速器推到 1 档上,为送货车完毕的启动离开作好准备,这一系列动作严丝合缝。然后,司机从驾驶室出溜到地面上,右臂夹着文件夹,左手拿着包裹,右手拿着车钥匙。他们看一眼包裹上的地址把他记在脑子里,然后以每秒 3 英尺的速度快步跑到顾客的门前,先敲一下门以免浪费时间找门铃。送完货后,他们在回到卡车上的路途中完成登录工作。

这种刻板的时间表是不是看起来有点繁琐?也许是,它真能带来高效率吗?毫无疑问!生产率专家公认,UPS 是世界上效率最高的公司之一。举例来说,联邦快递公司平均每人每天不过取送 80 件包裹,而 UPS 却是 130 件。在提高效率方面的不懈努力,看来对 UPS 的净利润产生发积极的影响。虽然这是一家未上市的公司,但人们普遍认为它是一家获利丰厚的公司。

联合包裹(UPS)为获得最佳效率所采用的程序并不是 UPS 创造的,他们实际上是科学管理的成果。

(资料来源:根据 www.dianjiao.yzu.edu.cn 相关资料编写)

2.1.3 韦伯的"理想的行政组织体系"理论

1. 韦伯简介

马克斯·韦伯是 19 世纪末 20 世纪初德国著名的社会学家,是科学管理理论在德国的代表人。他出生在德国一个富裕家庭,长期在柏林、海德堡、慕尼黑等大学担任教授,对社会学、宗教学、经济学、政治学皆有深刻研究。他所处的时代,正是欧洲工业从家庭手工业向资本主义工厂企业过度的时代,它在客观上需要一种合理的组织形式适应这种变化,针对这一情况,它提出了行政组织的理论。

2. 韦伯"理想的行政组织体系"理论的内容

(1)关于权利的理论。韦伯曾在他的著作中指出有三类权力:

①合理和法定的权力。它是指依法任命,并赋予行政命令的权力。对这种权力的服从是依法建立的一套等级制度,是对确认的职务和职位的权力的服从。

②传统式权力。它是以古老传统的不可侵犯性和执行这种权力的人的地位的正统性为依据的。

③超凡的权力。它是指对个人的崇拜和迷信。

韦伯认为这三种权力当中,只有合理和法定的权力才是行政性组织的基础,因为这种权力能保证经营管理的连续性和合理性,能按照才干来选拔人才,并按照法定程序来行使权力。

(2)韦伯的"理想的行政组织体系"理论的具体内容。

"理想的行政组织体系"的具体内容包括以下方面:

①组织成员要有明确的分工。

②组织内的每个职位和职务都按权力等级进行安排,自上而下形成等级指挥系统,下级接受上级的控制和监督。

③组织成员根据职务的要求,通过考试或培训来挑选,每个职位上的人员必须称职,同时也不能任意免职。

④管理人员由上级任命,不通过选举(除某些按规定必须通过选举产生的公职外)产生。

⑤管理人员不是其所管理单位的所有者,只是其中的工作人员。

⑥组织中工作人员的关系是一种不受个人感情影响的关系,完全以理性准则为指导。这种公正不依的态度不仅适用于组织内部,而且适用于组织同顾客之间。

⑦管理人员应当是专职的,并领取固定薪金,有明文规定的升迁制度。

⑧管理人员在执行职务中,要服从有关严格的规章制度和纪律,不受个人感情的影响。

3. 韦伯的"理想的行政组织体系"理论体系的贡献

韦伯提出的官僚组织结构其实是一种效率很高的组织形式,因为它能在技能和效率的基础上,使组织内人们的行为理性化,具有一致性和可预测性。这其实也是一种比较官僚化的组织结构,今天各种各样的组织,不管是工厂、学校、机关、医院或是军队,都或多或少地具有官僚集权组织的某些特征。尽管官僚组织结构有较多的缺陷,但从纯技术的角度看,官僚制强调知识化、专业化、制度化、标准化、正式化和权力集中化,确实能给组织带来高的效率。

4. 韦伯的"理想的行政组织体系"理论体系的不足

(1)诸多假设的有效性问题。比如说,官僚组织结构理论强调建立等级系统,认为它有助于促进纪律和加强统一指挥原则,而且官僚组织结构理论是以技术为根据来选择候选人的。在这里,官僚组织结构理论就隐含着这样一个假设前提:当上级与下级之间出现不协调时,上级的判断必然比下级的判断正确。显然,这个假设存在着明显的缺陷。因为上级并不可能总是比下级正确。又比如说官僚组织结构理论强调人际关系的非人格化,决策者决策时考虑的只能是规章和程序、合理性和效率。在这里,隐含着的一个假设前提是:组织中只存在正式组织的框架,否认人的感情等非正式组织方面的因素对管理者决策的影响。显然,这个假设前提也是不能完全成立的。

(2)人们对官僚组织结构理论最激烈的批评是它过分地强调执行规章制度。当然,任何一个组织都要有一定的规章制度,以规范组织和组织成员的行为。但是,过分地强调规章制度也会抑制创造力、革新精神。它使得组织的"官僚"们在遵守规章制度的借口下不做与现实不相关问题的决策,不过早地做决策,不做其他人会做的决策。对于官僚们来说,只要按章办事就不会犯错误,至于说如何才能提高组织的效率,则不是他们所要考虑的事情。久而久之,官僚组织中的"官僚"们就形成了这样的行为规范:求稳定和坚持原则对个人成功是至关重要的;宁可把冒险的决策推给别人也不愿意自己冒可能犯错误的风险;否定一个建议比肯定一个建议更安全;慢慢研究比马上决定更为稳妥。其结果就形成了人们所批评的效率低下的"官僚主义"和"官僚作风"了。

2.2 行为科学理论

2.2.1 梅奥的霍桑实验与人际关系学说

尽管泰勒的科学管理理论和方法在20世纪初对提高企业的劳动生产率起了很大作用,但是企图通过此种理论和方法彻底解决提高劳动生产率的问题是不可能的,原因如下:第一,所谓"精神革命"的论断本身是不切实际的。一方面,资本家为了追求最大利润总是尽量少付给工人工资;另一方面,工人也并非纯粹的"经济人",除了金钱,还有精神上的需要。第二,随着资本主义二、三百年的发展,逐渐形成了一套资本主义的民义制度,民主意识日益强烈的人们反对独裁、专制,这就使得主张专制、独裁的科学管理理论在付诸实践时遭到工人的强烈反对。第三,随着科学的进步,生产规模不断扩大,有着较高文化水平和技术水平的工人逐渐占据了主导地位,体力劳动也逐渐让位于脑力劳动。这就使得金钱刺激和严格的控制失去了原有的作用。由于上述原因,对人的因素进行研究就变得十分迫切。因此,一个专门研究人的因素以达到调动人的积极性的学派——人群关系学派——应运而生,这个学派为以后的行为科学学派奠定了基础,也是由科学管理过渡到现代管理的跳板。

1. 梅奥简介

梅奥是对中期管理发展作出重大贡献的人物之一。他是澳大利亚人,后移居美国。从1926年起,他应聘于哈佛大学,任工业研究副教授。梅奥曾经学过逻辑学、哲学和医学等三个专业,这种背景大大有利于他后来的研究工作。梅奥的代表作为《工业文明的人类问题》。在这本书中,他总结了亲身参与并指导的霍桑试验及其他几个试验的初步成果,并阐述了他的人群关系理论的主要思想,从而为提高生产效率开辟了新途径。为此,他的名字同他的著作一起载入了管理发展史册。

2. 霍桑实验

霍桑实验是在美国西部电气公司的霍桑电话机厂进行的。试验最初开始于1924年,当时的试验目的是根据科学管理理论中关于工作环境影响个人的劳动生产率的假设,进行照明度与生产效率关系的研究,试图通过照明强弱变化与产量变化关系的研究为合理设定工作条件提供依据。结果却发现工作环境条件的好坏与劳动生产率的提高并没有必然的联系,因为无论照明度是升、是降还是不变,参与试验的人员的劳动生产率都获得明显提高,这是已有的管理理论所无法解释的。

3. 梅奥人际关系理论的内容

梅奥基于这种结果,进行了一系列的后续调查、试验和采访工作,结果表明人的心理因素和社会因素对生产效率有极大的影响。梅奥在 1933 年出版的《工业文明的人类问题》一书中对霍桑实验的结果进行了系统总结。其主要观点有以下几点:

(1)工人是"社会人"而不是"经济人"。科学管理的基础是把人当成"经济人",认为金钱是刺激人们工作积极性的唯一动力。梅奥则认为,工人是"社会人",影响人们生产积极性的因素,除了物质方面以外,还有社会和心理方面的,如他们追求人与人之间的友情、安全感、归属感、受人尊敬等。

(2)企业中存在着非正式组织。非正式组织和正式组织是相对应的概念。正式组织是为了实现企业目标所规定的企业成员之间职责范围的一种结构。古典管理理论仅注意正式组织的问题,诸如组织结构、职权划分、规章制度等等。梅奥认为,人是社会动物,在企业的共同工作中,人们必然相互发生关系,由此就形成了一种非正式团体,在该团体中,人们形成共同感情,进而构成一个体系,这就是非正式组织。非正式组织形成的原因很多,有地理位置关系、兴趣爱好关系、亲戚朋友关系、工作关系等等。总之,这种非正式组织确实存在,它在某种程度上左右着其成员的行为。

梅奥认为,在正式组织中,以效率逻辑为其行动标准,为提高效率,企业各成员之间保持着形式上的协作。在非正式组织中,以感情逻辑为其行动标准,这是出于某种感情而采取行动的一种逻辑。一般说来,管理人员的逻辑多为效率逻辑,而感情逻辑可以认为是工人的逻辑。

梅奥还认为,非正式组织对企业来说有利有弊。它的缺点是集体可能抵制上级的政策或目标,强迫组织内部的一致性,从而限制了部分人的自由并限制产量等。它的优点是使个人有表达思想的机会,能提高士气,可以促进人员的稳定,有利于沟通,有利于提高工人们的自信心,能减少紧张感觉,在工作中能够使人感到温暖,扩大协作程度,减少厌烦感等。

梅奥指出,作为管理者一方,要充分认识到非正式组织的作用,注意在正式组织的效率逻辑与非正式组织的感情逻辑之间搞好平衡,以使管理人员之间、工人与工人之间、管理人员与工人之间搞好协作,充分发挥每个人的作用,提高劳动生产率。

(3)生产效率主要取决于职工的工作态度以及和周围人的关系。梅奥认为,提高生产效率的主要途径是提高工人的满足度,即要力争使职工在安全方面、归属感方面、友谊方面的需求得到满足,而对此的需求是因人而异的,这主要取决于两方面因素:①职工的个人情况,包括由于不同的经历、不同的家庭生活和不同的社会生活所形成的不同的态度。②工作场所情况,包括职工相互之间、职工与领导者之间的人群关系好坏。

梅奥认为,职工的满足度越高,其士气就越高,从而生产效率也就越高,作为一个管理人员应该深刻认识到这一点,不但要考虑职工的物质需求,还应该考虑职工的精神需求。

4. 梅奥人际关系理论的贡献

梅奥的人群关系理论克服了古典管理理论的不足,奠定了行为科学的基础,为管理思想的发展开辟了新的领域,他的管理措施大致可以归纳为以下六点:

(1)强调对管理者和监督者进行教育和训练,以改变他们对工人的态度和监督方式。

(2)提倡下级参与企业的各种决策。

(3)加强意见沟通,允许职工对作业目标、作业标准和作业方法提出意见,鼓励上下级之间的意见交流。

(4)建立面谈和调节制度,以消除不满和争端。

(5)改变干部的标准。

(6)重视、利用和倡导各种非正式组织。

5. 梅奥人际关系理论的不足

虽然梅奥的人际关系学说突破了传统认为人是"经纪人"的观念,但此种观点存在如下的不足:

(1)过分强调非正式组织的作用。

(2)过多地强调感情的作用,似乎职工的行动主要受感情和关系支配。

(3)过分否定经济报酬、工作条件、外部监督、作业标准的影响。

知识链接

梅奥及其霍桑实验

1924—1932年间,美国国家研究委员会和西方电气公司合作,由梅奥负责进行了著名的霍桑实验(Hawthorne Experiment),即在西方电气公司所属的霍桑工厂,为测定各种有关因素对生产效率的影响程度而进行的一系列实验,由此产生了人际关系学说。实验分四个阶段:

第一阶段:工场照明实验(1924—1927年)。该实验是选择一批工人分为两组:一组为"实验组",先后改变工场照明强度,让工人在不同照明强度下工作;另一组为"控制组",工人在照明度始终维持不变的条件下工作。实验者希望通过实验得出照明度对生产率的影响,但实验结果发现,照明度的变化对生产率几乎没有什么影响。这个实验似乎以失败告终。但这个实验得出了两条结论:

(1)工场的照明只是影响工人生产效率的一项微不足道的因素。

(2)由于牵涉因素太多,难以控制,且其中任何一个因素足以影响实验结果,故照明对产量的影响无法准确测量。

第二阶段:继电器装配室实验(1927年8月—1928年4月)。这一阶段旨在实验各种工作条件的变动对小组生产率的影响,以便能够更有效地控制影响工作效果的因素。通过材料供应、工作方法、工作时间、劳动条件、工资、管理作风与方式等各个因素对工作效率影响的实验,发现无论各个因素如何变化,产量都是增加的。其他因素对生产率也没有特别的影响,而似乎是由于督导方法的改变,使工人工作态度也有所变化,因而产量增加。

第三阶段:大规模的访问与调查(1928—1931年)。两年内他们在上述实验的基础上进一步开展了全公司范围的普查与访问,调查了2万多人次,发现所得结论与上述实验所得相同,即"任何一位员工的工作绩效,都受到其他人的影响"。于是研究进入第四阶段。

第四阶段:接线板接线工作室实验(1931—1932年)。以集体计件工资制刺激,企图形成"快手"对"慢手"的压力以提高效率。公司当局给他们规定的产量标准是焊合7312个接点,但他们完成的只有6000~6600个接点。实验发现,工人既不会为超定额而充当"决手",也不会因完不成定额而成"慢手",当他们达到他们自认为是"过得去"的产量时就会自动松懈下来。

其原因是：生产小组无形中形成默契的行为规范，即工作不要做得太多，否则就是"害人精"；工作不要做得太少，否则就是"懒惰鬼"；不应当告诉监工任何会损害同伴的事，否则就是"告密者"；不应当企图对别人保持距离或多管闲事；不应当过分喧嚷，自以为是和热心领导等等。根本原因则有三：一是怕标准再度提高；二是怕失业；三是为保护速度慢的同伴。这一阶段的实验，还发现了"霍桑效应"，即对于新环境的好奇和兴趣，足以导致较佳的成绩，至少在初始阶段是如此。

通过四个阶段历时近 8 年的霍桑实验，梅奥等人认识到，人们的生产效率不仅要受到生理方面、物理方面等因素的影响，更重要的是受到社会环境、社会心理等方面的影响，这个结论的获得是相当有意义的，这对"科学管理"只重视物质条件，忽视社会环境、社会心理对工人的影响来说，是一个重大的修正。

2.2.2　巴纳德的组织理论

1. 巴纳德简介

巴纳德是对中期管理思想有卓越贡献的学者之一。他出生于 1886 年，1906 年进入哈佛大学经济系学习，三年内他以优异的成绩学完全部课程，但因缺少实验科学学分而未能获得学士学位。他 1909 年离开哈佛大学后，进入了美国电话电报公司统计部服务。从 1927 年起他担任美国新泽西贝尔公司的总经理直到退休。他还在许多其他组织中兼职，例如，在洛克菲勒基金会任董事长四年，在联合服务组织任主席三年等等。巴纳德虽然未获得学士学位，但是由于他将社会学的概念用于管理上，在组织的性质和理论方面作出了杰出的贡献，他却得到了七个荣誉博士学位。巴纳德的代表作为《经理的职能》，他在该书中详细地论述了自己的组织理论。

2. 巴纳德组织理论的内容

（1）组织是一个合作系统。在巴纳德之前，人们总把组织当成是一种僵硬的结构，只注意到组织中的职责、分工和权力结构。这种组织观点是比较机械的、孤立的。而巴纳德认为"组织是两人或两人以上，用人类意识加以协调而成的活动或力量系统"，他所强调的是人的行为，是活动和相互作用的系统。他认为在组织内主管人员是最为重要的因素，只有依靠主管人员的协调，才能维持一个"努力合作"的系统。他认为主管人员有三个主要职能：

①制定并维持一套信息传递系统。这是主管人员的基本工作，即通过组织系统图（以图表形式表现出组织在某一既定时期的主要职能和权力关系），加上合适的人选，以及可以共存的非正式组织来完成这项工作。非正式组织在沟通中十分重要，管理人员要给予足够的注意。

②促使组织中每个人都能作出重要的贡献，这里包括职工的选聘和合理的激励方式等。

③阐明并确定本组织的目标。这里包括要有适当的权力分散，组织中的每个人都要接受总体计划的一部分，主管人员要促使他们完成计划，然后经由信息反馈系统来发现计划实施中的阻碍和困难，据此来适当地修改计划。

（2）组织存在要有三个基本条件。巴纳德认为，组织不论大小，其存在和发展都必须具备三个条件，即明确的目标、协作意愿和意见交流。

①明确的目标。首先，一个组织必须有明确的目标，否则协作就无从发生。因为组织的目标不明确，组织成员就不知道需要他们作出哪些行为和努力，就不知道协作会给他们个人带来

哪些满足,他们的协作意愿也无从发生。其次,组织不仅应当有目标,而且目标必须为组织的成员所理解和接受,倘若组织的目标不能为组织成员所理解和接受,也就无法统一行动和决策。然而组织目标能否为其成员所接受,又要看个人是否有协作意愿。因此,目标的接受与协作意愿是相互依存的。再次,对于组织目标的理解可以分为协作性理解和个人性理解。协作性理解是指组织成员站在组织利益立场上客观地理解组织目标。个人性理解是指组织成员站在个人利益立场上主观地理解组织目标。这两种理解往往是矛盾的。当目标简单具体时,两者的矛盾较小。当目标复杂抽象时,两者产生矛盾的可能性较大。一个目标只有当组织成员认为他们彼此的理解没有太大差异时,才能成为协作系统的基础。因此,主管人员的重要职能就是向组织成员灌输组织目标和统一对组织目标的理解。最后,必须区分组织目标与组织成员的个人目标。巴纳德认为参加组织的个人具有双重人格,即组织人格与个人人格。前者是指个人为实现组织目标作出理性行动的一面,后者是指为了满足个人目标作出非理性行动的一面。组织目标是外在的非个人的客观的目标。个人目标是内在的个人的主观的目标。这两者之间并无直接的关系,也并不一致。一个人之所以愿意为组织目标作出贡献,并不是因为组织目标就是个人目标,而是因为实现组织目标将有助于达成个人目标。因此,个人目标的实现是个人参与组织活动的决策基础。如何协调组织目标与个人目标的差异是主管者另一重要的任务。

此外,一个组织要存在和发展,必须适应环境的变化,组织目标也必须随环境作适当的变更。

②协作意愿。协作意愿是指组织成员对组织目标作出贡献的意愿。某人有协作意愿,意味着实行自我克制,交出个人行为的控制权,让组织进行控制。若无协作意愿,组织目标将无法达成。组织内部个人协作意愿强度的差异性很大,有的人强烈,有的人一般,有的人较弱,对于同一个人,其协作意愿的强度也不是固定不变的,而是随时间和外界条件的变化经常地变化着。因此组织内持有强烈协作意愿的人数与持有较弱协作意愿的人数也是经常变动的。组织内协作意愿的总和是不稳定的。

一个人是否具有协作意愿依个人对贡献和诱因进行合理的比较而定。所谓贡献,是指个人对实现组织目标作出的有益的活动和牺牲。所谓诱因,是指为了满足个人的需要而由组织所提供的效应。巴纳德认为,当一个人决定是否参与组织的活动时,首先要将自己对组织可能作出的贡献和从组织里可能取得的诱因进行比较。只有当诱因大于贡献时,个人才会有协作意愿;而当比较的结果为负数时,个人协作意愿会减弱。不仅如此,个人还要将参加这一组织和不参加这一组织或参加另一组织的净效果进行比较,从而决定是参加这一组织或参加另一组织或独立从事生产活动。然而对贡献和诱因以及其净效果的度量都不是客观的,而是个人的主观判定,它随个人的价值观念不同而有很大变化。作为组织,要在条件许可的情况下,针对不同的人来增大诱因,给职工的需求以更大的满足,从而激发他们为组织作出贡献的意愿。

③意见交流。意见交流是组织存在和发展的第三个因素。组织的共同目标和个人的协作意愿只有通过意见交流将两者联系和统一起来才具有意义和效果。有组织目标而无意见交流,将无法统一和协调组织成员为实现组织目标所采取的合理行动。因此,意见交流是组织内一切活动的基础。

以上就是一个组织能够存在的必要条件,这里的组织指的是正式组织。这三个条件中若有一个条件不满足,组织就要解体。

(3)组织效力原则与组织效率原则。要使组织存在和发展,不仅要包含三个基本要素,而且必须符合组织效力和组织效率这两个基本原则。

所谓组织效力,是指组织实现其目标的能力或实现其目标的程度。一个组织协作得很有效,它的组织目标就能实现,这个组织就是有效力的。若一个组织无法实现其目标,这个组织就是无效力的,组织本身也必然瓦解。因此组织具有较高的效力是组织存在的必要前提,组织是否有效力是随组织环境以及其适应环境能力而定的。

所谓组织效率,是指组织在实现其目标的过程中满足其成员个人目标的能力和程度。一个组织若不能满足其成员的个人目标,就不可能使其成员具有协作意愿和作出实现组织目标所必需的贡献,他们就会不支持或退出该组织,从而使组织的目标无法实现,使组织瓦解。所以组织效率就是组织的生存能力。一个组织要实现其目标,必须提供充分诱因满足组织成员的个人目标。

(4)管理者的权威来自下级的认可。巴纳德还认为,管理者的权威并不是来自上级的授予,而是来自由下而上的认可。管理者权威的大小和指挥权力的有无,取决于下级人员接受其命令的程度。他认为单凭职权发号施令是不足取的,更重要的是取得下级的同意、支持和合作。

巴纳德在他的《经理的职能》一书中有这样一段论述,“如果经理人员发出的一个指标性的沟通交往信息为被通知人所接受,那么对他来说,这个权力就是被遵从或成立了。于是,它就被作为行动的依据。如果被通知人不接受这种沟通交往信息,就是拒绝了这一权力。按照这种说法,一项命令是否具有权威,决定于命令的接受者,而不在于命令的发布者”。这是巴纳德对权力的一种全新的看法。

3. 巴纳德组织理论的贡献

(1)巴纳德最早把系统理论和社会学知识用于管理领域,创立了社会系统学派。

(2)关于经理的职能,他与他的前人不同,他的前人多采用静态的、叙述的方式来说明,而他采用分析性和动态性的方式加以说明。

(3)他首先对“沟通”、“动机”、“决策”、“目标”和“组织关系”等问题进行了开创性的专题研究。

(4)巴纳德将法约尔等人的研究向前推进了一大步。

(5)巴纳德的“权威接受论”对权威提出了全新的看法,对我们很有启发。

4. 巴纳德组织理论的不足

巴纳德组织理论的不足主要在于,某些概念缺乏明确性,如对“组织效力”和“组织效率”的概念,巴纳德没有作出更明确的解释和说明。

2.2.3　麦克雷戈的人性假设理论

1. 麦克雷戈简介

道格拉斯·麦克雷戈,美国行为科学家。他在担任安第奥克学院院长期间,提出了管理人的 X—Y 理论。1960 年,他发表了《企业中人的方方面面》,进一步系统阐明了自己的观点,该书被专家们奉为行为科学方面的一本经典著作。

2. 麦克雷戈人性假设理论的内容

（1）X 理论。

X 理论具有以下观点：

①一般人天性好逸恶劳，只要有可能，就会逃避工作。

②人生来就以自我为中心，漠视组织的要求。

③一般人缺乏进取心，逃避责任，甘愿听从指挥，安于现状，没有创造性。

④人们通常容易受骗，易受人煽动。

在 X 理论的驱使下，管理人员往往存在着一个极端：领导管理人员可能是"严厉的"、"强硬的"，他们指挥人们行为的方法是（常常被伪装起来的）强迫、威胁、严密监视，严加控制；其实，"严厉"的做法存在着一些难题，压力会引起反抗，诸如压低产量、巧妙有效的怠工、产生敌对情绪。这就是所谓的控制管理。

（2）Y 理论。

Y 理论具有以下观点：

①一般人天生并不是好逸恶劳的，工作中体力劳动和智力劳动的消耗就像游戏和休息一样自然，人们对工作的喜恶取决于他们对工作带来的满足和惩罚的理解。

②外来的控制与惩罚并不是促使人们为实现组织目标而努力工作的唯一方法，更不是最好的方法。相反，如果让人们参与制定自己的工作目标，则有利于实现自我指挥和控制。

③在适当的条件下，一般人是能主动承担责任的，不愿负责、缺乏雄心壮志并不是人的天性。

④大多数人都具有一定的想象力、独创性和创造力。

⑤在现代社会中，人的智慧和潜能只部分地得到了发挥。

在 Y 理论的作用下，管理人员把重点放在创造机会、发掘潜力、消除障碍、鼓励成长、提供指导的过程等方面。

（3）超 Y 理论。超 Y 理论认为，人们是抱着各种各样的愿望和需要加入企业组织的，这种愿望和需要可以分成不同的类型。有的人愿意在正规化的、有严格规章制度的组织中工作，但不想参与决策和承担责任，这种人比较欢迎以 X 理论为指导的管理模式。而有的人却愿意有更多的自治权和充分发挥个人创造性的机会，这种人则更欢迎以 Y 理论为指导的管理模式。

3. 麦克雷戈人性假设理论的贡献

X 理论的"经济人"假设注意到了人的最基本需要，即生理需要与安全需要，并加以强调；采用科学的方法，实行完善的监督，并明确分工，明确职责；强调金钱对人的激励作用，特别是实行绩效工资制。

Y 理论的"自动人"假设要求管理者要尊重人、爱护人，千方百计地让人们充分发挥潜能和创造力；为了让人们充分发挥潜能和创造力，必须给人们提供各种各样的良好环境和必要条件，提出了"以人为本"的管理思想。

超 Y 理论的"复杂人"假设强调人的动态性发展及管理环境的复杂性，提倡管理人员掌握各种管理原则，并灵活使用。

4. 麦克雷戈人性假设理论的不足

X 理论的"经济人"假设把金钱作为唯一的管理手段，忽视了思想工作；只重视完成任务，不照顾人的感情需要；将员工看做是被动的服从者，没有看到员工的创造性和能动性；主张个人奖励。

Y 理论的"自动人"假设也有不足，主要表现在以下方面：人既不是天生懒惰，生来自私的，也不是天生勤奋，生来就乐善好施，这种种特性或属性都是后天的产物。"自动人"以及潜力能充分发挥的人，在现实生活中属于少数。

超 Y 理论的"复杂人"假设的不足是对于差异性强调过多，而忽略了人的共性。

2.3　现代管理理论及其发展

2.3.1　现代管理理论

第二次世界大战以后，世界政治形势趋于稳定，许多国家都致力于发展本国经济，都在研究自己的管理理论。随着生产力的飞速发展，生产社会化程度日益提高，对管理的研究也就日臻深入。如果把众多的管理理论加以分类，大致有这样几种类型：以美国为代表的西方管理理论、以日本为代表的东方资本主义管理理论、前苏联和东欧的社会主义管理理论，以及我国的管理理论。

这里我们主要介绍以美国为代表的西方管理思想学派。

从目前看来，西方现代管理思想大致可分为七大学派，即管理程序学派、行为科学学派、决策理论学派、系统管理理论学派、权变理论学派、管理科学学派和经验主义学派。所谓学派乃是一种看法，基于这种看法而建立起一整套理论。管理理论中的这些学派虽然都有自己的独到之处，但他们所研究的对象基本是一致的，这些学派都在受着实践的检验。下面我们就逐一介绍这七种学派。

1. 管理程序学派

管理程序学派是在法约尔管理思想基础上发展起来的。该学派的代表人物有美国的哈罗德·孔茨和西里尔·奥唐奈。其代表作为他们两人合著的《管理学》。

最初这个学派对组织的功能研究较多，而对其他功能注意不够。第二次世界大战后，法约尔的名著《工业管理和一般管理》的英译本在美国广为流传。法约尔将管理分为计划、组织、指挥、协调、控制五种职能使这个学派开阔了视野，迅速成长，并普遍为大家所接受。为什么这个学派能为人们广泛接受呢？有如下几条原因：

（1）这个学派视管理为一种程序和许多相互关联着的职能。在该派学者的著作中，尽管对管理职能分类的数量有所不同，但是都含有计划、组织和控制职能，这是它们的共同之处。

（2）这个学派认为可以将这些职能逐一地进行分析，归纳出若干原则作为指导，以便于更好地提高组织效力，达到组织目标。

（3）这个学派提供了一个分析研究管理的思想构架。其内含既广泛，又易于理解，一些新的管理概念和管理技术均可容纳在计划、组织及控制等职能之中。

（4）该学派强调管理职能的共同性。任何组织管理尽管它们的性质不同，但所应履行的基本管理职能是相同的。

2. 行为科学学派

行为科学学派是在人群关系理论的基础上发展起来的。该学派的代表人物很多，像美国的马斯洛,其代表作为《激励与个人》,美国的赫兹伯格,其代表作为《工作的推动力》等等。该学派认为管理是经由他人达到组织的目标,管理中最重要的因素是对人的管理,所以要研究人,尊重人,关心人,满足人的需要以调动人的积极性,并创造一种能使下级充分发挥力量的工作环境,在此基础上指导他们的工作。行为科学学派和人群关系理论的共同点都是重视组织中人的因素。但行为科学学派却是在人群关系理论的基础上发展和完善起来的,它的特点是:

(1)从单纯强调感情的因素,搞好人与人之间的关系转向探索人类行为的规律,提倡善于用人,进行人力资源的开发。

(2)强调个人目标和组织目标的一致性。认为调动积极性必须从个人因素和组织因素两方面着手,使组织目标包含更多的个人目标,不仅改进工作的外部条件,更重要是要改进工作设计,从工作本身满足人的需要。

(3)认为传统的组织结构和关系容易造成紧张气氛,对组织各层职工均有不利的影响。主张在企业中恢复人的尊严,实行民主参与管理,改变上下级之间的关系,由命令服从变为支持帮助,由监督变为引导,实行职工的自主自治。

3. 决策理论学派

决策理论学派是从社会系统学派发展而来的。它的代表人物是美国的卡内基—梅隆大学教授赫伯特·西蒙,其代表作为《管理决策新学科》。西蒙由于在决策理论方面的贡献,曾荣获1978年的诺贝尔经济学奖。

该学派认为管理的关键在于决策,因此,管理必须采用一套制定决策的科学方法,要研究科学的决策方法以及合理的决策程序。有人认为西蒙的大部分思想是现代企业经济学和管理科学的基础。该理论的主要内容如下:

(1)决策是一个复杂的过程。人们常常认为,决策只是在一瞬间即完成的一种活动,是在关键时刻作出的决定。而决策理论学派认为,这种看法太狭窄了。它仅注意了决策的最后片刻,从而忽略了最后时刻之前的复杂的了解、调查、分析的过程,以及在此之后的评价过程。作为决策的过程在大的方面至少应该分成四个阶段:即提出制定决策的理由;尽可能找出所有可能的行动方案;在诸行动方案中进行抉择,选出最满意的方案;然后对该方案进行评价。这四个阶段中都含有丰富的内容,并且各个阶段有可能相互交错,因此决策是一个反复的过程。

(2)程序化决策与非程序化决策。西蒙认为,根据决策的性质可以把它们分为程序化决策和非程序化决策。程序化决策是指反复出现和例行的决策。这种决策的问题由于已出现多次,人们自然就会制定出一套程序来专门解决这种问题。比如为病假职工核定工资,排出生产作业计划等。非程序化决策是指那种从未出现过的,或者其确切的性质和结构还不很清楚或相当复杂的决策。比如某个企业要开发某种市场急需而本企业又从未生产过的新产品,这就是非程序化决策的一个很好的例子。程序化决策与非程序化决策的划分并不是严格的,因为随着人们认识的深化,许多非程序化决策将转变为程序化决策。此外,解决这两类决策的方法一也不相同。

(3)满意的行为准则。西蒙认为,由于组织处于不断变动的外界环境影响之下,搜集到决策所需要的全部资料是困难的,而要列举出所有可能的行动方案就更加困难,况且人的知识和能力也是有限的,所以在制定决策时,很难求得最佳方案。在实践当中,即使能求出最佳方案,出于经济方面的考虑,人们也往往不去追求它,而是根据令人满意的准则进行决策。具体地说,就是制定出一套令人满意的标准,只要达到或超过了这个标准,就是可行方案。这种看法,揭示了决策作为环境与人的认识能力交互作用的复杂性。

(4)组织设计的任务就是建立一种制定决策的人—机系统。由于计算机的广泛应用,它对管理工作和组织结构产生了重大影响。这使得程序化决策的自动化程度越来越高,许多非程序化决策已逐步进入了程序化决策的领域,从而导致了企业中决策的重大改革。由于组织本身就是一个由决策者个人所组成的系统,现代组织又引入自动化技术,就变成了一个由人与计算机所共同组成的结合体。组织设计的任务就是要建立这种制定决策的人—机系统。

4. 系统管理理论学派

系统管理理论侧重于用系统的观念来考察组织结构及管理的基本职能,它来源于一般系统理论和控制论,代表人物为美国的卡斯特等人。卡斯特的代表作为《系统理论和管理》。

系统管理理论认为,组织是由人们建立起来的相互联系并且共同工作着的要素所构成的系统。这些要素被称之为子系统。根据研究的需要,可以把子系统分类。比如,可以根据子系统在企业这个系统中的作用划分为:传感子系统,用来量度并传递企业系统内部和周围环境的变化情况;信息处理子系统,进行会计、统计等数据处理工作;决策子系统,接受信息,制定决策;加工子系统,利用信息、原料、能源、机器加工和制作产品等。根据管理对组织中人的作用划分为:个人子系统、群体子系统、士气子系统等。系统的运行效果是通过各个子系统相互作用的效果决定的。它通过和周围环境的交互作用,并通过内部和外部的信息反馈,不断进行自我调节,以适应自身发展的需要。

该学派认为,组织系统中的任何子系统的变化都会影响其他子系统的变化。为了更好地把握组织的运行过程,就要研究这些子系统和它们之间的相互关系,以及它们怎样构成了一个完整的系统。

5. 权变理论学派

权变理论是一种较新的管理思想,它的代表人物是英国的伍德沃德等人。伍德沃德的代表作为《工业组织——理论和实践》。

权变理论认为,组织和组织成员的行为是复杂的,不断变化的,这是一种固有的性质。而环境的复杂性又给有效的管理带来困难,从而以前各种管理理论所适用的范围就十分有限,例外的情况越来越多。所以说,没有任何一种理论和方法适用于所有情况。因此,管理方式或方法也应该随着情况的不同而改变。为了使问题得到很好的解决,要进行大量的调查和研究,然后把组织的情况进行分类,建立模式,据此选择适当的管理方法。

建立模式时应考虑如下因素:

(1)组织的规模。组织中人的数量是影响管理的最主要因素,因为随着人数的增多,所需要协调的工作量就加大。当一个组织规模发展了之后,就应发展更加正规的、高级的协调技术。

(2)工艺技术的模糊性和复杂性。为了达到组织目标,就要采用一些技术,把资源输入转换成顾客满意的产品或服务输出。对于流水线生产,需要严密的组织。而对于咨询公司,为顾客解决的都是唯一的问题,每种问题不同,所采用的技术的知识和经验就不同,下级需要的是一种有利于发挥自己才能的环境。

(3)管理者位置的高低。管理者位置的高低直接影响到他或她所应该采用的管理方式。比如,所有的管理者都要制定计划,但高层和低层管理者们所制定的计划种类就不相同。

(4)管理者的位置权力。所有的管理者都需要位置权力,但不同的管理位置所需要的权力有所差别。财务部与营销部就应当有不同的位置权力。

(5)下级个人之间的差别。人和人是不一样的,由于所受教育、家庭环境、个人态度与性格等方面的不同就造成了人们之间的差别,这些差别直接关系到管理者对他们的影响。

(6)环境的不确定程度。管理者要受到组织外部因素的影响,由政治、技术、社会、经济等方面变化所引起的不确定性,将对管理者的管理方式有所冲击,在变化的外部环境中最好的管理方法可能不适于具有稳定外部环境的组织。

总之,要根据组织的实际情况来选择最好的管理方式。

6. 管理科学学派

管理科学学派又称数理学派,它是泰勒科学管理理论的继续和发展,其代表人物为美国的伯法等人。伯法的代表作为《现代生产管理》。

管理科学学派有如下特点:

(1)他们力求减少决策的个人艺术成分,依靠建立一套决策程序和数学模型以增加决策的科学性。他们将众多方案中的各种变量或因素加以数量化,利用数学工具建立数量模型研究各变数和因素之间的相互关系,寻求一个用数量表示的最优化答案。决策的过程就是建立和运用数学模型的过程。

(2)各种可行的方案均是以经济效果作为评价的依据。例如,成本、总收入和投资利润等。

(3)广泛地使用电子计算机。现代企业管理中影响某一事物的因素错综复杂,建立模型后,计算任务极为繁重,依靠传统的计算方法获得结果往往需要若干年时间,致使计算结果无法用于企业管理。电子计算机的出现大大提高了运算的速度,使数学模型应用于企业和组织成为可能。

管理科学学派重点研究的是操作方法和作业方面的管理问题。现在管理科学也有向组织更高层次发展的趋势,但目前完全采用管理科学的定量方法来解决复杂环境下的组织问题还面临着许多实际困难,有待于进一步的研究,也有待于其他科学的发展。

7. 经验主义学派

(1)经验主义学派主要代表人物有以下学者:

①彼得·德鲁克,主要作品有《管理实践》、《管理——任务、责任、实践》、《有效的管理者》等。

②欧内斯特·戴尔,代表作是《伟大的组织者》、《管理:理论和实践》。

③艾尔弗雷德·斯隆,事业部管理体制的首创人之一。

④亨利·福特,流水线大量生产管理技术的倡导者。

⑤威廉·纽曼,主要著作有《经济管理活动——组织和管理的技术》。

(2)经验主义学派的观点与主张具有以下观点:经验主义学派认为管理学就是研究管理经验,认为通过对管理人员在个别情况下成功的和失败的经验教训的研究,会使人们懂得在将来相应的情况下如何运用有效的方法解决管理问题。因此,这个学派的学者把对管理理论的研究放在对实际管理工作者的管理经验教训的研究上,强调从企业管理的实际经验而不是从一般原理出发来进行研究,强调用比较的方法来研究和概括管理经验。

传统管理理论是以管理技巧为中心、以原则为中心或者以职能为中心的,它带来的结果仿佛是先天存在一整套管理职能能够运用到各种组织中。彼得·德鲁克首先意识到任务对管理行为的影响,首先有任务才有管理,任务决定管理。他在书中说:工商企业——以及公共服务机构——都是社会的器官。它们并不是为着自身的目的,而是为着实现某种特别的社会目的并满足社会、社区或个人的某种特别需要而存在的。它们本身并不是目的,而是手段。对它们提出的正确的问题不应该是"它们是什么?"而应该是"它们应该做些什么以及它们的任务是什么?"

　　管理转而又是机构的器官。就管理本身而言,无所谓什么职能而且也无所谓什么存在。管理如果脱离了它所服务的机构就不是管理了。

　　人们所理解并正确地加以谴责的官僚主义就是那种误认为自己是目的,而机构是手段的管理。这是管理当局,特别是那些不受市场考验约束的管理当局容易犯的一种退化性毛病。预防、制止,并在可能的情况下治疗这种毛病,应该是任何一个有效的管理者,以及任何一本有效的管理书的首要目标。

　　(3)经验主义学派理论的研究内容。该学派理论的研究内容主要涉及了以下几方面的管理问题:

　　①管理应侧重于实际应用,而不是纯粹理论的研究。管理学如同医学、法律学和工程学一样,是一种应用学科,而不是纯知识的学科。但管理又不是单纯的常识、领导能力或财务技巧的应用,管理的实际应用是以知识和责任为依据的。

　　②管理者的任务是了解本机构的特殊目的和使命,使工作富有活力并使职工有成就,并处理本机构对社会的影响相对社会的责任。彼得·德鲁克认为,作为企业主要管理者的经理,有两项别人无法替代的职责。第一项职责是创造出一个大于其各组成部分的总和的真正的整体,创造出一个富有活力的整体,把投入于其中的各项资源转化为较各项资源的总和更多的东西;第二项职责是在其每一项决定和行动中协调当前的和长期的要求。为此,每一个经理都必须做到以下几点:制定目标和措施并传达给有关的人员;进行组织工作;进行鼓励和联系工作;对工作和成果进行评价;使员工得到成长和发展。

　　③实行目标管理的管理方法。彼得·德鲁克理论给管理学的最大贡献是他提出任务(或目标)决定管理,并据此提出目标管理法。彼得·德鲁克认为传统管理学派偏于以工作为中心,忽视人的一面,而行为科学又偏于以人为中心,忽视了同工作相结合。目标管理则结合以工作为中心和以人为中心的管理方法,使职工发现工作的兴趣和价值,从工作中满足其自我实现的需要,同时,企业的目标也因职工的自我实现而实现,这样就把工作和人性二者统一起来了。目标管理在当今仍是运用最多的管理方法。

　　(4)对经验主义学派的批评。经验主义学派的方法可以说在管理理论丛林中较具特色,但它受到了许多管理学家的批评。经验主义学派由于强调经验而无法形成有效的原理和原则,无法形成统一完整的管理理论,管理者可以依靠自己的经验,而无经验的初学者则无所适从。而且,过去所依赖的经验未必能运用到将来的管理中。孔茨在他的书中指出:"没有人能否认对过去的管理经验或过去的管理工作'是怎样做的'进行分析的重要性。未来情况与过去完全相同是不可能的。确实,过多地依赖于过去的经验,依赖历史上已经解决的那些问题的原始素材,肯定是危险的。其理由很简单,一种在过去认为是'正确'的方法,可能远不适合于未来情况。"这段话说明,由于组织环境一直处于变化之中,过分地依赖未经提炼的实践经验和历史来解决管理问题是无法满足需要的。

2.3.2　最新管理理论

1. Z 理论

美国加州大学管理学院日裔美籍教授威廉·大内在研究分析了日本企业的管理经验之后,提出了他所设想的 Z 理论。Z 理论认为企业管理者与职工的利益是一致的,两者的积极性可融为一体。Z 理论的主要内容如下:

(1)企业对职工的雇佣应是长期的而不是短期的。即使经营不佳的企业一般也不解雇工人,要采取别种方法度过难关,对职工的职业保证会使人更加积极地关心企业利益。

(2)上下结合制定决策。企业的重大决策,要先由生产或销售第一线的职工提出建议,经过中层管理人员把各种意见集中调整、统一后上报,最后再由上一级领导经过调查研究后作出比较正确的决策,执行决策时要分工负责。

(3)实行个人负责制。要求基层管理人员不是机械地执行上级命令,而要敏感地体会上级命令的实质,创造性地去执行。

(4)上下级之间关系要融洽。管理者要全面关心职工生活,把对生产任务和工作设计的要求同职工劳动生活质量结合起来,让职工在工作中得到满足,心情舒畅。

(5)对职工要进行知识的全面培训。让职工得到多方面的锻炼,不把职工局限在狭窄的范围内,既注意培养职工的专业知识能力,又注意使职工获得多方面的工作经验,对生产技术和社会活动能力都要进行长期全面的考查。

(6)准备评价与稳步提拔。对职工要经过较长时间的考验再作全面评价。

(7)控制机制要较为含蓄而不正规,但检测手段要正规。基层管理者一方面要敏感地抓住问题实质,就地解决,另一方面要在上报情况前,协同有关部门共同制定出解决问题方案。

2. 企业再造

企业再造也叫做企业流程再造,或直接简称再造、重建或重构,来源于美国著名管理专家米切尔·哈默和詹姆斯·钱皮合著并于 1993 年出版的《再造公司——企业革命宣言》一书。所谓企业再造,就是对企业的业务流程、组织结构和文化进行根本性的再思考和彻底的再设计,从而获得在成本、质量、服务和速度等方面业绩的戏剧性改变。

从美国现有的经验看,进行再造的企业大体可分为三类:第一类为深陷困境,走投无路,试图通过再造使企业获得新生的企业;第二类是当前情况尚可,但未雨绸缪,在走下坡路之前进行再造的企业;第三类是正处于巅峰时期,领导者不安于现状,勇于进取的企业。

企业流程再造的原则和方法很多,但重点有以下几条:

(1)密切配合市场需求确定企业的业务流程。

(2)根据企业的业务流程确定企业的组织结构。

(3)以新的、柔性的、扁平化的和以团队为基础的企业组织结构取代传统的企业组织结构。

(4)强调信息技术与信息的及时获取,加强企业与顾客、企业内部经营部门与职能部门的沟通与联系。

3. 学习型组织

(1)学习型组织概述。学习型组织最初的构想源于美国麻省理工大学佛瑞斯特教授。他是一位杰出的技术专家,是 20 世纪 50 年代早期世界第一部通用电脑"旋风"创制小组的领导者。他开创的系统动力学是提供研究人类动态性复杂的方法。所谓动态性复杂，就是将万事万物看成是动态的、不断变化的过程，仿佛是永不止息之流。1956 年，佛瑞斯特以他在自动控制中学到的信息反馈原理研究通用电气公司的存货问题时有了惊人的发现，从此致力于研究企业内部各种信息与决策所形成的互动结构，究竟是如何影响各项活动的，并回过头来影响决策本身的起伏变化的形态。佛瑞斯特既不做预测，也不单看趋势，而是深入地思考复杂变化背后的本质——整体动态运作的基本机制。他提出的系统动力学与目前自然科学中最新发展的混沌理论和复杂理论所阐述的概念，在某些方面具有相通之处。1965 年，他发表了一篇题为《企业的新设计》的论文，运用系统动力学原理，非常具体地构想出未来企业组织的理想形态——层次扁平化、组织信息化、结构开放化，逐渐由从属关系转向为工作伙伴关系，不断学习，不断重新调整结构关系。这是关于学习型企业的最初构想。

彼得·圣吉是学习型组织理论的奠基人。作为佛瑞斯特的学生，他一直致力于研究以系统动力学为基础的更理想的组织。1970 年在斯坦福大学获航空及太空工程学士学位后，彼得·圣吉进入麻省理工学院斯隆管理学院攻读博士学位，师从佛瑞斯特，研究系统动力学与组织学习、创造理论、认识科学等融合，发展出一种全新的组织概念。他用了近十年的时间对数千家企业进行研究和案例分析，于 1990 年完成其代表作《第五项修炼——学习型组织的艺术与实务》。他指出现代企业所欠缺的就是系统思考的能力。它是一种整体动态的搭配能力，因为缺乏它而使得许多组织无法有效学习。之所以会如此，正是因为现代组织分工、负责的方式将组织切割，而使人们的行动与其时空上相距较远。当不需要为自己的行动的结果负责时，人们就不会去修正其行为，也就是无法有效地学习。

《第五项修炼》提供了一套使传统企业转变成学习型企业的方法，使企业通过学习提升整体运作"群体智力"和持续的创新能力，成为不断创造未来的组织，从而避免了企业"夭折"和"短寿"。该书一出版即在西方产生极大反响。彼得·圣吉也被誉为 20 世纪 90 年代的管理大师，他预言未来最成功的企业将是学习型企业。学习型组织的提出和一套完整的修炼的确立，实际上宣告整个管理学的范式在彼得·圣吉这里发生了转变。正是在这个意义上，不少学者认为，《第五项修炼》以及随后的《第五项修炼·实践篇》、《变革之舞》的问世，标志着学习型组织理论框架的基本形成。

（2）学习型组织内涵。知识经济迅速崛起，对企业提出了严峻挑战，现代人工作价值取向的转变，终身教育、可持续发展战略等当代社会主流理念对组织群体的积极渗透，为组织学习提供理论上支持。结合研究现状，我们提出学习型组织的内涵：

①学习型组织的基础——团结、协调及和谐。组织学习普遍存在"学习智障"，个体自我保护心理必然造成团体成员间相互猜忌，这种所谓的"办公室政治"导致高智商个体，组织群体反而效率低下。从这个意义上说，班子的团结，组织上下协调以及群体环境的民主、和谐是建构学习型组织的基础。

②学习型组织的核心——在组织内部建立完善的"自我学习机制"。组织成员在工作中学习，在学习中工作，学习成为工作新的形式。

③学习型组织的精神——学习、思考和创新。此处学习是团体学习、全员学习，思考是系统、非线性的思考，创新是观念、制度、方法及管理等多方面的更新。

④学习型组织的关键特征——系统思考。只有站在系统的角度认识系统，认识系统的环境，才能避免陷入系统动力的旋涡里去。

⑤组织学习的基础——团队学习。团队是现代组织中学习的基本单位。许多组织不乏就组织现状、前景的热烈辩论,但团队学习依靠的是深度汇谈,而不是辩论。深度汇谈是一个团队的所有成员,摊出心中的假设,而进入真正一起思考的能力。深度汇谈的目的是一起思考,得出比个人思考更正确、更好的结论;而辩论是每个人都试图用自己的观点说服别人同意的过程。

(3)学习型组织的五项要素。学习型组织的五项要素具体包括:

①建立共同愿景(building shared vision)。愿景可以凝聚公司上下的意志力,通过组织共识,大家努力的方向一致,个人也乐于奉献,为组织目标奋斗。

②团队学习(team learning)。团队智慧应大于个人智慧的平均值,以作出正确的组织决策,通过集体思考和分析,找出个人弱点,强化团队向心力。

③改变心智模式(improve mental models)。组织的障碍多来自于个人的旧思维,例如固执己见、本位主义,唯有通过团队学习,以及标杆学习,才能改变心智模式,有所创新。

④自我超越(personal mastery)。个人有意愿投入工作,提高专业的工作技巧,个人与愿景之间有种"创造性的张力",正是自我超越的来源。

⑤系统思考(system thinking)。应透过资讯搜集,掌握事件的全貌,以避免见树不见林,培养纵观全局的思考能力,看清楚问题的本质,有助于清楚了解因果关系。学习是心灵的正向转换,企业如果能够顺利导入学习型组织,不只能够达致更高的组织绩效,更能够带动组织的生命力。

▶ 相关案例

联想——中国第一个学习型组织

联想集团创建于1984年,现已发展成为拥有19家国内分公司,21家海外分支机构,近千个销售网点,职工6000余人,以联想电脑、电脑主板、系统集成、代理销售、工业投资和科技园区六大支柱产业为主的集工贸一体、多元化发展的大型信息产业集团。联想集团在各主要业务领域都取得了显著成绩,成为具有国际声誉的中国知名企业。联想的成功原因是多方面的,但不可忽视的一点是,联想具有极富特色的组织学习实践,使得联想能顺应环境的变化,及时调整组织结构、管理方式,从而得以健康成长。

早期,联想从与惠普(HP)的合作中学习到了市场运作、渠道建设与管理方法,也学到了企业管理经验,对于联想成功地跨越成长中的管理障碍大有裨益;现在,联想积极开展国际、国内技术合作,与计算机界众多知名公司,如英特尔、微软、惠普、东芝等,保持着良好的合作关系,并从与众多国际大公司的合作中受益匪浅。

除了能从合作伙伴那里学到东西之外,联想还是一个非常有心的"学习者",善于从竞争对手、本行业或其他行业优秀企业以及顾客等各种途径汲取养料。

柳传志有句名言:"要想着打,不能蒙着打。"这句话的意思是说,要善于总结,善于思考,不能光干不总结。

分析:1.联想集团是一个什么样的公司?

2.联想集团有几种学习方式?

3.你如何概括联想集团的成功之道?

2.4　东方管理思想

2.4.1　儒家管理思想

儒家学派的创始人是春秋末期著名的思想家、政治家、教育家孔子。《论语》是孔子及其弟子生前言行的汇编,集中反映了孔子的思想。《论语》是除了《圣经》以外,对东西方文化影响最大的著作。孔子及后来孟子的思想,一直是中国文化的主要流派。孔子的管理思想大部分是与治理国家或社会的主张紧密联系在一起的,是同其伦理思想交织在一起的。

与西方传统管理和中国古代法家相比,孔子的管理走向另一极端,强调德治,以伦理道德去教化人民。《论语》所论,一是"为政",即管理(治国与平天下),二是"修德",即伦理道德的修养和完善(修身)。由于修身是内在的,以"圣人"、"君子"为目标,管理是外在的,以"王"、"霸"为目标,所以其核心便是"内圣外王"。其思想包括和、中庸、仁、忠恕、富民、德治、教化、正己、礼、正名、义利、信、尚贤、民主等。儒家管理思想具有以下几点特征:

(1)以民为本——群体本位的管理着眼点。孔子的管理思想是围绕"人"这个中心展开的,"民本"是其核心,贯穿《论语》的始终。关于管理的着眼点是什么? 西方古典理论认为是制度,是技术,如泰勒的科学管理就是"物本"管理的延续与典型;孔子却认为是"民",是"人",是组织中的"群体"。孔子的人本侧重于群体认同、群体意识,进而导致个体之间的和谐取向、道德心理上的耻感取向。

现代企业管理的实践证明,以人为本的管理能激发被管理者的积极性、创造性,有利于企业目标的实现。这也是企业管理今后发展的趋势。

(2)追求稳定——孔子的管理目标。孔子固然坚持民本,但民本是着眼点、是手段,维护君主利益才是目标。所谓本因邦宁,邦宁是孔子的理想,稳定是压倒一切的首要目标。这与西方传统思想中的"求变革"大相迥异。在企业中,稳定往往涉及许多大事,如人力资源、组织结构等等。

(3)中庸之道——通权变达的管理艺术。中庸,是孔子学说中的一个重要观点。但长期以来,中庸思想一直被人们歪曲和篡改。人们常说那些凡事没有主见、遇到矛盾总是和稀泥、讲究"一团和气"的人是在奉行"中庸之道"。实际上,从孔子的思想行为来看,中庸是追求卓越的法则。孔子虽然没有给中庸下精确的定义,但从其思想体系的整体可推断出接近本义的解释。庸,就是做事的原则与方法;中,则是指综合各种倾向而反映出来的事物的现实状态。孔子的中庸思想反映出他对世界认识的"三分法",即矛盾发展有三种可能——过、中、不及。"中"就是"度",适度的意思。

在管理实践中,中庸管理随处可见,如激励因素的使用、集权与分权的关系、管理幅度的宽窄、组织规模的大小等,都有个适度的问题。管理者应掌握好中庸这门艺术。

(4)德治——言传身教的管理路线。孔子在《为政》中说:"为政以德,譬似北辰,居其所,而众星共之。"管理者治理组织如果以德治为法,他就会像北极星一样位于组织的中心,组织成员都自觉地围绕他而行动。孔子认为,德治的形式是言传身教,而身教最主要。这源于他对人性的假设:"性相近也,习相远也。"即人的本性是差不多的,人性善恶取决于后天的环境与教化。管理者的任务就是言传身教。所谓"政者,正也。子帅以正,孰敢不正?"所以,领导者要正己,即领导者要严于律己、清廉自守、群而不党。

孔子还主张"仁爱"、讲"信"。"仁爱"是孔子处理管理者与被管理者关系的主要原则。而"信"的观念是现代企业经营管理的一个核心概念。

(5)举贤育才——孔子的人才管理思想。孔子提出了德才兼备的人才标准,"视其所以,观其所由,察其所安"的"三看"人才考察方法和三项人才考察原则,以使统治者获得贤能之士。同时,孔子还提出了一系列育人主张。他认为育才的首要任务是帮助组织成员建立学习习惯,认识到学习的重要性;他强调实践育人;在教育内容上,首先提出要知识技能与思想道德并重。

(6)正名——孔子的组织管理思想。名即名分,是人的身份地位、权力和财富的标志,表现着社会尊卑以及不同的价值观念和行为方式。"名"反映了组织中存在着一定的权力结构,"正名"首先要使权力结构与组织结构相吻合;"正名"就是要使名、实相符。孔子把"正名"看作是管理社会的头等大事,其目的在于维护等级制度。

但是,孔子的"正名"观也有其历史局限,他的名言"不在其位,不谋其政",长期以来成了各人自扫门前雪的理论依据,名不正言不顺成了推卸责任的挡箭牌。

2.4.2 道家管理思想

道家学派以《老子》为最。《老子》,又称《道德经》,相传是周史官老聃所著,一般认为是春秋或战国时期的著作。《老子》对中国传统文化的影响非常深远。它一直在中国历史上成为儒家的重要补充,共同构成了中国传统文化的主干。《老子》哲理深厚,又涉及广泛的管理领域,其管理思想颇为丰富。道家管理思想具有以下特征:

(1)道——管理原则的不懈追求。《老子》全书的"道"大体有三种含义:一是指人类生活准则;二是指客观存在的宇宙本源;三是指事物发生、发展、运行的规律,包括人类社会发展的规律。在管理领域,"道"就是企业经营的客观规律。"道法自然",意思是管理也是一个自然过程,要按照事物的自然法则进行管理。

(2)以人为中心的管理。老子和孔子一样,认为管理归根结底是管理人的问题,必须以人为本。老子说:"故道大,天大,地大,人亦大。域中有四大,而人居其一焉。"老子在人性假设问题上同孔子一样,不依据主观判断去抽象地认识人性。他认为人的本性是"见素抱朴"的,外表单纯而内在朴实,人的不良习气是后天形成的。老子的人性观也决定他反对以法制路线来管理,倾向于软性管理和德治路线。

(3)无为而治——老子管理思想的核心。无为而治是老子管理的最高境界。无为,不是什么都不做,而是"无不为",以无为的态度去为,顺其自然,即按照事物的发展规律去做,在顺应客观规律的前提下充分发挥人的主观能动性。无为而治,就是不要去干扰事物的自然发展,而是要顺其自然。

(4)软性管理——无为的管理模式。老子认为,在管理领域里,狡诈不如法制,法制不如德治,德治不如无为而治。老子的软性管理模式包含两部分内容。首先是自主管理、民主决策。自主管理不意味着管理者什么都不管,而是要抓住关键的地方。老子说"天网恢恢,疏而不漏",这是纲举目张的意思。其次就是在管理过程中行"不言之教":一是重身教而不是言传;二是不用硬性的规章制度来约束,而是遵循"道"与"德"。高明的管理者应该做到使下属"不令而行"。

(5)负阴而抱阳——老子的辩证管理思维。老子的朴素辩证法思想,是我国关于辩证法的

最早的理论体系。辩证思维结合无为而治,又衍生出一系列管理方法和艺术,主要包括以下方面:

①管理矛盾的普遍性。老子说:"万物负阴而抱阳。"世界上一切事物都包含着阴阳两个对立面,都包含着矛盾。管理也是"负阴而抱阳",管理科学就是研究管理矛盾及其运动、发展规律的科学。企业中的矛盾主要集中在两个方面:一是企业与环境的矛盾;二是企业内部各要素之间的矛盾。管理就是不断解决管理矛盾的过程。

②对立统一与管理悖论。老子认为矛盾是对立统一的,即"冲气以为和"。在管理中实际上存在一些"悖论",如计划与市场、利润目标与市场占有率目标等。又如集权与分权是企业权力分配中对立统一的两种趋向,它们相互交织、相互渗透、相互依赖和相互转化,在不断冲突中达到暂时的统一。

③量变质变与基础管理。老子说:"合抱之木,生于毫末;九层之台,起于累土;千里之行,始于足下。"这段话提醒管理者,经营管理的巨大成就依赖一点一滴的基础工作,依赖脚踏实地的务实精神。

④矛盾转化与危机管理。《老子》说:"祸兮,福之所倚;福兮,祸之所伏。"这在企业的危机与风险管理中有很大启发意义。

(6)柔弱胜刚强——老子的竞争谋略。贵柔守弱,是老子辩证思想的延伸。"天下莫柔弱于水,而攻坚强者莫之能胜",水看起来是最柔弱的东西,但水滴却可穿石,可锈刀,能战胜最强大的东西。老子认为,柔弱胜刚强是相对的。老子的思想实质是柔弱与刚强这一对矛盾在一定条件下可以相互转化,柔弱可以转化为刚强,刚强也可以转化为柔弱,所以柔弱可以战胜刚强,这是一种特殊的竞争谋略。如以柔克刚,以守为攻,以屈求伸,以退为进。这对企业经营管理很有启发,如软管理胜过硬管理,弱势企业如何战胜强势企业等。

2.4.3　法家管理思想

法家管理思想的代表人物是战国末期的韩非子,他既师承儒家的荀子,又倾向于法家的治国方略,著有《韩非子》55 篇。他融会贯通了战国中期的法家思想,把商鞅的法、申不害的术和慎到的势,熔于一炉而成为法家思想的集大成者,为秦统一中国从理论与思想上奠定了基础。

法家的先驱都是身居要职的政治家,有长期政治管理的实践经验,其思想就是从政管理的设想,是已经或计划在国政中实施的东西。与老子、孔子不同,他们的思想是典型的管理思想。冯友兰先生在《中国哲学简史》一书中说:"用现代的术语说,法家所讲的是组织和领导的理论和方法。"法家管理思想具有以下特征:

(1)事异备变——韩非子的变革管理思想。韩非子管理思想的根本点是事异备变,实事求是。他说:"古今异俗,新故异备。"古今的习俗风气不一样,管理措施也就不一样。这一思想启示人们在经营中重视变革管理。对于任何一个组织而言,当外部环境与内部条件有重大变化的时候,管理也要有相应的变革。

(2)乱世重典——务法不务德的管理路线。韩非子说:"为治者,不务德而务法。"他主张极端专制的中央集权,所以他非常重视制度的作用,而不重视人的因素,即重视法理而不重视人情。他重视制度的作用,应该说,这在宏观管理或高层管理上是正确的。企业的制度建设在某种程度上是组织建设与战略规划,企业竞争优势取决于战略、制度和结构,实际上高层的法制管理,就是在制度和结构上下功夫。但是,在微观方面,韩非子的法治走向了法制,成了典型的

"胡萝卜加大棒"。韩非子的哲学思想是以性恶论为基础的,因而在管理中强调"利"和"欲"的作用,这和西方传统管理学的"经济人"假设如出一辙。

(3)"人多"、"事功"——韩非子的成本效益思想。"人多"就是以增加收入为原则,一切经营活动都要讲究经济效益。他认为,举办任何生产活动都必须计算收支的多少,"人多"和"事功"紧密相关。所谓"事功",意味着提高经济效率。他同时认为,影响"人多"和"事功"的因素,除了天时、地利以外,人的因素最为关键。

(4)治吏不治民——韩非子的分级管理体制。韩非子主张建立分级管理、逐级监督、形名参同的管理体制。他倾向于建立中央集权,但并非提倡"极端专制",认为皇帝要分级治理国家。最高水平的领导者,是善于充分利用别人智慧的领导者。治吏不治民是高层管理的重点。最高管理者的任务不是处理基层的琐碎事务,而是管理直接下属的官吏。他还指出了监督下属的方法——形名参同,即将下级官吏的实际政绩(形)与法令、制度的规定(名)对比检查,通过逐级监督,看形与名是否相符。形名术实际上是现代的一种管理控制系统。

2.4.4 儒、释、道思想与中国企业文化

在中国,企业自然而然地要受到中国传统文化的熏陶,更有一些企业以中国传统文化为标杆,建立自己的企业文化。

(1)同仁堂文化以"儒"立本。同仁堂始创于清康熙八年,创始人乐显扬曾任职于清太医院。为何取名"同仁堂"?乐显扬说:"'同仁'二字可以命堂名,吾善其公而雅,儒志之。"他还给后世子孙留下一句名言:"可以养生、可以济世者,唯医药为最。"300年后,这句话被他的后人提炼成北京同仁堂的企业精神——"同修仁德,济世养生",并在《同仁堂理念行为手册》中做如下解释:"'仁'是儒家文化的核心概念,也是同仁堂文化的精神支柱。"

在儒家思想的指导下,同仁堂要求全体员工弘扬"德、诚、信"三大优良传统。在生产现场,有这样一句标语:"修合无人见,存心有天知",用来告诫员工不可偷工减料,不要忘记同仁堂的百年堂训——"炮制虽繁必不敢省人工,品味虽贵必不敢减物力"。

同仁堂的整套企业文化设计,弘扬了孔子的五个字"仁、义、理、智、信"。或许正是有了儒家思想这一精神支柱,才使同仁堂在茫茫商海中,支起了一块330余年不倒的金字招牌。

(2)恩威文化以"道"生根。成都恩威集团总裁薛永新根据道家"天恩地威"之言,为企业取名为恩威集团。经过15年的努力,他把一家只有几十名员工的乡镇企业,发展成为集科研、生产、贸易为一体的跨国集团。他根据道家思想提出了独特的恩威精神——清静无人,守中抱一,"以清静无为之道管理企业,严格的考评制度和劳动纪律与融通情感相结合,像疏导流水那样开导职工"成为他的治厂方针,深深地打上了道家思想的烙印。

道家对"无"情有独钟,水是老子对"无"的比喻。薛永新用老子的思想教育员工,提倡"学习'水'的本色",像《道德经》上讲的"水善利万物而不争"。在道家"不争之争"思想的指导下,恩威集团推出了其主打产品"洁尔阴",它没有与其他品牌去争市场,而是进军空缺市场,使"难言之隐,一洗了之"的产品概念传遍了大江南北。靠着道家思想的指导,薛永新每每小试牛刀,就受益匪浅。

(3)海航文化以"佛"为法。道学博大精深,佛学义理精微。海南航空公司董事长陈峰在这方面造诣颇深。海航集团的企业标志以"生生不息"为创意理念。"生生"是佛家的本初理念,"本无今有谓之生,能生此生谓之生生"。

佛家主张人要有正见、正志、正语、正业、正命、正精、正念、正定,即正确的见解、正确的意志、正确的语言、正确的行为、正确的生活、正确的努力、正确的信念、正确的禅念八个方面,这就是"八正道"理论。这些思想在海航的《员工守则》(员工共勉十条和员工训条)中得到了充分体现,"积厚德"、"存正心"、"勤精进"等佛家原话,透出一种深厚的文化气息。

儒、释、道三家思想各有所指:儒者,饰身之教;释者,修心之教;修身以儒,治心以释。至于道,乃是一种辩证思考,用于策略,可见,儒家思想在修身,在于规范人们的言行。无怪乎中国平安保险公司把"仁、义、礼、智、信、廉"作为企业作风,这便是儒家思想的活学活用。道家思想在于思辩,是一种对立统一的哲学思考。这一点儒道两家相生互补。海尔的舵手张瑞敏提出"中正之道"作为海尔的企业哲学,提出"中和、公正;大中、至正",这是儒道思想的综合运用。佛家思想强调的是对人内心的修炼。在日本颇具影响力的佛学大师太虚,曾经指出每一个人对国家、对社会都应知恩报恩,这一观点对日本社会影响极大。松下幸之助把"感恩精神"作为企业的核心价值观,是有一定的社会背景和文化底蕴的。

2.5　管理道德与社会责任

2.5.1　管理道德

1. 管理道德的概念及影响因素

"管理道德"可作两种理解:一是管理者的道德,二是管理实体的道德。本书中把"管理道德"只确定为管理者的道德行为与道德品质。

斯蒂芬·罗宾斯在《管理学》中列举了影响管理道德的各种因素。

(1)道德发展阶段。西方道德心理学家把人们的道德发展归纳为三个阶段:前惯例阶段、惯例阶段、原则规范阶段。前惯例水平道德的特点仅受个人利益的影响,惯例水平的道德受他人期望的影响,原则规范水平的道德受自己认为是正确的个人行为准则的影响。

国外学者的研究表明,道德发展要经历三个层次,每个层次又分两个阶段。随着阶段的上升,个人的道德判断越来越不受外部因素的影响。道德发展所经历的三个层次和六个阶段如表 2－1 所示。

表 2－1　道德发展的层次和阶段

层次	阶段
前惯例层次 　　只受个人利益的影响,决策的依据是本人利益,这种利益是由不同行为方式带来的奖赏和惩罚决定的。	1. 遵守规则以避免受到物质惩罚。 2. 只在符合你的直接利益时才遵守规则。
惯例层次 　　受他人期望的影响,包括对法律的遵守,对重要人物期望的反应,以及对他人期望的一般感觉。	3. 做你周围的人所期望的事。 4. 通过履行你允诺的义务来维持平常秩序。

续表 2 - 1

层次	阶段
原则规范层次 　　受个人用来辨别是非的道德准则的影响,这些准则可以与社会的规则或法律一致,也可以与社会的规则或法律不一致。	5.尊重他人的权利,置多数人的意见于不顾、支持不相干的价值观和权利。 6.遵守自己选择的道德准则,即使这些准则违背了法律。

　　(2)个人特征。个人特性主要是指管理者的个人价值观(包括道德观)、自信心和自控力。管理者的个人特性对组织的管理道德有着直接的影响。

　　人们的价值观不同,每个人对待权力、财富、爱情、家庭、子女、社会、人生以及个人责任等的态度也各式各样。在同样的管理道德问题面前,每个管理者作出的决策不可能完全相同,甚至可能完全相反。

　　管理者个人的自信心和自控力与管理道德也很有关系。自信心和自控力强的人,一般都会深信自己的判断是正确的,因而通常都能坚持去做自己认为正确的事。他们也会听取不同的意见,但自己确定的方向和底线不会轻易改变。自信心和自控力弱的人很容易屈服于外力摆布,而难于坚持自己的主张。

　　(3)结构变量。组织结构对管理道德影响巨大,主要体现在以下方面:

　　①组织内部机构和职责分工有没有必要的权力制衡、监察、检查、审计机制,有没有外部群众和舆论监督。如果有比较完善的内外制衡监督机制,就可大大预防和制止不道德的管理行为产生。

　　②组织内部有无明确的规章制度。清晰说明各级管理职务的实施细则和应遵守的道德准则,可以有效预防不道德管理行为的产生。

　　③上级管理行为的示范作用。下级必然会十分关注上级的管理行为,从中弄清哪些管理行为是上级可以接受和真正期待的上行下效,而完全不管规章制度有什么规定。

　　④绩效评估考核体系会起到指挥棒的作用。如果评估考核奖惩偏重于成果,并且所订的指标又偏高,各级管理者就可能迫于强大的压力而不择手段去追求成果指标,从而引发许多不道德的管理行为。

　　(4)组织文化。组织文化有无诚信、是否有包容性,都会影响管理道德。如果管理者和员工在积极创新进取时,一旦遭受挫折或失败,不会受到组织的歧视和惩罚;相反如果采用某些不道德的行为取得成果,将会被人们揭露和鄙视。这样,诚信做事、包容失败的组织文化将必然减少不道德的管理行为。没有诚信、包容的组织文化必将助长不道德管理行为的滋生与扩散。

　　(5)问题强度。问题强度是指该问题如果采取不道德的处理行为可能产生后果的严重程度。道德问题强度会直接影响管理者的决策。如果采取不道德的处理行为可能产生后果的严重程度越大,那么管理者很可能采取道德的行为。

　　影响管理者道德行为的最后一个因素是道德问题本身的强度,它取决于以下六个因素:

　　①某种道德行为对受害者的伤害有多大或对受益者的利益有多大?

　　②看多少人认为这种行为是邪恶的(或善良的)?

　　③行为实际发生并造成实际伤害(或带来实际利益)的可能性有多大?

④行为和其预期后果之间的时间间隔有多长？

⑤你觉得行为的受害者(或受益者)与你(在社会上、心理上或身体上)挨得多近？

⑥道德行为对有关人员的影响的集中程度如何？

2. 改善管理道德行为的有效途径

(1)挑选高道德素质的员工。人在道德发展阶段、个人价值体系和个性上的差异上，使管理者有可能通过严格的挑选过程(挑选过程通常包括审查申请材料、组织笔试和面试以及试用等阶段)，把低道德素质的求职者淘汰掉。但是这并非易事，事实证明，仅仅通过"挑选"这一控制措施，是很难把道德标准成问题的求职者挡在门槛之外的。所以通常辅之以其他控制措施。挑选过程的另一作用是有助于管理者了解个人道德发展阶段、个人价值观、自我强度和控制中心。

(2)建立道德准则和决策规则。道德准则是表明组织的基本价值观和组织期望员工遵守的道德规则的正式文件。道德准则既要相当具体，以便让员工明白以什么样的精神来从事工作、以什么样的态度来对待工作，也要相当宽泛，以便让员工有判断的自由。

正直和高道德标准要求员工努力工作、具有勇气和作出艰难选择，有时，为了确定正确的行动路线，员工、高层管理人员和董事会之间进行磋商是必要的。有时正直和道德可能要求企业放弃商业机会。但是，从长远看，做正确的事比做不正确不道德的事对企业更有利。

管理者对道德准则的态度(是支持还是反对)以及对违反者的处理办法对道德准则的效果有重要影响。如果管理者认为这些准则很重要，经常宣讲其内容，并当众训斥违反者，那么道德准则就能为道德计划提供坚实的基础。

(3)在道德方面领导员工。高层管理人员在道德方面的领导作用主要体现在以下两方面：

第一，高层管理人员在言行方面是员工的表率——他们所做的比所说的更为重要，他们作为组织的领导者要在道德方面起模范带头作用。如果高层管理人员把公司资源据为己有、虚报支出项目或优待好友，那么这无疑向员工暗示，这些行为都是可接受的。

第二，高层管理人员可以通过奖惩机制来影响员工的道德行为。选择不道德手段而取得惊人的业绩，从而获得晋升，这种行为本身向所有人表明，采取不道德手段是可接受的。鉴于此，管理人员在发现错误行为时，不仅要严惩当事人，而且要把事实公布于众，让组织中所有人都认清后果。这就传递了这样的信息："做错事要付出代价，行为不道德不是你的利益所在。"

(4)设定工作目标。员工应该有明确和现实的目标。如果目标对员工的要求不切实际，即使目标是明确的，也会产生道德问题。在不现实的目标的压力下，即使道德素质较高的员工也会感到迷惑，很难在道德和目标之间作出选择，有时为了达到目标而不得不采取不道德的行为。

(5)对员工进行道德教育。越来越多的组织意识到对员工进行适当的道德教育的重要性，它们积极采取各种方式(如开设研修班、组织专题讨论会等)来提高员工的道德素质。对员工进行道德教育具有以下作用：①向员工讲授解决道德问题的方案，可以显著改变其道德行为；②这种教育提升了个人的道德发展阶段；③道德教育至少可以增强有关人员对商业伦理问题的认识。

反对者认为，个人价值体系是在早年建立起来的，从而成年时的道德教育是徒劳无功的。

(6)对绩效进行全面评价。如果仅以经济成果来衡量绩效，人们为了取得结果，就会不择手段，从而有可能产生不道德行为。如果组织想让其管理者坚持高的道德标准，它在评价过程中就必须把道德方面的要求包括进去。例如,在对管理者的年度评价中,不仅要考察其决策带来的经济成果,还要考察其决策带来的道德后果。

(7)进行独立的社会审计。有不道德行为的人都有害怕被抓住的心理,被抓住的可能性越大,产生不道德行为的可能性就越小。根据组织的道德准则对决策和管理行为进行评价的独立审计,会使不道德行为被发现的可能性大大提高。审计可以是例行的,如同财务审计,也可以是随机的,即不是事先通知。有效的道德计划应该同时包括这两种形式的审计。审计员应该对公司的董事会负责,并把审计结果直接交给董事会,以确保客观、公正。

(8)提供正式的保护机制。正式的保护机制可以使那些面临道德困境的员工在不用担心受到斥责的情况下自主行事。组织也可以建立专门的渠道,使员工能放心地举报道德问题或告发践踏道德准则的人。高层管理人员可以采取多种措施来提高员工的道德素质,这些措施包括:挑选高道德素质的员工、建立道德准则和决策规则、领导员工、设定工作目标以及对员工进行道德教育等。在这些措施中,单个措施的作用是极其有限的,但若把它们中的多数或全部结合起来,就很可能收到预期的效果。

2.5.2　企业社会责任

1. 企业社会责任的概念

所谓企业的社会责任,是指企业对市场化的资源配置和消耗使用采取更加积极的社会态度,对顾客、员工、投资者等自然和社会主体采取更为主动的态度,同时在环境保护、社会服务和社会福利事业等方面更多地承担责任和义务。

2. 两种社会责任观

(1)古典社会责任观。这种观点认为,企业管理者唯一的社会责任就是实现利润的最大化,就是为出资人(股东)谋求最大的投资回报。

古典观的代表人物当首推米尔顿·弗里德曼(Milton Friedman)。他认为当今的大多数管理者是职业管理者,这意味着他们并不拥有他们所经营的企业。他们是员工,仅向股东负责,从而他们的主要责任就是最大限度地满足股东的利益。那么,股东的利益是什么呢?弗里德曼认为股东只关心一件事,那就是财务收益。

在弗里德曼看来,当管理者自行决定将公司的资源用于社会目的时,他们是在削弱市场机制的作用。有人必然为此付出代价。弗里德曼还认为,当职业管理者追求利润以外的其他目标时,他们其实是在扮演非选举产生的政策制定者的角色。

(2)社会经济观。这种观点反对企业是一个只为股东负责的经济实体,认为企业必须把一切经营活动融入社会的大系统,确保生存是企业的首要问题,其次才是利润。持社会经济观的人指出,时代发生了变化,社会对企业的期望也发生了变化。公司的法律形式可以很好地说明这一点。公司的设立和经营要经过政府的许可,政府也可以撤销许可。因此,公司不是一个仅对股东负责的独立实体,同时要对产生和支持它的社会负责。

在社会经济观的支持者们看来,古典观的主要缺陷在于其时间框架。社会经济观的支持者们认为,管理者应该关心长期财务收益的最大化。为此,他们必须承担一些必要的社会义务及相应的成本。他们必须以不污染、不歧视、不发布欺骗性广告等方式来维护社会利益。他们还必须在增进社会利益方面发挥积极的作用,如参与所在社区的一些活动和捐钱给慈善组织等。

3. 赞成和反对企业承担社会责任的理由

(1)赞成企业承担社会责任的理由。赞成的理由包括:满足公众期望;增加长期利润;承担道德义务;塑造良好的公众形象;创造良好的环境;阻止政府的进一步管制;保持责任和权力相称;符合股东利益;拥有资源;预防胜于治疗。

(2)反对企业承担社会责任的理由。反对的理由包括:违反利润最大化原则;冲淡目标;不能补偿成本;权力过大;缺乏技能;缺乏责任;缺乏广泛的公众支持。

4. 社会责任与经营业绩

考察社会责任与经营业绩具有必要性,一些人担心企业承担社会责任会有损于其经营业绩;在我们看来,企业在力所能及的范围内进行一些社会责任活动相当于投资。从而最有意义的结论是:"没有确凿的证据表明,公司的社会责任行动会显著损害其长期经营业绩。"

5. 社会责任的具体体现

(1)企业对环境的责任。企业对环境的责任包括:

①企业要在保护环境方面发挥主导作用,特别要在推动环保技术的应用方面发挥示范作用。

②企业要以"绿色产品"为研究和开发的主要对象。

③企业要治理环境。

(2)企业对员工的责任。企业对员工的责任包括:

①不歧视员工。

②定期或不定期培训员工。

③营造一个良好的工作环境。

④善待员工的其他举措。

(3)企业对顾客的责任。企业对顾客的责任包括:

①提供安全的产品。

②提供正确的产品信息。

③提供售后服务。

④提供必要的指导。

⑤赋予顾客自主选择的权利。

(4)企业对竞争对手的责任。在市场经济下,竞争是一种有序竞争。企业不能压制竞争,也不能搞恶意竞争。企业要处理好与竞争对手的关系,在竞争中合作,在合作中竞争。有社会责任的企业不会为了暂时之利,通过不正当手段挤垮对手。

(5)企业对投资者的责任。企业首先要为投资者带来有吸引力的投资报酬。那种只想从投资者手中获取资金,却不愿或无力给投资者以合理报酬的企业是对投资者极不负责的企业,这种企业注定被投资者抛弃。

此外,企业还要将其财务状况及时、准确地报告给投资者。企业错报或假报财务状况,是对投资者的欺骗。

(6)企业对所在社区的责任。企业不仅要为所在社区提供就业机会和创造财富,还要尽可能为所在社区作出贡献。有社会责任的企业意识到通过适当的方式把利润中的一部分回报给所在社区是其应尽的义务。它们积极寻找途径参与各种社会行动,通过此类活动,不仅回报了社区和社会,还为企业树立了良好的公众形象。

❓本章思考题

1. 泰勒的科学管理理论及其对管理学发展的贡献有哪些?
2. 如何理解法约尔的管理原则?
3. 韦伯"理想的行政组织体系"具有哪些特点?
4. 霍桑实验及梅奥的新见解是什么?
5. 简述行为科学对管理学发展的贡献。
6. 管理科学理论及其特征是什么?
7. 系统管理理论的主要内容是什么?

📋 案例分析

自我改善的柔性管理

大连三洋制冷有限公司(以下简称大连三洋)成立于 1992 年 9 月,于 1993 年正式投产,现有职工 400 余人,是由日本三洋电机株式会社、中国大连冷冻机股份有限公司和日本日商岩井株式会社三家合资兴办的企业。

大连三洋是在激烈的市场竞争中成立的。当时他们对外,面对来自国内外同行业企业形成的市场压力;对内,则面临着如何把引进的高新技术转化成高质量的产品,如何使来自各方面有着文化程度、价值观念、思维方式、行为方式巨大差异的员工,形成统一的经营理念和行为准则,适应公司发展的需要的问题。因此,大连三洋成立伊始,即把严格管理作为企业管理的主导思想,强化遵纪守规意识。

可是,随着公司的发展和员工素质的不断提高,原有的制度、管理思想和方法,有的已不能适应企业的管理需求,有的满足不了员工实现其精神价值的需要。更为重要的是,随着国内外市场竞争的激烈,大连三洋如何增强自身应变能力,为用户提供不同需求的制冷机产品,就成为公司发展过程中必须要解决的问题。因此,公司针对逐渐培养起来的员工自我管理的意识,使其逐步升华成为立足岗位的自我改善行为,即自我改善的柔性管理,从而增强了公司在激烈市场竞争中的应变能力。

大连三洋的经营领导者在实践柔性管理中深深地领悟到,公司不能把员工当成"经济人",他们是"社会人"和"自我实现的人"。基于此,大连三洋形成了自己特有的经营理念和企业价值观,并逐步形成了职工自我改善的柔性管理。

通过这种管理和其他改革办法,大连三洋不但当年投产当年盈利,而且 5 年利税超亿元,合资各方连续 3 年分红,很快就收回投资,并净赚了两个大连三洋。以下是大连三洋自我改善的柔性管理运作的部分内容:

员工是改善活动的主体,公司从员工入厂开始,即坚持进行以"爱我公司"为核心的主人翁教育,以"创造无止境改善"为基础的自我完善教育,以"现场就是市场"为意识的危机教育。他们在吸纳和研究员工危机意识与改善欲求的基础上,总结出了自我改善的 10 条观念:

(1)抛弃僵化固定的观念。

(2)过多地强调理由,是不求进取的表现。

（3）立即改正错误，是提高自身素质的必由之路。

（4）真正的原因，在"为什么"的反复追问中产生。

（5）从不可能中寻找解决问题的方法。

（6）只要你开动脑筋，就能打开创意的大门。

（7）改善的成功，来源于集体的智慧和努力。

（8）更要重视不花大钱的改善。

（9）完美的追求，从点的改善开始。

（10）改善是无止境的。

这 10 条基本观念，如今在大连三洋已成为职工立足岗位自我改善的指导思想和自觉的行为。

大连三洋的职工自我改善是在严格管理的基础上日渐形成的。从公司创建起，他们就制定了严格规范的管理制度，要求员工要适应制度、遵守制度，而当员工把严格遵守制度当成他们自我安全和成长需要的自觉行动时，就进一步使制度能有利于发挥员工的潜能，使制度能促进员工的发展具有相对的灵活性。

例如，他们现在的"员工五准则"中第一条"严守时间"规定的后面附有这样的解释，"当您由于身体不适、交通堵塞、家庭有困难，不能按时到公司时，请拨打 7317375 通知公司。"在这里没有单纯"不准迟到"、"不准早退"的硬性规定，充分体现了公司规章制度"人性化"的一面。公司创立日举行社庆，公司将所有员工的家属都请来予以慰问。逢年过节，公司常驻外地的营销人员，总会收到总经理亲自操笔的慰问信。在他们那里，"努力工作型"的员工受到尊重。职工合理化提案被采纳的有奖，未被采纳的也会受到鼓励。企业与员工共存，为员工提供舒适的工作环境，不断提升着员工的生活质量，员工以极大的热情关心公司的发展，通过立足岗位的自我改善成了公司发展的强大动力。

思考题

1.试分析三洋柔性管理模式的内涵。

2.在三洋的柔性管理中体现了怎样的管理思想转变？

第3章
计划

📖 **学习要点**

1. 理解计划的特点、作用与原理
2. 理解计划的概念、分类与程序
3. 理解计划的方法和目标管理

案例导入

  赵先生是一家大型电子公司的制造部经理。该公司的管理部门最近安装了一些新机器，实行了一套简化的工作系统，使每一个人包括自己在内感到惊讶的是，提高生产率的期望并未实现。实际上，生产开始下降，产品质量降低，离职的雇员数目增加。

  赵先生认为机器没有任何故障，有使用这种机器的其他公司的报告为证，这些报告坚定了他的想法。他也曾要求制造这种机器的公司的一些代表对机器进行过仔细检查，检验报告说，机器运转正处于最高效率。赵先生怀疑，问题可能出在新的工作系统上。但是，他的直接下属并非都持有这种看法，他们是四个基层主管人，有三人每人负责一个科组，还有一个是他的物资供应经理。他们对生产率下降的原因看法不同，分别认为是操作工训练差、缺乏适当的经济刺激体制和士气低落。显然，对这一问题各人有各人的想法，下属中存在着潜在的分歧。

  这天早晨，赵先生接到分部经理的一个电话，他刚刚得到近六个月的生产数字，打电话表示他的关切。他指示说，应以赵先生认为的最好方式解决这一问题，他很想在一周内知道计划采取什么步骤。赵先生和部门经理同样关心生产率的下降。问题在于采取什么步骤扭转这种情况。

  思考题

1. 分析这位制造部经理所面临的问题，并猜测他将采取怎样的步骤或程序（有几种可能方案）。
2. 请对造成生产率下降的原因进行分析。
3. 请提出你的对策建议。

3.1 计划的概念与特点

3.1.1 计划概述

1. 计划的概念

古典管理学认为，计划职能包括决定最后结果以及决定获取这些结果的适当手段的全部管理活动。

计划工作有广义和狭义之分。广义的计划工作是指制定计划、执行计划和检查计划三个阶段的工作过程。狭义的计划工作是指制定计划,即根据组织内外部的实际情况,权衡客观的需要和主观的可能,通过科学的预测,提出在未来一定时期内组织所需达到的具体目标以及实现目标的方法。

2. 计划的内容

无论在名词意义上述是在动词意义上,计划内容都包括"5W1H",即计划必须清楚地确定和描述下述内容:①What——做什么? 目标与内容。②Why——为什么做? 原因。③Who——谁去做? 人员。④Where——何地做? 地点。⑤When——何时做? 时间。⑥How——怎样做? 方式、手段。

综上所述,一项完整的计划应该包括如表 3-1 所示的内容。

表 3-1　计划的内容

要素	所要回答的问题	内容
前提	该计划在何种情况下有效	预测、假设、实施条件
目标(任务)	做什么	最终结果、工作要求
目的	为什么要做	理由、意义、重要性
战略	如何做	途径、基本方法、主要战术
责任	谁做、做得好坏的结果	人选、惩罚措施
时间表	何时做	起止时间、进度安排
范围	涉及哪些部门或何地	组织层次或地理范围
预算	需投入多少资源	费用、代价
应变措施	实际与前提不相符怎么办	最坏情况计划

知识链接

5W1H 分析法

5W1H 分析法也叫六何分析法,是一种思考方法,也可以说是一种创造技法。它在企业管理和日常工作生活和学习中得到广泛应用。

5W1H 分析法为我们提供了科学的工作分析方法,常常被运用到制定计划草案和对工作的分析与规划中,有利于能够提高效率,并使工作有效地执行。

5W+1H 是对选定的项目、工序或操作,都要从原因(何因 why)、对象(何事 what)、地点(何地 where)、时间(何时 when)、人员(何人 who)、方法(何法 how)等六个方面提出问题进行思考。

1. 对象(what)——什么事情

公司生产什么产品? 车间生产什么零配件? 为什么要生产这种产品? 能不能生产别的产品? 到底应该生产什么? 例如,如果现在这种产品没有利润,换别的产品好不好?

2. 场所(where)——什么地点

生产是在哪里进行？为什么偏偏要在这个地方进行？换个地方是否可以？到底应该在什么地方进行？这是选择工作场所应该考虑的。

3.时间和程序（when）——什么时候

现在这个工序或者零部件是在什么时候进行？为什么要在这个时候进行？能不能在其他时候进行？把后工序提到前面行不行？到底应该在什么时间进行？

4.人员（who）——责任人

现在这个事情是谁在做？为什么要让他做？如果他既不负责任，脾气又很大，是不是可以换另一个人？有时候换一个人，整个生产就有起色了。

5.为什么（why）——原因

为什么采用这个技术参数？为什么不能有震动？为什么不能使用？为什么变成红色？为什么要做成这个形状？为什么采用机器代替人力？为什么非做不可？

6.方式（how）——如何

手段也就是工艺方法，例如，现在我们是怎样做的？为什么用这种方法来做？有没有别的方法可以做？到底应该怎么做？有时候方法一改，全局就会改变。

3.1.2　计划的特点

1.目的性

任何组织和个人制定计划都是为了有效地达到某种目标。然而在计划工作开始之前，这种目标可能还不具体，计划工作就是让这些目标具体化，以便执行和完成。在计划工作过程的初始阶段，制定具体的、明确的目标是其首要任务，其后的所有工作都是围绕目标进行的。例如，某家百货公司的经理希望明年的销售额和利润额有较大幅度的增长，这就是一种不明确的目标，为此，需要制定计划，根据过去的情况和现在的条件确定一个可行的目标，比如销售额增长20％，利润额增长15％。这种具体的、明确的目标不是单凭主观愿望能确定的，它要符合实际情况，是以许多预测和分析工作为基础的。计划的目的性体现在：

（1）计划是一种协调过程，它给管理者和非管理者指明了方向，当所有人明确目标后，可协调他们的活动，使他们团结协作。

（2）计划工作促使管理者预测未来，考虑变化因素的冲击，制定相应对策，可以降低不确定性。

（3）计划工作设定的目标和标准便于进行控制，通过计划设立目标，在实际管理过程中可以将实际成绩与目标进行比较，及时发现偏差和问题，采取必要的校对和调整。

2.首要性

计划工作在管理职能中处于首要地位，一方面，这主要是由于管理过程中的其他职能都是为了支持、保证目标的实现，计划职能在时间顺序上处在计划、组织、领导、控制四大管理职能的始发位置。因此这些职能只有在计划工作确定了目标之后才能进行。例如，一位厂长只有在明确目标之后才能确定合适的组织结构、下级的任务和权力、伴随权力的责任，以及怎样控制组织和个人的行为不偏离计划，等等。所有这些组织、领导、控制职能都是用计划作标准的。没有计划工作，其他工作就无从谈起。

计划工作的首要性的另一个方面是，有些情况下，计划可能是唯一需要完成的管理工作。

计划工作的最终结果可能导致一种结论,即没有必要采取进一步的行动。比如,原打算在某地建立一个新的钢铁厂,首先要做的工作是进行可行性分析,如果分析的结果表明在此地建立钢铁厂是不合适的,那么所有工作也就结束了,无须实行其他的管理职能。

3. 普遍性

虽然计划的特点和范围由于管理层次不同而有所不同,但所有管理者都有制定计划的共同职能,只不过是粗细、时间范围等不同而已。高层管理者不可能也不必要对自己组织内的一切活动作出确切的说明,这也是有效的管理者所必须遵循的一条原则。最常见的情况是高层管理人员仅对组织活动制定结构性的计划。也可以这样说,高层管理人员负责制定战略性的计划,而那些具体的计划由下级完成。这种情况的出现主要是由于一个人的能力是有限的,现代组织的工作是如此繁杂,即使是最聪明、最能干的领导人,也不可能包揽全部计划工作。此外,授予下级某些制定计划的权力,有助于调动下级的积极性,挖掘下级的潜在能力,这无疑对贯彻执行计划,高效地完成组织目标大有好处。

4. 效率性

计划的经济效益可用计划的效率来衡量。计划的效率是指实现目标所获得的利益与执行计划过程中所有耗损总和的比率。换句话说,计划效率是指制定计划与执行计划时所有的产出与所有的投入之比。如果一个计划能够达到目标,但它需要的代价太大,这个计划的效率就很低,因此不是一份好的计划。在制定计划时要时时考虑计划的效率,不但要考虑经济方面的利益和耗损,还要考虑非经济方面的利益和耗损。

计划的效率性主要体现在三个方面:一是有效地实现组织与外部环境的协调,最大限度地减少由于这方面不协调给组织带来损失的可能性;二是有效地实现组织内部的协调,使投入产出比率最佳;三是有效地实现组织目标与组织成员个人目标的协调。因此,计划工作的任务不仅是要确保实现目标,而且要从众多的方案中选择最优的,以求资源的合理利用和提高效率。

3.2　计划的作用与原理

3.2.1　计划的作用

计划的作用表现在以下方面:

(1)组织宗旨的实现必须有计划。

(2)计划贯穿于组织系统的各个方面,贯穿于组织活动的始终。

(3)计划是为领导的科学决策服务的。

(4)计划职能具有领先性,为实现其他管理职能提供基础。

(5)计划是调节和稳定组织同其他社会组织之间紧密联系的工具。

(6)计划能够协调社会劳动、合理分配资源,使管理活动取得最佳的效益。

3.2.2　计划的原理

计划制定的过程中要遵循以下原理。

1. 限定因素原理

所谓限定因素,是指妨碍组织目标实现的因素,也就是说,在其他因素不变的情况下,仅仅改变这些因素,就可以影响组织目标的实现程度。

限定因素原理可以表述如下:主管人员越是能够了解对达到目标起主要限制作用的因素,就越能够有针对性地、有效地拟定各种行动方案,限定因素原理有时又被形象地称为"木桶原理"。

2. 许诺原理

许诺原理可以表述为:任何一项计划都是对完成各项工作所作出的许诺,因而,许诺越大,实现许诺的时间就越长,实现许诺的可能性就越小。

合理的计划期限的确定问题体现在"许诺原理"上,即合理计划工作要确定一个未来的时期,这个时期的长短取决于实现决策中所许诺的任务所必需的时间。

3. 灵活性原理

计划必须具有灵活性,即当出现意外情况时,有能力改变方向而不必花太大的代价。灵活性原理可以表述为:计划中体现的灵活性越大,由于未来意外事件引起损失的危险性就越小。必须指出,灵活性原理就是制定计划时要留有余地,至于执行计划,则一般不应有灵活性。例如,执行一个生产作业计划必须严格准确,否则就会发生组装车间停工或在制品大量积压的现象。对主管人员来说,灵活性原理是计划工件中最重要的原理,在承担的任务重,而目标计划期限长的情况下,灵活性便显出它的作用。当然,灵活性是有一定限度的,它的限制条件是:①不能总是以推迟决策的时间来确保计划的灵活性。②使计划具有灵活性是要付出代价的,甚至由此而得到的好处可能抵不了它的费用支出,这就不符合计划的效率性。

有些情况往往根本无法使计划具有灵活性。

4. 改变航道原理

计划制定出来后,计划工作者就要管理计划,促使计划的实施,而不能被计划所"管理",亦不能被计划框住。必要时可以根据当时的实际情况作必要的检查和修订。

改变般道原理可以表述为:计划的总目标不变,但实现目标的进程(即航道)可以因情况的变化随时改变。这个原理与灵活性原理不同,灵活性原理是使计划本身具有适应性,而改变航道原理是使计划执行过程具有应变能力,为此,计划工作者就必须经常地检查计划,重新调整、修订计划,以此达到预期的目标。

3.3 计划的分类与程序

3.3.1 计划的分类

1. 长期计划和短期计划

根据计划的时间长短,可以将计划分为长期计划和短期计划。长期计划描述了组织在较长时期(通常为5年以上)的发展方向和方针,规定了组织的各个部门在较长时期内从事某种活动应达到的目标和要求,绘制了组织长期发展的蓝图。短期计划具体地规定了组织的各个部门在目前到未来的各个较短的时期阶段,特别是最近的时段中,应该从事何种活动,从事该种活动应达到何种要求,因而为各组织成员在近期内的行动提供了依据。

2. 战略性计划与战术性计划

根据涉及时间长短及其范围广狭的综合性程度,可以将计划分为战略性计划与战术性计划。战略性计划是指应用于整体组织的、为组织未来较长时期(通常为 5 年以上)设立总体目标和寻求组织在环境中的地位的计划。战术性计划是指规定总体目标如何实现的细节的计划,其需要解决的是组织的具体部门或职能在未来各个较短时间内的行动方案。

3. 业务计划、财务计划和人事计划

根据计划的职能空间,可以将计划分为业务计划、财务计划和人事计划。企业业务计划包括产品开发、物资采购、仓储后勤、生产作业以及销售促进等内容。财务计划研究如何从资本的提供和利用上促进业务活动的有效进行。人事计划则分析如何为业务规模的维持或扩大提供人力资源的保证

4. 具体性计划与指导性计划

根据计划的明确性,可以将计划分为具体性计划和指导性计划。具体性计划具有明确规定的目标,不存在模棱两可。比如,企业销售部经理打算使企业销售额在未来 6 个月中增长15%,他会制定明确的程序、预算方案以及日程进度表,这便是具体性计划。指导性计划只规定某些一般的方针和行动原则,给予行动者较大自由处置权,它指出重点但不把行动者限定在具体的目标上或特定的行动方案上。

5. 程序性计划与非程序性计划

根据计划的程序化程度,可以将计划分为程序性计划和非程序性计划。西蒙把组织活动分为两类:一类是例行活动,指一些重复出现的工作,如订货、材料的出入库等。有关这类活动的决策是经常反复的,而且具有一定的结构,因此可以建立一定的决策程序。每当出现这类工作或问题时,就利用既定的程序来解决,而不需要重新研究。这类决策叫程序化决策,与此对应的计划是程序性计划。另一类活动是非例行活动,不重复出现,比如新产品的开发、生产规模的扩大、品种结构的调整、工资制度的改变等等。处理这类问题没有一成不变的方法和程序,因为这类问题或在过去尚未发生过,或因为其确切的性质和结构捉摸不定或极为复杂,或因为其十分重要而需用个别方法加以处理。解决这类问题的决策叫做非程序化决策,与此对应的计划是非程序性计划。

6. 计划的层次体系

计划的层次体系如图 3-1 所示。

(1)目的或使命。它指明一定的组织机构在社会上应起的作用,所处的地位。它决定组织的性质,决定此组织区别于彼组织的标志。各种有组织的活动,如果要使它有意义的话,至少应该有自己的目的或使命。比如,大学的使命是教书育人和科学研究,医院的使命是治病救人,法院的使命是解释和执行法律,企业的目的是生产和分配商品和服务。

(2)目标。组织的目的或使命往往太抽

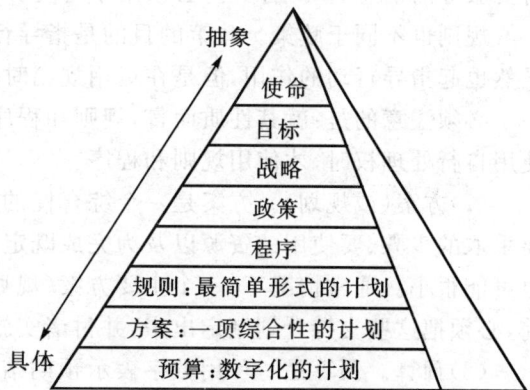

图 3-1 计划的层次体系

象,太原则化,它需要进一步具体为组织一定时期的目标和各部门的目标。组织的使命支配着组织各个时期的目标和各部门的目标,而且组织各个时期的目标和各部门的目标是围绕组织存在的使命所制定的,并为完成组织使命而努力。虽然教书育人和科学研究是一所大学的使命,但一所大学在完成自己使命时会进一步具体化不同时期的目标和各院系的目标,比如最近三年培养多少人才,发表多少论文等。

(3)战略。战略是为了达到组织总目标而采取的行动和利用资源的总计划,其目的是通过一系列的主要目标和政策去决定和传达一个组织期望自己成为什么样的组织。战略并不打算确切地概述组织怎样去完成它的目标,这是无数主要的和次要的支持性计划的任务。

(4)政策。政策是指导或沟通决策思想的全面的陈述书或理解书。但不是所有政策都是陈述书,政策也常常会从主管人员的行动中含蓄地反映出来。比如,主管人员处理某问题的习惯方式往往会被下属作为处理该类问题的模式,这也许是一种含蓄的、潜在的政策。政策能帮助事先决定问题处理方法,这一方面可以减少对某些例行事件处理的成本,另一方面可以把其他计划统一起来。政策支持分权,同时也支持上级主管对该项分权的控制。政策允许对某些事情有酌情处理的自由,一方面切不可把政策当做规则,另一方面又必须把这种自由限制在一定的范围内。自由处理的权限大小一方面取决于政策自身,另一方面取决于主管人员的管理艺术。

(5)程序。程序是制定处理未来活动的一种必需方法的计划。它详细列出必须完成某类活动的切实方式,并按时间顺序对必要的活动进行排列。它与战略不同,它是行动的指南,而非思想指南。它与政策不同,它没有给行动者自由处理的权力。出于理论研究的考虑,我们可以把政策与程序区分开来,但在实践工作中,程序往往表现为组织的政策。比如,一家制造业企业的处理订单程序、财务部门批准给客户信用的程序、会计部门记载往来业务的程序等,都表现为企业的政策。组织中每个部门都有程序,并且在基层,程序更加具体化、数量更多。

(6)规则。规则没有酌情处理的余地。它详细、明确地阐明必需行动或无需行动,其本质是一种管理决策。规则通常是最简单形式的计划。

规则不同于程序。其一,规则指导行动但不说明时间顺序;其二,可以把程序看做是一系列的规则,但是一条规则可能是也可能不是程序的组成部分。比如,"禁止吸烟"是一条规则,但和程序没有任何联系。而一个规定为顾客服务的程序可能表现为一些规则,如在接到顾客需要服务的信息后 30 分钟内必须给予答复。

规则也不同于政策。政策的目的是指导行动,并给执行人员留有酌情处理的余地;而规则虽然也起指导行动的作用,但是在运用规则时,执行人员没有自行处理之权。

必须注意的是:就其性质而言,规则和程序均旨在约束思想;因此只有在不需要组织成员使用自行处理权时,才使用规则和程序。

(7)方案(或规划)。方案是一个综合性的计划,它包括目标、政策、程序、规则、任务分配、要采取的步骤、要使用的资源以及为完成既定行动方针所需的其他因素。一项方案可能很大,也可能很小。通常情况下,一个主要方案(规划)可能需要很多支持计划。在主要计划进行之前,必须把这些支持计划制定出来,并付诸实施。所有这些计划都必须加以协调且安排时间。

(8)预算。预算是一份用数字表示预期结果的报表。预算通常是为规划服务的,其本身可能也是一项规划。

相关案例

宏大实业发展有限公司的发展计划

2011 年的 12 月份以后,宏大实业发展有限公司(以下简称宏大公司)的总经理汤军一直在想着两件事:一是年终已到,应抽个时间开个会议,好好总结一下一年来的工作。今年外部环境发生了很大的变化,尽管公司想方设法拓展市场,但困难重重,好在公司经营比较灵活,苦苦挣扎,这一年总算摇摇晃晃走过来了,现在是该好好总结一下,看看问题到底在哪儿。二是该好好谋划一下明年怎么办? 更远的该想想以后 5 年怎么干,乃至于以后 10 年怎么干? 上个月汤总从事务堆里抽出身来,到淮海大学去听了两次关于现代企业管理的讲座,教授的精彩演讲对他触动很大。多年来,公司取得过很大的成就,靠运气、靠机遇,当然也靠大家的努力。细细想来,公司的管理全靠经验,特别是靠汤总自己的经验,遇事都由汤总拍板,从来没有公司通盘的目标与计划,因而常常是干到哪儿是哪儿。可现在公司已发展到有几千万资产,三百来号人,再这样下去可不行了。汤总每想到这些,晚上都睡不着觉,到底该怎样制订公司的目标与计划呢? 这正是最近汤总一直在苦苦思考的问题。

宏大公司是一家民营企业,是改革开放的春风为宏大公司的建立和发展创造了条件。因此汤总常对职工讲,公司之所以有今天,一靠他们三兄弟拼命苦干,但更主要的是靠改革开放带来的机遇。多年前,汤氏三兄弟只身来到了省里的工业重镇 A 市,当时他们口袋里只有父母给的全家的积蓄 800 元人民币,但汤氏三兄弟决心用这 800 元钱创一番事业,摆脱祖祖辈辈日出而作、日落而归的脸朝黄土背朝天的农民生活。到了 A 市,汤氏三兄弟借了一处棚户房落脚,每天分头出去找营生,在一年时间里他们收过破烂,贩过水果,打过短工,但他们感到这都不是他们要干的。老大汤军经过观察和向人请教,发现 A 市的建筑业发展很快,城市要建设,老百姓要造房子,所以建筑公司任务不少,但当时由于种种原因,建筑材料却常常短缺,因而建筑公司也失去了很多工程。汤军得知,建筑材料中水泥、黄沙都很缺。他想到,在老家镇边上,他表舅开了家小水泥厂,生产出的水泥在当地还销不完,因而不得不减少生产。他与老二、老三一商量决定做水泥生意。他们在 A 市找需要水泥的建筑队,讲好价,然后到老家租船借车把水泥运出来,去掉成本每袋水泥能净得几块钱。利虽然不厚,但积少成多,一年下来他们挣了几万元。当时的中国,"万元户"可是个令人羡慕的名称。当然这一年中,汤氏三兄弟也吃尽了苦,汤军一年里住了两次医院,一次是劳累过度晕在路边被人送进医院,一次是肝炎住院,医生的诊断是营养严重不良引起抵抗力差而得肝炎。虽然如此,看到一年下来的收获,汤氏三兄弟感到第一步走对了,决心继续走下去。他们又干了两年贩运水泥的活,那时他们已有一定的经济实力了,同时又认识了很多人,有了一张不错的关系网。汤军在贩运水泥中,看到改革开放后,A 市角角落落都在大兴土木,建筑队的活忙得干不过来,他想,家乡也有木工、泥瓦匠,何不把他们组织起来,建个工程队,到城里来闯天下呢? 三兄弟一商量说干就干,没几个月一个工程队开进了城,当然水泥照样贩,这也算是两条腿走路了。

当初贩运水泥起家的汤氏三兄弟,今天已是拥有几千万资产的宏大公司的老板了。公司现有一家贸易分公司、一家建筑装饰公司和一家房地产公司,有员工近 300 人。老大汤军当公司总经理,老二、老三做副总经理,并分兼下属公司的经理。汤军老婆的叔叔任财务主管,他们表舅的大儿子任公司销售主管。总之,公司的主要职位都是家族里面的人担任,汤军具有绝对权威。

公司总经理汤军是汤氏兄弟中的老大,当初到 A 市时只有 24 岁,他在老家读完了小学,接着断断续续地花了6年时间才读完了初中,原因是家里穷,又遇上了水灾,两度休学,但他读书的决心很大,一俟条件许可,他就去上学,而且边读书边干农活。15年前,是他带着两个弟弟离开农村进城闯天下的。他为人真诚,好交朋友,又能吃苦耐劳,因此深得两位弟弟的敬重,只要他讲如何做,他们都会去拼命干。正是在他的带领下,宏大公司从无到有,从小到大。现在在A市汤氏三兄弟的宏大公司已是大名鼎鼎了,特别是去年,汤军代表宏大公司一下子拿出50万元捐给省里的贫困县建希望小学后,民营企业家汤军的名声更是非同凡响了。但汤军心里明白,公司这几年日子也不太好过,特别是今年。建筑公司任务还可以,但由于成本上升创利已不能与前几年同日而语了,只能维持,略有盈余。况且建筑市场竞争日益加剧,公司的前景难以预料。贸易公司能勉强维持已是上上大吉了,今年做了两笔大生意,挣了点钱,其余的生意均没成功,况且仓库里还积压了不少货无法出手,贸易公司日子不好过。房地产公司更是一年不如一年,当初刚开办房地产公司时,由于时机抓准了,两个楼盘,着实赚了一大笔,这为公司的发展立了大功。可是好景不长,房地产市场疲软,生意越来越难做。好在汤总当机立断,微利或持平把积压的房屋作为动迁房基本脱手了,要不后果真不堪设想,就是这样,现在还留着的几十套房子把公司压得喘不过气来。

面对这些困难,汤总一直在想如何摆脱现在这种状况,如何发展。发展的机会也不是没有。上个月在淮海大学听讲座时,汤军认识了A市的一家国有大公司的老总,交谈中汤总得知,这家公司正在寻找在非洲销售他们公司当家产品——小型柴油机——的代理商,据说这种产品在非洲很有市场。这家公司的老总很想与宏大公司合作,利用民营企业的优势,去抢占非洲市场。汤军深感这是个机会,但该如何把握呢?10月1日汤总与市建委的一位处长在一起吃饭,这位处长告诉他,市里规划从明年开始江海路拓宽工程,江海路在A市就像上海的南京路,两边均是商店。借着这一机会,好多大商店都想扩建商厦,但苦于资金不够。这位老乡问汤军,有没有兴趣进军江海路。如想的话,他可牵线搭桥。宏大公司的贸易公司早想进驻江海路了,但苦于没机会,现在机会来了,机会很诱人,但投入也不会少,该怎么办?随着改革开放的深入,住房分配制度将有一个根本的变化,随着福利分房的结束,汤军想到房地产市场一定会逐步转暖。宏大公司的房地产公司已有一段时间没正常运作了,现在是不是该动了?

总之,摆在宏大公司老板汤军面前的困难很多,但机会也不少,新的一年到底该干些什么?怎么干?以后的5年、10年又该如何干?这些问题一直盘旋在汤总的脑海中。

3.3.2 计划的程序

1.估量机会

对机会进行估量是在实际的工作计划制定前就着手进行的,它是计划工作的一个真正起点。

2.确定工作目标

计划工作的第一步是在估量机会的基础上,为组织及其所属的下级单位确定计划工作的目标,要说明预期的成果是什么,指明要完成哪些工作,重点应放在哪里,用战略、政策、程序、预算和规则所形成的网络去完成什么任务。

3.确定计划的前提条件

计划工作的前提就是计划工作的假设条件。

4. 拟订备选方案

这是指检查和设想可供选择的行动计划方案,这一步工作需要发挥创造性。

5. 评价备选方案

在找出可供选择的方案和考察了它们各自的优缺点之后,这一步骤就是根据计划前提和目标通过考察各种因素对方案进行评价。确定目标和确定计划前提条件的工作质量,直接影响到方案的评价。

6. 拟订备用或应急计划

选择方案是制定工作计划很关键的一步,也是决策的实质性阶段——抉择阶段。事物的发展有可能超出正式计划的预期,为保证企业经营活动的万无一失,通常要针对一些不确定因素制定备用或应急计划,使企业的计划工作更加完善。

7. 拟订派生计划

为支持基本工作计划,还需要制定不同的派生计划,派生计划是总计划的基础。

8. 编制预算

制定工作计划的最后是把计划转化为预算,使之数字化。把工作计划转化为预算,可以对工作计划进行有效控制,也可以作为衡量工作计划质量的一个重要标准。

3.4　计划的方法

3.4.1　滚动计划法

1. 滚动计划及其特点

所谓滚动计划,是指根据客观环境的变化,定期对上期计划进行修正,连续不断地编制新计划的一种方法。

滚动计划法的特点:一是近细远粗,近期计划细致具体,远期计划较为粗糙,执行远期计划时,再由粗变细。二是保持各期计划的灵活性,每执行完一期计划,都要根据变化的情况,对下期和以后各期计划进行调整。三是保持各期计划之间的连续性。滚动计划示意图如图 3 - 2所示。

2. 计划修正因素的主要内容

编制滚动计划的关键在于科学地确定计划修正因素,即要搞清未来时期企业内外部条件变化的情况。因为只有如此,才能使新编制的计划符合实际情况,适应变化了的内外部环境。计划修正因素主要有以下几项内容:

(1)差异分析。差异是指第一个执行期的计划和实际之间的差距。第一个执行期结束时,无论是超额完成了计划或是没有完成计划,都应对差异产生的原因进行定性或定量分析。因为分析结果对新计划的编制有着直接的影响。

(2)环境变化。环境是指企业周围的境况,它由多种因素构成。对企业直接发生影响的因素主要有:国家的方针与政策;社会道德与风尚;科学与技术;社会给企业提供的条件;社会对产品的需求;本企业产品在市场上的竞争能力等。

上期五年计划				
2008	2009	2010	2011	2012

计划与实际的差异 ← 2008年实际完成

计划修正因素
差异分析结果　因素动变　企业经营方针

本期五年计划				
2009	2010	2011	2012	2013

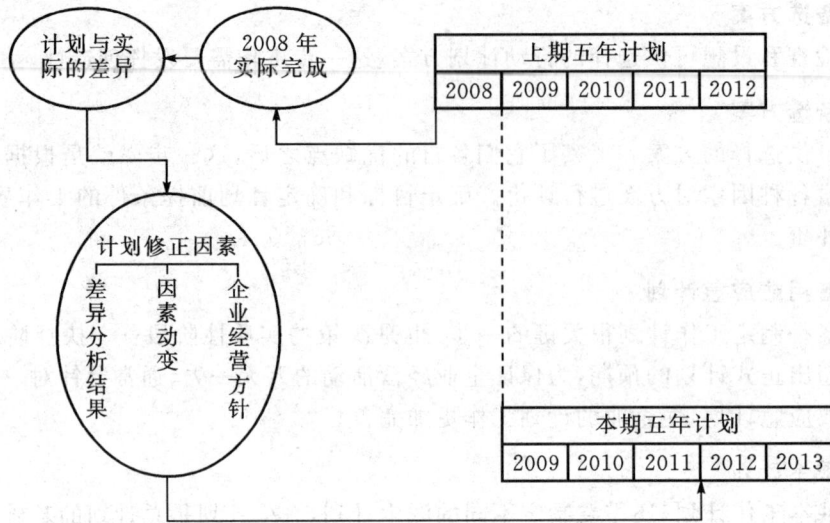

图 3-2　滚动计划示意图

由于企业的生存和发展是以外部环境为条件的,而且外部环境又是不断发生变化的,因此,企业必须重视调查收集和研究分析来自外部环境的各种信息,并据此编制计划,使计划更具有适应性。

(3)经营方针调整。经营方针是指为实现经营目标,根据企业的经营思想,所确定的企业总体或某项重要经营活动所应遵循的原则。它是针对某一时期生产经营活动所要解决的主要问题提出来的。由于企业外部环境和内部条件在不断发生变化,因而不同企业或同一企业在不同时期,其经营方针是不相同的。这就要求企业必须根据变化了的情况,调整其经营方针,以使外部环境、内部条件和经营目标三者实现动态平衡。

3.4.2　网络计划技术

网络计划技术是指用于工程项目的计划与控制的一项管理技术。它是 20 世纪 50 年代末发展起来的,依其起源有关键路径法(CPM)与计划评审法(PERT)之分。1956 年,美国杜邦公司在制定企业不同业务部门的系统规划时,制定了第一套网络计划。这种计划借助于网络表示各项工作与所需要的时间,以及各项工作的相互关系。通过网络分析研究工程费用与工期的相互关系,并找出在编制计划及计划执行过程中的关键路线。这种方法称为关键路线法(CPM)。1958 年美国海军武器部,在制定研制"北极星"导弹计划时,同样地应用了网络分析方法与网络计划,但它注重于对各项工作安排的评价和审查,这种计划称计划评审法(PERT)。鉴于这两种方法的差别,CPM 主要应用于以往在类似工程中已取得一定经验的承包工程,PERT 更多地应用于研究与开发项目。

网络计划技术的基本原理是:利用网络图表达计划任务的进度安排及各项活动(或工作)间的相互关系;在此基础上进行网络分析,计算网络时间参数,找出关键活动和关键线路;并利用时差不断改善网络计划,求得工期、资源与费用的优化方案。在计划执行过程中,通过信息反馈进行监督与控制,以保证达到预定的计划目标。

1. 网络计划技术内容

网络计划技术包括以下基本内容：

(1)网络图。网络图是指网络计划技术的图解模型,反映整个工程任务的分解和合成。分解是指对工程任务的划分;合成是指解决各项工作的协作与配合。分解和合成是解决各项工作之间,按逻辑关系的有机组成。绘制网络图是网络计划技术的基础工作。

(2)时间参数。在实现整个工程任务过程中,包括人、事、物的运动状态,这种运动状态都是通过转化为时间参数来反映的。反映人、事、物运动状态的时间参数包括:各项工作的作业时间、开工与完工的时间、工作之间的衔接时间、完成任务的机动时间及工程范围和总工期等。

(3)关键路线。通过计算网络图中的时间参数,求出工程工期并找出关键路线。在关键路线上的作业称为关键作业,这些作业完成的快慢直接影响着整个计划的工期。在计划执行过程中关键作业是管理的重点,在时间和费用方面则要严格控制。

(4)网络优化。网络优化,是指根据关键路线法,通过利用时差,不断改善网络计划的初始方案,在满足一定的约束条件下,寻求管理目标达到最优化的计划方案。网络优化是网络计划技术的主要内容之一,也是较之其他计划方法优越的主要方面。

2. 网络计划技术的应用步骤

网络计划技术的应用主要遵循以下几个步骤:

(1)确定目标。确定目标,是指决定将网络计划技术应用于哪一个工程项目,并提出对工程项目和有关技术经济指标的具体要求。如在工期方面,成本费用方面要达到什么要求。依据企业现有的管理基础,掌握各方面的信息和情况,利用网络计划技术为实现工程项目,寻求最合适的方案。

(2)项目分解,列作业明细。一个工程项目是由许多作业组成的,在绘制网络图前就要将工程项目分解成各项作业。作业项目划分的粗细程度视工程内容以及不同单位要求而定,通常情况下,作业所包含的内容多,范围大多可分粗些,反之细些。作业项目分得细,网络图的结点和箭线就多。对于上层领导机关,网络图可绘制得粗些,主要是通观全局、分析矛盾、掌握关键、协调工作、进行决策;对于基层单位,网络图就可绘制得细些,以便具体组织和指导工作。

在工程项目分解成作业的基础上,还要进行作业分析,以便明确先行作业(紧前作业)、平行作业和后续作业(紧后作业)。即在该作业开始前,哪些作业必须先期完成,哪些作业可以同时平行地进行,哪些作业必须后期完成,或者在该作业进行的过程中,哪些作业可以与之平行交叉地进行。

(3)绘网络图(见图3-3),进行结点编号。根据作业时间明细表,可绘制网络图。网络图的绘制方法有顺推法和逆推法。

①顺推法,即从始点时间开始根据每项作业的直接紧后作业,顺序依次绘出各项作业的箭线,直至终点事件为止。

②逆推法,即从终点事件开始,根据每项作业的紧前作业逆箭头前进方向逐一绘出各项作业的箭线,直至始点事件为止。

同一项任务,用上述两种方法画出的网络图是相同的。一般习惯于按反工艺顺序安排计划的企业,如机器制造企业,采用逆推较方便,而建筑安装等企业,则大多采用顺推法。按照各项作业之间的关系绘制网络图后,要进行结点的编号。

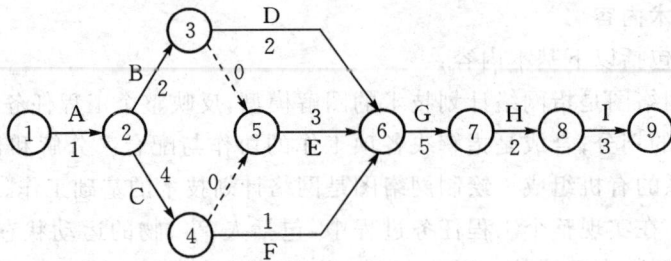

图 3-3　绘网络图

(4)计算网络时间,确定关键路线。根据网络图和各项活动的作业时间,就可以计算出全部网络时间和时差,并确定关键线路。具体计算网络时间并不太难,但比较繁琐。在实际工作中影响计划的因素很多,要耗费很多的人力和时间。因此,只有采用电子计算机才能对计划进行局部或全部调整,这也是为推广应用网络计划技术提出了新内容和新要求。

(5)进行网络计划方案的优化。找出关键路径,也就初步确定了完成整个计划任务所需要的工期。这个总工期,是否符合合同或计划规定的时间要求,是否与计划期的劳动力、物资供应、成本费用等计划指标相适应,需要进一步综合平衡,通过优化,择取最优方案。然后正式绘制网络图,编制各种进度表,以及工程预算等各种计划文件。

网络计划的优化方法根据资源限制条件不同,可分为时间优化、时间—费用优化和时间—资源优化三种类型。

①时间优化。时间优化是指在人力、物力、财力等条件基本上有保证的前提下,寻求缩短工程周期的措施,使工程周期符合目标工期的要求。时间优化主要包括压缩活动时间、进行活动分解和利用时间差三个途径。

②时间—费用优化。时间—费用优化是指找出一个缩短项目工期的方案,使得项目完成所需总费用最低,并遵循关键线路上的活动优先,直接费用变化率小的活动优先,逐次压缩活动的作业时间以不超过赶工时间为限三个基本原则。

③时间—资源优化。时间—资源优化分为两种情况:第一,资源一定的条件下,寻求最短工期;第二,工期一定的条件下,寻求工期与资源的最佳结合。

(6)网络计划的贯彻执行。编制网络计划仅仅是计划工作的开始。计划工作不仅要正确地编制计划,更重要的是组织计划的实施。网络计划的贯彻执行,要发动员工讨论计划,加强生产管理工作,采取切实有效的措施,保证计划任务的完成。在应用电子计算机的情况下,可以利用计算机对网络计划的执行进行监督、控制和调整,只要将网络计划及执行情况输入计算机,它就能自动运算、调整,并输出结果,以指导生产。

3.5　目标管理简介

3.5.1　目标管理

目标管理是美国著名管理学家彼得·德鲁克于 1954 年在《管理的实践》一书中提出的,我国企业于 20 世纪 80 年代初开始引进目标管理法,并取得较好成效。

1. 目标与目标体系

(1)目标的性质。

①目标具有层次性和系统性。一个组织的总目标要由一系列子目标来支持,这些子目标可以是空间的,即全方位的,也可以是时间的,即全过程的,且它们之间相互联系、相互影响、相互制约。对总目标所进行的时间、空间和内容的分解,最终形成一个目标网络系统。

②目标具有多样性。即企业在同一时期会追求多个目标,如经营利润目标、社会贡献目标、市场占有目标、企业发展目标等。但是,在精力与资源有限的情况下,企业必须集中力量确保主要目标实现。

③目标具有可考核性。要想目标可以考核,就是要将其量化。目标定量化往往会损失组织运行的一些效率,但是对组织活动的控制、成员的奖惩会带来很多方便。目标可考核表达的是这样一个意思:人们必须能够回答"在期末,我们如何知道目标已经完成了"。要做到这一点,我们就必须将目标定量化。

④目标具有可接受性。根据美国管理心理学家弗鲁姆的期望理论,人们在工作中的积极性或努力程度是效价和期望值的乘积。效价值指一个人对某项工作及其结果能够给自己带来满足程度的评价;期望值指人们对自己能够顺利完成这项工作可能性的估计。因此,如果一个目标对其接受者要产生激发作用的话,这个目标必须是可以接受的,可以完成的。对一个目标完成者来说,如果目标超过其能力所及的范围,则该目标对其没有激励作用。

⑤目标具有挑战性。同样根据弗鲁姆的期望理论,如果一项工作完成所达的目的对接受者没有多大意义的话,接受者就没有动力去完成该项工作;如果一项工作很容易完成,对接受者来说其也没有动力去完成该项工作。所以,目标制定不能太低,要以目标接受者通过努力能够完成为原则。

目标的可接受性和挑战性是对立统一的关系,但在实际工作中,必须把它们统一起来。

⑥目标具有伴随信息反馈性。信息反馈是把目标管理过程中,目标的设置、目标实施情况不断地反馈给目标设置和实施的参与者,让人员时时知道组织对自己的要求、自己的贡献情况。如果建立了目标再加上反馈,就能进一步改善员工工作表现。

综上所述,设置目标的数量一般不宜太大,应包括工作的主要特征,并尽可能地说明必须完成什么和何时完成,如有可能,也应明示所期望的质量和为实现目标的计划成本。此外,目标应能促进个人和职业上的成长和发展,对员工具有挑战性,并适时向员工反馈目标完成情况。

(2)目标体系结构。

①目标体系的层次结构。目标体系的层次结构图如图3-4所示。

图3-4是组织目标的层次结构图。其中的组织目的和任务是最高级别的目标。在分析目标时,我们还需要研究达到目标的手段。在组织内,目标与手段存在着"目标—手段"链的关系。即某一层次的目标需要一定的手段来实现,而这些手段又成为下一层次的目标,等等。这样的链式关系形成了目标体系的层次性,它使得组织的目标越来越明晰和具体。

图3-4 组织目标的层次结构体系

②目标体系的内容结构。就目标的性质来考虑,目标体系可划分为战略目标、管理机制目标、具体技术目标三个层次。战略目标是组织在较长时间为之奋斗的目标;管理机制目标也称职能目标,是实现战略目标的手段和措施,主要包括组织的方针、政策、管理制度和方法、管理结构和机制等,这是关系到组织管理效率高低的目标体系;具体技术目标多指各项工作的指标,如服务质量、教学质量、产品标准质量等指标,其功能直接为实现职能目标服务。

目标体系的内容结构形成树状体系,如图3-5所示。

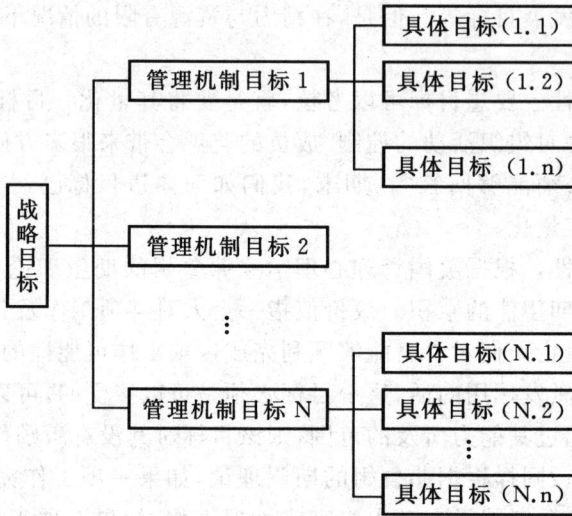

图3-5 组织目标内容树状结构体系

③目标体系的网络结构。就目标的范围来考虑,可把目标体系划分为总目标、部门目标和个人目标。此时的目标体系按网络方式形成,如图3-6所示。

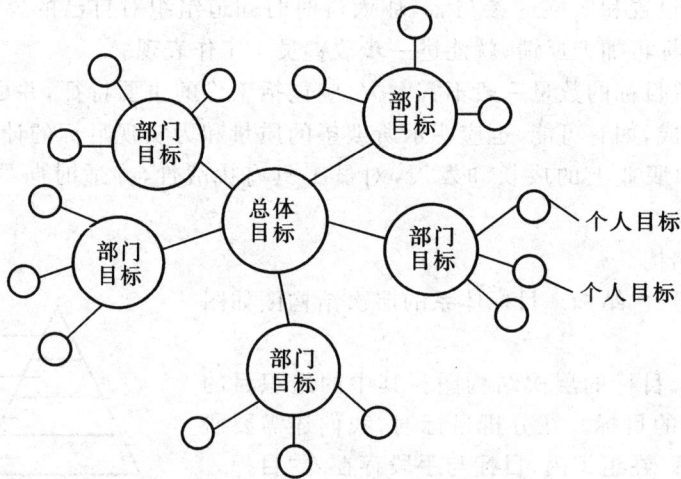

图3-6 目标体系的网络结构

2.目标管理技术

目标管理技术要考虑如下因素:目标设定技术、目标分解技术、目标协调技术、目标控制技术和目标考核技术。

(1)目标的设定。

①企业整体目标的设定。制定企业整体目标,应考虑如下五方面因素:一是政府的政策、方针、法规,如某产业在该地区经济发展战略中的地位(是国民经济的支柱产业还是先导产业)以及大力发展该产业的各种优惠政策;二是市场调查,如现有市场状况,本行业市场竞争对手状态;三是本企业发展战略规划;四是本企业历年目标任务完成情况;五是本企业目前的人、财、物、经营(产品及市场占有率)状况。制定目标依据因素分析示意图如图3-7所示。

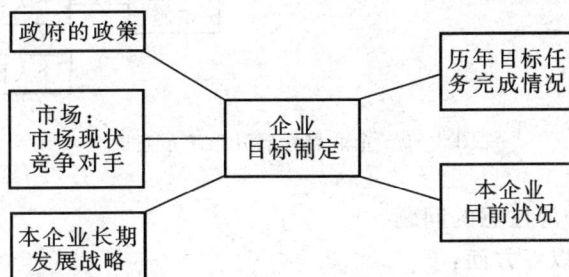

图 3-7　目标依据因素分析示意图

②企业目标体系的设定。企业目标体系是企业整体目标的具体化。由于企业是一个复杂的系统,所以在整体目标具体化的过程中,不仅各部门、各岗位的目标不同,而且制定目标的程序也不可能千篇一律。一般来说,目标体系的制定,应要求分目标保证总目标的完成,总目标必须有明确的分目标落实和支持,企业部门间的横断面与上下级间的纵断面的关系可相互协调,以保证目标体系的完善、优化和高效。目标体系的建立形式应简明、实用、完整和易行,常用宝塔形的图形来表示,如图3-8所示。

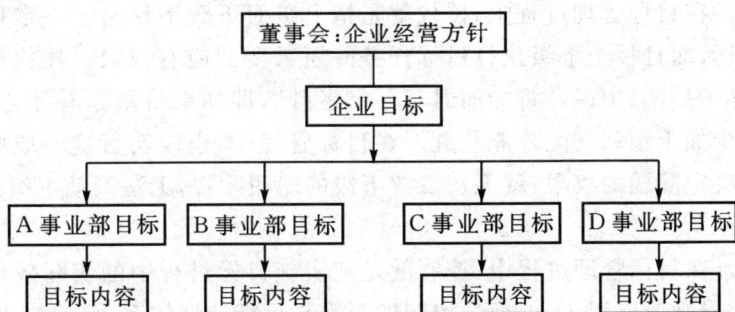

图 3-8　企业目标体系形式图

(2)目标的展开。企业目标的展开方法,以图3-9所示为例,具体说明如下:

①对上一级目标的细分和目标保证措施的具体化,即形成下一级层次的目标和措施。

②下一级目标是上一级目标的组成部分,它必须保证上一级目标实现。

③越往下展开,企业目标将更为明确,措施将更为具体、生动。

这种系统的展开过程,使企业的总目标任务、各个部门和每个员工奋斗目标切实落到实处,保证了目标管理的有效实施。

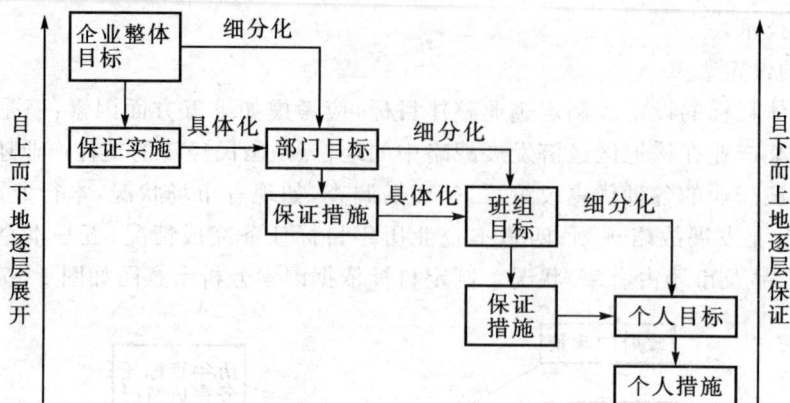

图 3-9　企业目标展开系统示意图

(3)目标展开过程中应注意的问题。

应注意的问题包括以下方面:

①下级目标应与总目标紧密联系;

②下级目标应得到上级认可;

③目标展开应有助于提高员工参与的积极性和发挥员工的创造能力;

④上级具备监督、检查、分析和控制下级目标完成活动的机制。

(4)目标实施过程的管理。目标实施过程的管理,是目标管理过程中工作量最大、耗时最多、涉及面最广的阶段。在这一过程中,企业从总经理、部门经理到每个员工都要紧紧围绕所确定的目标、肩负的责任、被授予的权力和权限,为实现目标而采取有效措施,寻找有效的工作途径。目标实施阶段的主要工作包括:

①授权管理。在目标管理过程中,授权就是指上级对下级不仅给予一定任务和由下级参加确定明确的目标,而且授予下级执行目标任务时所需要的应有权限。授权的中心是解决问题的决定权。《孙子兵法》中说,"将能而君子不御者胜",即如果将军是有才之人,国君(上级)对该将军作战应少加干预和支配才能获胜。在目标管理中,也应实行这一原则,不实行授权,不给下级判断并决定问题的权限,就无法发挥下级的聪明才智,无法调动下级的工作积极性和主动性。

②控制管理。在目标管理过程中,控制就是把实施目标过程中的实际效果与预定目标加以比较,如发现差异则予以纠正、处理。控制的基准是目标计划体系(目标与措施)。目标与控制是一个问题的两个方面。为了实现目标,必须要有控制。

控制分为上级对下级的控制和下级的自我控制。在目标管理中,由于实施了授权管理,上级关心的应是下级是否根据方针达到新规定的目标,对下级充分信任。采取"支持、协商、劝告、帮助"的方法,促进下级自主地行使权限,积极自我管理。所以说,上级对下级的控制应侧重于判断(慎重考虑下级目标的高度及执行目标者的能力)、督促(强调下级的责任与报告义务)、检查。另一方面,下级在权限范围内行使权限时,要对照自己的目标检查行动,这就是独立工作中的自我控制活动,下级有了自己的目标和权限,就会产生强烈的责任感,就能主动发挥自己的判断能力和创造能力,还能针对活动过程中的不足之处,做到自我检查、自我控制和自我提高。显然,目标管理过程中的控制应以各层次的自我控制为主。

③检查管理。检查管理即检查考核。这是目标管理实施过程中的重要环节。若只有目标的制定、分解和权力下放,而忽视检查管理,目标管理往往会流于形式。目标执行过程中的检查工作主要任务有:检查各级目标实施中的达标情况;检查各项目标的实施方向的偏差问题;检查目标体系中各层次、分目标的实施平衡情况。

(5)目标成果评价。目标成果评价是实施目标管理的最后阶段,同时也是下一目标管理循环周期的准备阶段。目标管理是一种重视成果、强调成果、追求成果的科学管理方法,所以成果的评价就成了目标管理过程的重要环节。开展客观的、主动的、科学的评价工作,有利于激励先进、教育后进,有利于总结经验、改进工作;有利于改进领导方法,有利于正确而科学地考核、奖惩员工。

目标管理成果的评价过程可分为:目标执行者的自我评价、上下级之间的商议、集体评议、按成果评价综合因素的标准进行评定。目标成果评价应考虑如下因素:

①目标的完成程度。这是评定目标成果的首要因素。一般地,目标完成率指目标完成值与目标计划值之比值。可表述为:

目标完成率＝目标完成值/目标计划值×100％

目标成果增加率＝(目标完成值－目标计划值)/目标计划值×100％

如果是表示目标成果完成程度,可按目标的完成率分为 A、B、C、D 等若干等级进行评定。如 A 级表示完成率为 100％,B 级表示完成率在 90％～100％之间,等等。

如果是定性地表示目标成果完成程度,可按制定目标时预先规定的成果预定要点,进行评定,同样地划分为几个等级。

②目标的难易程度。这是指在制定目标时,上下级事先商定和认可的要达到目标的困难度。同时还包括虽然在制定目标时已考虑在内,但在目标实施过程中由于环境、条件的变化等随机因素造成的不利影响和困难。考虑难易程度这一因素能更深入地衡量组织成员的工作成绩。

③目标实施中的主观努力程度。它主要评定责任者在完成目标时发挥主观能动性的情况。在有利条件下,目标责任者用较小力气就可以达到目标;在不利条件下,则要付出很大努力才能完成目标。因此,为了正确、公正地评定成果,很有必要对主观努力程度进行评价。

在评定目标成果时,上述因素应以"目标的完成程度"为重点,以保证企业生产经营的成果。但是这并不是对各个考虑对象都千篇一律。如在考核基层个人的目标时,"目标实施的努力程度"将变得重要起来。因为这是考核下级工作的主动性、创造性的重要指标。

表 3－2 给出了三种基本要素在不同管理层次中的比重(即权数)结构,供评价时参考使用。

表 3－2　目标成果评价要素比重参考表

	目标的完成程度	目标的难易程度	目标的努力程度
上层管理	7	2	1
中层管理	5	3	2
基层管理	5	2	3

具体开展成果综合评定时,可参考表 3 - 3 进行。

表 3 - 3 目标成果评价综合因素表

目标序号				目标内容			责任单位			责任者			完成时间	
目标完成程度					目标难易程度			主观努力程度			修正值	综合评价		备注
目标值	实际绩效	达到率(%)	评价比重	比重分数	难易程度	评价比重	比重分数	努力程度	评价比重	比重分数	±20%	成绩	等级	
(1)	(2)	(3)	(4)	(5)=(3)×(4)	(6)	(7)	(8)=(6)×(7)	(9)	(10)	(11)=(9)×(10)	(12)	(13)	(14)	

3.目标管理的特点

目标管理是一种先进的管理方法,它基于行为科学管理理论的动机激发理论(即动机产生于人的需要,又支配着人的行动;能够满足需要目标,又可以转化为动机)、人性假设论(目标管理把人视为"社会人",对下级采取信任型的管理措施)和授权理论。它是一种具有十分明显的特点的管理方式,其特点主要有:

(1)成效性。成效性重视战略目标,强调目标成果。

(2)凝聚性。目标管理的过程使上下沟通,使个人目标和组织目标有机地融为一体。

(3)激励性。目标确定后,使成员能明确方向,看到前景;目标执行中,激发人们的积极性、自主性、创造性;目标实现后,使人们产生满足感和自豪感。

(4)参与性。目标管理是一项全员参加的管理,具有很强的民主化管理特色。

(5)融合科学管理和行为科学管理的长处。目标管理既讲究科学分工的效率,又注意发挥人的主观能动作用。

目标管理自 20 世纪 50 年代出现以来,发展迅速,得到了广泛的应用,企业内外实行目标管理的范围包括:①企业总经理必要的管理制度;②金融、财务管理领域的经营管理;③企业奖惩管理;④各工业单位的奋斗目标。

总之,在我们的社会生活中,凡是有目的的要求、有目的的行动,需要付出人、财、物、时间等资源的部门,凡是要进行决策的地方,都可以运用目标管理这种科学管理手段。

3.5.2 方针展开

所谓方针展开,就是按照方针及目标的要求,对一切与执行方针有关的部门、单位,提出进一步具体的要求,使之形成一个系统,确保方针和目标的实现。由于各种方针和目标的内容特点不同,因此并没有一个标准的、通用的模式。图 3 - 10 是一个方针展开的简单图。

经营总方针

×××公司经营方针展开图

项目	项目方针	目标	措施		进度												检查与处理	
			内容与要求	负责部门	1	2	3	4	5	6	7	8	9	10	11	12	内容	时间
经营效果																		
产品质量																		

图3-10　×××公司经营方针展开图

本章思考题

1. 何谓计划工作？计划工作的性质是什么？
2. 计划的作用主要体现在哪些方面？
3. 简述计划的不同类型。
4. 计划工作的程序，即编制计划工作步骤依次包括哪些内容？
5. 计划工作主要有哪些常用方法？
6. 怎样看待目标管理的优点和缺点？

案例分析

目标管理

某机床厂从2007年开始推行目标管理。为了充分发挥各职能部门的作用，充分调动一千多名职能部门人员的积极性，该厂首先对厂部和科室实施了目标管理。经过一段时间的试点后，逐步推广到全厂各车间、工段和班组。多年的实践表明，目标管理改善了企业经营管理，挖掘了企业内部潜力，增强了企业的应变能力，提高了企业素质，取得了较好的经济效益。

按照目标管理的原则，该厂把目标管理分为三个阶段进行。

第一阶段：目标制定阶段

1. 总目标的制定

该厂通过对国内外市场机床需求的调查，结合长远规划的要求，并根据企业的具体生产能力，提出了20××年"三提高"、"三突破"的总方针。所谓"三提高"，就是提高经济效益、提高管理水平和提高竞争能力；"三突破"是指在新产品数目、创汇和增收节支方面要有较大的突破。在此基础上,该厂把总方针具体化、数量化,初步制定出总目标方案,并发动全厂员工反复讨论、不断补充,送职工代表大会研究通过,正式制定出全厂20××年的总目标。

2.部门目标的制定

企业总目标由厂长向全厂宣布后,全厂就对总目标进行层层分解,层层落实。各部门的分目标由各部门和厂企业管理委员会共同商定,先确定项目,再制定各项目的指标标准。其制定依据是厂总目标和有关部门负责拟定、经厂部批准下达的各项计划任务,原则是各部门的工作目标值只能高于总目标中的定量目标值,同时,为了集中精力抓好目标的完成,目标的数量不可太多。为此,各部门的目标分为必考目标和参考目标两种。必考目标包括厂部明确下达目标和部门主要的经济技术指标;参考目标包括部门的日常工作目标或主要协作项目。其中必考目标一般控制在2~4项,参考目标项目可以多一些。目标完成标准由各部门以目标卡片的形式填报厂部,通过协调和讨论最后由厂部批准。

3.目标的进一步分解和落实

部门的目标确定了以后,接下来的工作就是目标的进一步分解和层层落实到每个人。

(1)部门内部小组(个人)目标管理,其形式和要求与部门目标制定相类似,拟定目标也采用目标卡片,由部门自行负责实施和考核。要求各个小组(个人)努力完成各自目标值,保证部门目标的如期完成。

(2)该厂部门目标的分解是采用流程图方式进行的。具体方法是:先把部门目标分解落实到职能组,任务级再分解落实到工段,工段再下达给个人。通过层层分解,全厂的总目标就落实到了每一个人身上。

第二阶段:目标实施阶段

该厂在目标实施过程中,主要抓了以下三项工作。

1.自我检查、自我控制和自我管理

目标卡片经主管副厂长批准后,一份存企业管理委员会,一份由制定单位自存。由于每一个部门、每一个人都有了具体的、定量的明确目标,所以在目标实施过程中,人们会自觉地、努力地实现这些目标,并对照目标进行自我检查、自我控制和自我管理。这种"自我管理",能充分调动各部门及每一个人的主观能动性和工作热情,充分挖掘自己的潜力,因此,完全改变了过去那种上级只管下达任务、下级只管汇报完成情况,并由上级不断检查、监督的传统管理办法。

2.加强经济考核

虽然该厂目标管理的循环周期为一年,但为了进一步落实经济责任制,即时纠正目标实施过程中与原目标之间的偏差,该厂打破了目标管理的一个循环周期只能考核一次、评定一次的束缚,坚持每一季度考核一次和年终总评定。这种加强经济考核的做法,进一步调动了广大职工的积极性,有力地促进了经济责任制的落实。

3.重视信息反馈工作

为了随时了解目标实施过程中的动态情况,以便采取措施及时协调,使目标能顺利实现,该厂十分重视目标实施过程中的信息反馈工作,并采用了两种信息反馈方法:

(1)建立"工作质量联系单"来及时反映工作质量和服务协作方面的情况。尤其当两个部门发生工作纠纷时,厂管理部门就能从"工作质量联系单"中及时了解情况,经过深入调查,尽快加以解决,这样就大大提高了工作效率,减少了部门之间的不协调现象。

(2)通过"修正目标方案"来调整目标。内容包括目标项目、原定目标、修正目标以及修正原因等,并规定在工作条件发生重大变化需修改目标时,责任部门必须填写"修正目标方案"提交企业管理委员会,由该委员会提出意见交主管副厂长批准后方能修正目标。

该厂在实施过程中由于狠抓了以上三项工作,因此,不仅大大加强了对目标实施动态的了解,更重要的是加强了各部门的责任心和主动性,从而使全厂各部门从过去等待问题找上门的被动局面,转变为积极寻找和解决问题的主动局面。

第三阶段:目标成果评定阶段

目标管理实际上就是根据成果来进行管理的,故成果评定阶段显得十分重要。该厂采用了"自我评价"和上级主观部门评价相结合的做法,即在下一个季度第一个月的 10 日之前,每一部门必须把一份季度工作目标完成情况表报送企业管理委员会(在这份报表上,要求每一部门自己对上一阶段的工作做一恰如其分的评价)。企业管理委员会核实后,也给予恰当的评分。如必考目标为 30 分,一般目标为 15 分。每一项目标超过指标 3% 加 1 分,以后每增加3% 再加 1 分。一般目标有一项未完成而不影响其他部门目标完成的,扣一般项目中的 3 分,影响其他部门目标完成的则扣分增加到 5 分。加 1 分相当于增加该部门基本奖金的 1%,减 1分则扣该部门奖金的 1%。如果有一项必考目标未完成则扣至少 10% 的奖金。

该厂在目标成果评定工作中深深体会到:目标管理的基础是经济责任制,目标管理只有同明确的责任划分结合起来,才能深入持久,才能具有生命力,达到最终的成功。

思考题

1.增加和减少员工奖金的发放额是实行奖惩的最佳方法吗? 除此之外,你认为还有什么激励和约束措施?

2.你认为实行目标管理时培养完整严肃的管理环境和制定自我管理的组织机制哪个更重要?

3.在这个实行目标管理的案例中,你认为现今环境下还应该做哪些修正?

第4章
决策

1. 了解决策的特点、环境研究与竞争战略
2. 掌握决策的原则、类型
3. 了解决策的概念、过程、方法

👥 **案例导入**

从头起步

耐克公司的创意产生于 1962 年菲利普·耐特在斯坦福大学攻读工商管理硕士时写的一篇论文。1964 年,耐特和他的来自俄勒冈大学的田径教练比尔·鲍尔曼创立了蓝带运动鞋商品公司,用来树立优胜者的形象。当年他们用小车后备箱拉着货在当地的运动会上售出了 1300 双跑鞋。但他决定全心全意致力于发展蓝带运动服公司时,耐特还以注册会计师为业,并于 1969 年成为会计学教授。1972 年为蓝带运动公司按照神话中胜利女神的名字改为耐克。

从 1972 年到 1990 年,耐克公司有了巨大的发展。1972 年的销售额为 200 万美元,到 1982 年,销售额达到 1.94 亿美元,平均每年增长率为 82%。到了 1990 年,由于迈克尔·乔丹的加入,销售额有了惊人的发展,达到了 20 亿美元。即使在乔丹宣布退出 NBA 前,耐特和他的同行门一直在不断地寻找商业机会。他们知道,虽然乔丹有惊人的天赋,但它不可能打一辈子篮球。

耐克公司的另外一个促销手段称为"耐克镇"。"耐克镇"由体育用品博物馆、体育用品商店和游乐场组成,目的就是树立耐克公司"精力充沛、富有生命力"的产品形象。耐克镇里还有三维广告、巨型渔缸和篮球场。起初,耐克公司在俄勒冈州的波特兰和伊利诺斯州的芝加哥各建一座耐克镇,并计划让耐克镇遍布全球。为索尼公司建造类似商店的大卫·曼费雷迪说:"这只是树立公司形象的一部分,它决定公司在世界面前的形象。"这个创意强调的是形象,而不是开销,所以这里的商品不打折。当芝加哥的耐克镇开业后,每周吸引大约 5000 名顾客,每人平均消费 50 美元。

为了适应不断的变化的市场需求,耐克公司的管理者开始向各方面发展。1992 年,耐克公司专门建立了销售耐克产品的专卖店。这一年,耐克公司的全部利润中的 1 千万美元来孕育三家专卖店和两个耐克镇的销售。尽管耐克公司是从汽车后备箱销售运动鞋起家的,但他在运动服销售的发展上比运动鞋发展更快。

思考题

1. 耐克公司根据外部的变化,采用了那些决策发展自身?
2. 你从耐克公司的发展历程中得到了哪些启发?

4.1 概述

4.1.1 决策的概念

1.决策的定义

决策有狭义和广义之分。狭义地说,决策是指在几种行动方案中作出选择。广义地说,决策还包括在作出最后选择之前必须进行的一切活动,即决策是指为达到一定的目标,从两个以上的可行方案中选择一个合理方案的分析判断过程。它是决策者经过各种考虑和比较之后,对应当做什么和应当怎么做所作的决定。

2.决策的特点

决策具有超前性、目标性、选择性、可行性、过程性、科学性的特点。

(1)超前性。任何决策都是针对未来行动的,是为了解决现在面临的、待解决的新问题以及将来可能会出现的问题,所以决策是行动的基础。这就要求决策者具有超前意识,思想敏锐,目光远大,能够预见事物的发展变化,适时地作出正确的决策。

(2)目标性。决策目标就是决策所需要解决的问题,只有在存在问题的情况下,而且决策者认为这些问题必须解决的时候才会有决策。无目标的决策、目标性不明的决策或脱离实际的决策往往会导致决策无效甚至失误。

(3)选择性。决策必须具有两个以上的备选方案,通过对它们的比较评定来进行选择。如果无法制定方案或只有一个方案,那就失去决策意义了。

(4)可行性。决策所做的若干个备选方案应是可行的,这样才能保证决策方案切实可行。"可行"包含三层含义:一是能解决预定问题,实现预定目标;二是方案本身具有实行的条件,比如技术上、经济上都是可行的;三是方案的影响因素及效果可进行定性和定量的分析。

(5)过程性。决策既非单纯的"出谋划策",又非简单的"拍板定案",而是一个多阶段、多步骤的分析判断过程。决策的重要程度、过程的繁简及所费时间长短固然有别,但都必然具有过程性。

(6)科学性。科学决策并非易事,它要求决策者能够透过现象看到事物的本质,认识事物发展变化的规律性,作出符合事物发展规律的决策。科学性并非否认决策会有失误、有风险,而是要善于从失误中总结经验教训,要尽量减少风险,这是决策科学性的重要内涵。

4.1.2 决策的原则

1.满意原则

满意原则包括以下内容:

(1)决策目标追求的不是使企业及其期望值达到理想的完善,而是使它们能够得到切实的改善,实力得到增强。

(2)决策备选方案不是越多越好、越复杂越好,而是要达到能够满足分析对比和实现决策目标的要求,能够较充分利用外部环境提供的机会,并能较好地利用内部资源。

(3)决策方案选择不是避免一切风险,而是对可实现决策目标的方案进行权衡,做到"两利相权取其大"、"两弊相权取其小"。

2. 层级原则

层次原则包括以下内容：

（1）组织需要的决策一般都非常广泛、复杂，是高层管理者难以全部胜任的，必须按其难度和重要程度分级决策。

（2）组织管理的重要原则是责权对等，分权管理。

（3）组织都建立有领导制度和层级管理机构，而领导制度和层级管理机构要有效必须遵循一定的规则。

3. 集体和个人相结合原则

集体和个人相结合原则包括以下内容：

（1）决策既要充分利用机会，减少风险，又要有人敢于负责，抓住机会，当机立断。否则，就会错失良机。

（2）决策作为决策者意志的反映，由少数人进行，意见最容易统一；而决策要得到顺利实施，就需要有较多的人参与，反映各方面人士的意见，把不同看法、意见、分歧解决在决策过程之中。

4. 整体效用的原则

组织作为独立个体，它的内部有许多单元，这些单元与组织之间存在着局部和整体之间的关系。组织作为社会的一环，又是社会的一个单元，同社会存在着局部与整体的关系。局部与整体，无论在组织内部，还是在社会内部，利益并不是总是一致的。因此，决策者在进行决策时，应正确处理组织内部各个单元之间、组织与社会、组织与其他组织之间的关系，在充分考虑局部利益的基础上，把提高整体效用放在首位，实现决策方案的整体满意。

4.1.3　决策的重要性评价

决策者不仅要作出正确的决策，而且要以最少的花费对一些重要的问题及时地作出决策。一些不重要的决策也许不值得进行详尽的分析和研究，甚至可以放心大胆地委托给其他的人去办理。问题是如何判别决策的重要性。决策的重要程度与决策者在组织中的地位有密切关系。例如，对高级管理人员来说不重要的一项决策，对职位较低的管理人员来说则可能是十分重要的决策。

评价一项决策的重要性，应考虑以下五个因素：

（1）承担风险的规模和时间。如果决策需要承担支付数量可观的资金或花费大量的人力，那么这项决策可认为是一项重要的决策。类似地，如果一项决策对组织有着长期的影响，例如在新址甚至国外重新建厂，打进或退出市场的某个特殊部门等，这样的决策也可以认为是重要的。

（2）计划的灵活性。有些计划易于改变，而另一些计划则具有某种程度的定局性。如果一项决策包含了不易改变的行动方案，则该决策就具有重要性。例如，某个公司转让某项目前用不着、但将来有可能用得上的发明专利权，出售一块近期用不上的土地等，在出售的时候，财务上的考虑是次要的，但对该公司的长远影响却是关键性的，因此都可以看作是重要的决策。

（3）目标和根据的确定性。如果一个公司有一项在某种情况下以特定方式执行的长期不变的政策,则容易作出与过去历史一致的决策。然而,如果一个企业情况多变,历史上的模式并没有建立起来（或者决策具有这样的特性:其行动方案高度依赖于只有企业高级人员才知道的一些因素）,那么这样的决策就具有重要性。例如,财务主管仅仅根据他们自己的财务资料就宣布分给股东的红利金额是不恰当的,他也许不知道公司总经理一直在考虑一项资本开支,正等待着足够的利润数据来证明投资的可行性。

（4）变量的可量化性。当与决策有关的费用能精确测定时,这样的决策重要性就不大。例如,如果必须对某零件的机械进行选择,且使用每种方法所需费用和时间都已知道,那么分析有关因素并形成决策就不是很重要。但如果决策涉及一个复杂项目的设计与制造的投标,而且各项费用和工作程序又易牵涉出误差的粗略估计,那么可认为该决策具有较大的重要性。

（5）人的影响。人对决策的影响大,则决策的重要性也大。当决策牵涉到许多人时尤其是这样。举例来说,某公司有两个相距大约 100 英里的主要设施,为了加强经营,决定将某个职能部门从一处迁往另一处。这或许是个好计划,但是该计划没有考虑到:大约 250 名雇员也将不得不跟随搬迁,或经常奔波于相距 100 英里的上下班路上。当高级管理部门最终认识到该计划对这些不乐意的人们的影响以及许多优秀人员将另谋他就的潜在威胁时,他们就取消了这项计划。

4.2　决策的类型与过程

4.2.1　决策的类型

1. 长期决策与短期决策

长期决策是指有关组织今后发展方向的长远性、全局性的重大决策,又称长期战略决策,如投资方向的选择、人力资源的开发和组织规模的确定等。

短期决策是为实现长期战略目标而采取的短期策略手段,又称短期战术决策,如企业日常营销、物资储备以及生产中资源配置等问题的决策都属于短期决策。

2. 战略决策、战术决策与业务决策

战略决策对组织最重要,是指包括组织目标、方针的确定,具有长期性和方向性的决策。

战术决策又称管理决策,是指在组织内贯彻的决策,属于战略决策执行过程中的具体决策。

业务决策又称执行性决策,是指日常工作中为提高生产效率、工作效率而作出的决策,牵涉范围较窄,只对组织产生局部影响。

3. 集体决策与个人决策

集体决策是指多个人一起作出的决策,个人决策则是指单个人作出的决策。相对于个人决策,集体决策有一些优点:①能更大范围地汇总信息;②能拟订更多的备选方案;③能得到更多的认同;④能更好地沟通;⑤能作出更好的决策。但集体决策也有一些缺点,如花费较多的时间、产生"从众现象"以及责任不明等。

4. 初始决策与追踪决策

初始决策是零起点决策,它是在有关活动尚未进行从而环境未受到影响的情况下进行的。随着初始决策的实施,组织环境发生变化,这种情况下所进行的决策就是追踪决策。因此,追踪决策是非零起点决策。

5. 程序化决策与非程序化决策

组织中的问题可被分为两类:一类是例行问题,另一类是例外问题。例行问题是指那些重复出现的、日常的管理问题,例外问题则是指那些偶然发生的、新颖的、性质和结构不明的、具有重大影响的问题。两者的区别如表4-1所示。

表 4-1　程序性决策与非程序性决策对比

	程序性决策	非程序性决策
问题类型	频繁、重复、常规、对因果关系极其确定的	新的、非结构化的、在因果关系上不确定的
步骤	依赖政策、规则和确定的步骤	需要创造性、对模糊的容忍以及有创意的解决问题的步骤
例子	企业:定期记录存货 大学:对学术地位的必要成绩评分 保健:接受病人的步骤 政府:公务员晋升体系	企业:在新产品和市场进行多角化 大学:建设新教室实施 保健:购买实验设备 政府:政府机构重组

6. 确定型决策、风险型决策与不确定型决策

确定型决策是指在稳定(可控)条件下进行的决策。在确定型决策中,决策者确切知道自然状态的发生,每个方案只有一个确定的结果,最终选择哪个方案取决于对各个方案结果的直接比较。

风险型决策也称随机决策,在这类决策中,自然状态不止一种,决策者不能知道哪种自然状态会发生,但能知道有多少种自然状态以及每种自然状态发生的概率。

不确定型决策是指在不稳定条件下进行的决策。在不确定型决策中,决策者可能不知道有多少种自然状态,即便知道,也不能知道每种自然状态发生的概率。

相关案例

珠江机械有限公司的海外投资决策

珠江机械有限公司(简称珠江公司)是中国机械行业一家大型国有企业,以其全资子公司珠江机械厂为主体,另外还有一家控股公司和三家联营企业,分布在中国广东、江苏等地。珠江公司主要生产和销售工业机床,以强大的实力位列国内该行业四大生产商之一,市场占有率约15%。公司产品亦大批外销,在1985年,市外经贸委员会授予珠江公司外贸自营出口权。

公司总经理陈正民在珠江公司已经工作了30多年,对珠江公司的运作可谓了如指掌。20世纪50年代初他从一所机械专科学校毕业,其后被分配到珠江机械厂,当过技术员、车间副主任、技术科长、高级工程师、副厂长、厂长。工厂改制为珠江机械有限公司之后,陈正民担任了公司的总经理。他在长期管理实践中积累了丰富的工作经验。近几年来,在他的领导下,珠江

公司业绩良好,陈正民本人也因此受到上级多次表扬,并且获得市优秀企业家的美誉。随着规模的不断扩大,珠江公司也逐渐开始了海外扩张的脚步。

1. 海外投资的背景

20 世纪 80 年代中期,政府进一步加快改革开放的步伐,提出要大力发展外向型经济。为此,政府实施了一连串重大措施,例如建设经济特区、沿海开放城市及多个经济开发区,积极引进外资及外国先进技术。同时,政府还制定多项优惠政策以支持、鼓励有条件的国内企业到国外去投资办厂。一时间,国内企业掀起了一阵对外投资的高潮。陈正民对珠江公司的对外投资也很感兴趣,他希望自己在退休前仍能顺势大干一番。

1988 年初,珠江公司管理层对国内外机械市场的形势作出了深入的分析,认为随着乡镇企业迅速崛起和外资企业在中国纷纷投资,国内机械市场的竞争将日趋激烈,公司有必要寻求新的发展方向。公司的机械产品经多年出口,在国外已有一定的知名度,具备进一步向外拓展的基础。因此,公司的领导层认为公司有必要,也具备潜力在继续巩固国内市场的同时,通过在外设厂的形式谋求海外的发展。陈正民和其他领导的这种想法得到其主管部门的赞同。在上级的鼓励和积极支持下,珠江公司开始与外商接触,物色合适的投资区域、投资项目和合作伙伴。

2. 珠江公司的考虑与选择

珠江公司选择投资区域的标准,主要是考虑到发展的空间和投资回报率。考虑到公司尚没有足够条件进入欧美市场与强大对手竞争,珠江公司把目标转移到非洲市场。该地区经济发展较快,市场可供拓展的空间比较大。中国机械产品在那里有一定的声誉和竞争力。

考虑到缺少跨国经营特别是国外直接投资经营的经验,珠江公司希望通过合资形式进入目标市场,而合作伙伴当然是要财力雄厚、可信赖并与中方关系良好的公司。

通过市对外经济技术合作公司的介绍和双方的多次接触,珠江公司初步选定与 A 国的 S(集团)公司合作,在 A 国建立合资生产企业。谈判前,投资双方各自对项目进行了可行性研究,陈正民还亲自带领公司的项目小组到 A 国进行了两次实地考察,对投资环境表示满意后,才决定投资。

S(集团)公司是一家以生产小家电为主的华人企业,在 A 国及非洲地区有一定的名气。中国实行改革开放政策后,S(集团)公司积极扩大对华投资,与中国政府保持了良好的合作关系。珠江公司通过调查,了解到 S(集团)公司的净资产值为 10 亿美元左右,并已在华投资约 4 亿元人民币。值得一提的是,S(集团)公司正进行业务结构上的调整,积极进行多元化发展。S(集团)公司具备的条件,完全符合珠江公司当初对合作伙伴的要求。

珠江公司之所以选择 A 国进行投资是因为以下原因:

(1)该国工业比较落后,政府非常重视外国技术的引进,希望以引进方式代替自力更生,加速该国工业的发展。为此,政府建立了特区,供外商投资设厂,并给予多种优惠政策。

(2)A 国境内没有机械制造工厂这类生产项目,机械产品完全依靠进口。政府规定,投资生产原来完全依赖进口的产品将受到产品保护政策的保护,国内一旦开始生产这类产品,相关产品的进口关税将提高 40%。

(3)A 国已与有些国家结成联盟,A 国政府同联盟国有相互减免关税 20% 的优惠协定,这有助于日后将产品出口到其他国家。

(4)A 国具有廉价劳动力,农产品及其他生活用品的价格也比较低廉。

综合上述因素,陈正民和项目考察组都认为,合资项目的投资效益会比预计的更好。

3.合资谈判和合同的主要内容

由于双方真诚合作,谈判是在和睦友好的气氛下进行的,但牵涉到合资双方的利益问题时,双方展开了激烈的争论。最后双方商定的合作条款要点如下:

(1)合资企业注册资本为60万美元,S(集团)公司和珠江公司的出资比例分别为51%和49%,由S(集团)公司控股。

(2)合资企业主要人事安排如下:总经理、财务总监及销售总监由S(集团)公司委任,副总经理及厂长则由珠江公司委任。

(3)财务制度按照中方的制度订立。

(4)限制总经理在贷款、投资等方面的权限,若超越权限,则务必由董事会批准。

(5)鉴于注册资本不大,S(集团)公司提议,合资企业将按照A国企业经营方式,进行高负债比率经营(当地企业的资产负债比率一般在80%左右),贷款由其辖下银行提供,贷款利率比A国市场利率(13%)优惠一个百分点。珠江公司因缺少外汇,考虑后同意该方案。经双方协议确定合资企业的自有资本负债比例应维持在1:3左右。

(6)谈判中,珠江公司提出以设备的形式进行出资,S(集团)公司表示同意,但要求在合同中写明必须按照国际惯例标明设备采购的竞争原则。实际做法是珠江公司先把资金汇到A国,然后汇返中国采购珠江公司的设备。

珠江公司希望,在出价时按照国际惯例将设备投资中软件部分(指专有技术及商标权)作价投入。S(集团)公司顾虑到这样做会减少现金的投入,提出是否可以不作资本投入,其作价金额由合资企业分三年偿还给珠江公司,后者研究后表示同意。

(7)因为A国的钢铁生产发展缓慢,所用的原材料从中国进口。

(8)合资企业定名为SH机械有限公司(以下简称SH公司)。

1988年底,双方在A国正式签约,并随即展开筹建厂房的工作。合资双方共同成立筹建处,珠江公司派人到A国协助S(集团)公司选择厂址,负责厂房建设以及水、电、汽的供应等工作。珠江公司还负责设计工厂建设平面图和设备的发运、安装、调试等工作,同时接受A国工人到珠江公司参加培训。

1990年4月,SH公司进行试产,半年后正式投产。珠江公司调派原经销科长担任副总经理,原珠江厂车间主任担任厂长及原财务科副科长担任会计,并派出12名技术员和熟练工人担任SH公司的技术指导。S(集团)公司派往SH公司的高层管理人员都会说汉语和英语,因此,合资双方沟通将不成问题。

4.合资企业筹建和投资后出现的问题

筹建和投产过程中,出现了许多事先没有预料到的问题。其情况如下:

(1)在平整土地和建设厂房的过程中,承包商不时偷工减料,筹建人员发现后予以指出,却受到当地黑社会的匿名信和子弹的威胁。而S(集团)公司虽在A国享有盛名,对此却束手无策。与此同时,因A国工业在迅速起飞,土地和建材的价格都在上涨,使筹建费用大大超出了预算。而开张时,S(集团)公司为维持其在A国的形象坚持大摆排场,令公司开办费用高昂。

(2)A国劳动力虽然低廉,但工人流动性却很大,造成生产人力成本较高。而A国工业发展迅速,对技术工人的需求量很大,企业与企业之间相互挖墙脚,造成了工人频频跳槽,而新聘员工却往往需要再培训(培训一名熟练工人约需半年时间),生产的连续性也因此受到破坏。

刚开办时,由于工人技术不熟练,为了赶定额,废品率也很高。

(3)企业的高负债比率令财务费用负担很重。

(4)众多因素造成企业投资后产品成本高于价格。甚至超过了市场上进口产品的 A 国政府的优惠政策也未能贯彻执行,这是合资双方始料不及的。一些进口商利用政府官员贪污腐败进行贿赂,因此企业在投产后,相应产品的关税一直没有改变,也没有政府部门对此事认真负责,结果大量进口产品依然充塞着市场,对企业产品的价格构成很大的压力。

以往,中国有一些乡镇企业制造的产品曾打入 A 国市场,但最终因质量不过关而被迫退出,使中国制造产品的声誉受到一定影响。加上一些进口商因担心 SH 公司抢占他们原先的市场,于是积极拉拢分销商,并散布谣言,说中国货靠不住。由于 SH 公司产品的价格大大高于进口产品,不少原先同意代理的分销商也纷纷中断代理。

上述一系列原因导致 SH 公司开办后连年亏损。陈正民遇到了以下问题:

(1)公司未能摆脱亏损。SH 公司原定目标为一年亏、二年平、三年盈。面对连续亏损,公司也实施了许多对策去应付,包括提高工人的待遇以稳定人心,增加产品系列、加强销售及利用剩余设备做外加工等。但到 1992 年年底,虽然公司已经正式投产 26 个月,但仍未摆脱亏损的状况。

在董事会上,S(集团)公司方面建议,增加投资以扩大生产规模,希望通过规模经济去降低成本,同时提出给予 SH 公司的贷款利率再优惠 3 个百分点,以减少企业的财务负担,力求能在下一年度实现财务持平。珠江公司因缺少外汇,提出继续以实物形式出资。S(集团)公司认为公司目前急需的是资金,如果珠江公司出资有困难,可由 S(集团)公司独力投资。珠江公司因此在 SH 公司中所占的股份也将相应地由 49% 下降到 15%。

(2)珠江公司内部的争论。SH 公司的问题一直受到珠江公司管理层的关注,而 S(集团)公司的提议更是在珠江公司内部引起激烈的讨论,在专门为此召开的三次中高层管理人员讨论会上,与会者粗略分成了两派,赞成及反对的意见如下。

反对增资者认为:

(1)SH 公司生产成本过高,价格竞争没有优势,即使追加投资,扩大生产规模,能否使 SH 公司转亏为盈,前景实难预测;而珠江公司在 A 国已经建了合资公司,股份的减少并不影响国内产品对 SH 公司的出口,公司可以乘机将重点转移到出口方面,在 A 国市场销售中国国内生产的产品。

(2)珠江公司虽然在国内的业绩良好,但交了税后,本身积累的资金并不多,如果要追加投资则需要上级主管部门的批准和支持。自 1988 年与 S(集团)公司合作以来,对外投资始终没有产生效益,来自上级主管部门的压力很大,现在再要追加投资,估计难以得到支持。如果得不到上级主管部门的支持,企业的融资就会出现问题。如果追加投资后 SH 公司仍然继续亏损,便会影响到国内资金的还款和国内公司的利润,那时来自各方面的压力就会更大。

(3)珠江公司在国内也需要投入资金进行改造。国内市场的竞争已日趋激烈,在低档产品市场,乡镇企业因成本低廉而占优,而在中高档产品市场外国投资者正在进入。如果珠江公司不能保持一定的竞争优势,就会逐步丧失中国市场的占有率,那时公司面临的困难就会更大。如果没有国内市场作为后盾,珠江公司的海外业务就难以维持。相比之下,中国市场远比 A 国市场重要,在公司自身经营需要加强和改善的时候,就不应把有限的资金再分散到国外使用。

主张增资者则认为：

(1)合资企业正式投产才两年多，要打开市场，初期亏损不可避免。目前的亏本主要是因为成本过高、产品信誉还未建立以及缺乏有力的销售渠道所造成，珠江公司在国内制造的产品质量并不比 A 国从其他国家进口的产品差，且珠江公司的产品通过多年的出口，已在国际市场上有一定的知名度，SH 公司只需要加强管理、降低成本，同时提高质量，产品便会有市场，企业盈利自然指日可待。

(2)S(集团)公司能够主动将银行贷款利率降低 3 个百分点，表明对方有合作的诚意。S(集团)公司资本雄厚，有这样的大股东，SH 公司应该可以熬过困难时期。

(3)如果珠江公司不增加资本，则增资后它的股份比率就由目前的 49% 降低到 15%。股份减少意味珠江公司在获利后分得的利润就相应减少，而且对合资企业的控制权就会削弱，最终 SH 公司作为珠江公司海外基地的功能也将减弱。

(4)S(集团)公司缺乏在机械行业生产及经营的经验，如果没有珠江公司的鼎力协助，SH 公司的竞争力将进一步削弱，企业能否继续生存很成问题，届时不但利润欠丰，甚至连公司在最初阶段的投入也难以收回。

(5)珠江公司迟早要加入国际市场竞争，公司可以利用 A 国作为试金石，积累海外经营的经验，为日后拓展国际市场作好准备。合资企业的这些经验反过来还有助于珠江公司在国内市场与同行进行激烈的竞争中取胜。

双方经过激烈争论后，都把焦点集中在总经理陈正民身上，因为他的意见将能左右最终的决策。但陈正民却始终保持沉默，只是静心聆听两派的意见，并不急于发表个人的意见。但是再过 3 天，他就得向上级领导汇报有关 SH 公司的情况，在汇报前他必须作出决策。

思考题

1.请分析珠江机械有限公司海外投资决策的正确性。

2.针对 SH 公司面临的困境，试提出自己的对策建议。

(资料来源：根据幸福校园网资料编写)

4.2.2　决策的过程

一个企业或个人对面临问题作出的反应实际上就是决策。从一定意义上讲，决策是手段，而不是目的，它总是为达到某种目的服务的。它关系到目的的实现，因而制定决策就变得至关重要。制定决策必须考虑到决策是一个连续的动态过程，考虑到每一个决策程序之间的互相衔接，考虑各方面因素对于决策的影响。一般情况下，将决策过程分为确定决策目标、拟定备选方案、评价选择最优方案和决策方案的实施与反馈等四个阶段。

1.确定决策目标

决策目标的确定，可以考虑下述两种情况：

(1)以现状与确立的标准之间发生的偏差，或者实际现象与应有现象之间出现的偏差作为决策目标。例如，企业的实际废品率与允许废品率的偏差较大或很大，并且持续发生，某商场实行等级营业员的初期遇到了低等级营业员的怠工现象等，这些问题都属于出现的差距，可以作为决策目标提出，考虑有无必要进行决策。

(2)由组织运行和发展中可能出现的各方面的需要而提出决策目标，但是在决定是否将其确定为决策目标时，需要先做可行性推断，确定其决策的必要性。因为有必要决策的问题不一定都可以作为决策目标。例如,某企业急需改造一个项目,资金需要量较大,预计两年之内没有能力筹措资金,因此不能列入计划。说明这一决策事件暂时没有可行性,目前不应作为决策目标提出。

2. 拟定备选方案

这一阶段的工作实际上由以下两部分内容组成:

(1)搜集有关资料和信息,围绕确定了的决策目标来搜集有关资料和信息。资料和信息的质量和水平决定决策方案的准确性和科学性。决策过程中依赖资料和信息的程度视决策问题的性质而定。因此,在资料和信息的搜集过程中,应注意它们与决策目标的密切程度和对决策目标的影响程度,并据此对资料进行认真筛选、整理和取舍。

(2)拟定备选方案。拟定备选方案是一项复杂细致的工作。要依据占有的资料和信息对拟定的每一方案的收效和损失进行测算,估计方案结果;对各个方案的机会和风险进行测算或估计;对每一方案的可行性(包括资金、人员、资源、组织等)附文字说明,以供抉择时参考使用。

为了在抉择时不失去最佳机会,拟定备选方案一般应具备两个条件:

①决策方案的整体详尽性:即所拟定的方案应包括所有的可行方案;

②决策方案的相互排斥性:即各个备选方案之间必须提出不同的解决措施或有不同的立场观点,而不应当有包含关系。

3. 评价选择最优方案

这是决策过程的关键环节。在前两个决策步骤可靠程度较高的前提下,决策的成败往往决定于方案的抉择是否正确。选择最优方案必须对已拟定的数种备选方案认真分析,这个过程实际上也是对方案可行性的论证过程。除了采用适当的决策分析方法外,还需要注意以下问题:

(1)分析决策方案的必要性和比较经济效益。一般情况下,这两者应该是统一的,但也不排除在一些特殊情况下两者会产生一定的矛盾。这时如何取舍则视企业的具体需要而定。

(2)研究企业资源的客观条件和外部环境的客观影响因素。

(3)估计各个备选方案所承担的风险程度。

(4)综合影响因素,比较总体评价方案的经济价值和社会价值。

决策者选择了认为最优的方案后,就要具体制定决策方案,进一步研究实施方案和具体保证实施的措施。

4. 决策方案的实施和反馈

决策的实施和对过去抉择的评价活动可以视为决策过程的一个阶段,也可以视为决策过程的延续。选择的决策方案最后还需进一步形成有关的计划和预算,落实到有关部门和具体实施人员,规定期限。实施过程中,还应对决策方案予以检验,检查执行过程中与期望结果是否有差异,及时反馈信息,不断修正和调整。

出现差异的原因主要有以下几个方面:

①原定方案本身存在一定问题,尚有相关因素未考虑进去或资料的准确性差。

②在风险决策问题和未定决策问题列出的备选方案中,不论选择哪一种方案,都会或多或少地承担一定风险,这与外部环境的不可控因素有关,因此出现差异可视为正常的。

③执行中主观因素导致未能达到预期效果。

4.3 决策的方法

4.3.1 决策概述

组织的许多决策,尤其是对组织的活动和人事有极大影响的重要决策,是由集体制定的,很少有哪个组织不采用委员会、工作队、审查组、研究小组或类似的组织作为制定决策的工具。研究表明,管理者40%或更多的时间是花费在各种会议上。毫无疑问,这些时间的大部分都用于确定问题,找到解决问题的方案以及决定如何实施方案。下面将比较群体决策和个人决策的优缺点,明确什么时候应采用群体决策以及探讨改善群体决策的普遍适用的方法。

1. 群体决策的优点和缺点

(1)群体决策的优点。群体决策具有以下优点:

①提供更完备的信息:群体将带来个人单独行动所不具备的多种经验和决策观点。

②产生更多的方案:当群体成员来自于不同专业领域时,这一点就更为明显。例如,一个由工程、会计、生产、营销和人事代表组成的群体,将制定出反映他们不同背景的方案。

③增加对某个解决方案的接受性:许多决策在作出最终选择后却以失败告终,这是因为人们没有接受解决方案。但是如果让受到决策的影响或实施决策的人员参与决策,他们不愿违背自己参与制定的决策,更可能接受决策,并鼓励他人也接受它。

④提高合法性:群体决策制定过程是与民主思想相一致的,因此人们觉得群体制定的决策比个人制定的决策更合法。拥有全权的个体决策者不与下属磋商而作出决策,会使人感到决策是出自于独裁和武断。

(2)群体决策的缺点。群体决策具有以下缺点:

①成本高:组成一个群体显然要花时间,以反复交换意见为特点的群体决策过程也是耗费时间的过程,群体成员之间的相互影响也会导致低效。所以群体决策要比个人决策化更多的时间。

②责任不清:群体成员分担责任,但实际上谁也无法对最后的结果负责。在个人决策中,谁负责任是明确具体的,而在群体决策中,任何一个成员的责任都被冲淡了。

③屈从压力:在群体会屈从社会压力,从而导致所谓的群体思维,抑制不同观点、少数派和标新立异以取得表面的一致,削弱群体中的批判精神,影响最后决策的质量。

④少数人统治:一个群体的成员永远不会是完全平等的,他们可能会因组织职位、经验、有关问题的知识、易受他人影响的程度、语言技巧和自信心等因素而不同。这就为单个或少数成员创造了发挥其优势和驾驭群体中其他人的机会。

2. 效率与效果

一般而言,群体能比个人作出更好的决策。这不是说所有的群体决策都优于每一个个人决策,而是群体决策优于群体中平均的个人所作的决策,但它们绝不比杰出的个人所作的决策好。

从决策的速度讲,个人决策更为优越;从创造性程度上讲,如果群体决策组织得好,则比个人决策更为有效;从决策的接受程度讲,群体决策可能制定出更为人们接受的方案,一般来说,群体决策的效率更低。在决定是否采取群体决策时,主要是考虑效果的提高是否能够弥补其效率的降低。

群体决策的效果受群体大小的影响。群体越大,易质的可能性就越大。另一方面,一个更大的群体需要更多的协调和更多的时间促使所有的成员作出贡献。因此群体不宜过大:小到5人,大到15人即可。有证据表明,5~7个人的群体是最有效的。因为5和7都是奇数,可避免不愉快的僵局。这样的群体大得足以使成员变换角色和退出尴尬的状态,却又小得足以使不善辞令者积极参与讨论。

3. 改善群体决策的方法

(1)头脑风暴法。头脑风暴法是比较常用的集体决策方法,便于发表创造性意见,因此主要用于收集新设想。头脑风暴法通常是将对解决某一问题有兴趣的人集合在一起,在完全不受约束的条件下,敞开思路,畅所欲言。

头脑风暴法的创始人英国心理学家奥斯本,为该决策方法的实施提出了四项原则:①对别人的建议不作任何评价,将相互讨论限制在最低限度内;②建议越多越好,在这个阶段,参与者不要考虑自己建议的质量,想到什么就应该说出来;③鼓励每个人独立思考,广开思路,想法越新颖、奇异越好;④可以补充和完善已有的建议以使它更具说服力。

头脑风暴法的目的在于创造一种畅所欲言、自由思考的氛围,诱发创造性思维的共振和连锁反应,产生更多的创造性思维。这种方法的时间安排应在1~2小时,参加者以5~6人为宜。

(2)名义小组技术。在集体决策中,如对问题的性质不完全了解且意见分歧严重,则可采用名义小组技术。在这种技术下,小组的成员互不通气,也不在一起讨论、协商,从而小组只是名义上的。这种名义上的小组可以有效地激发个人的创造力和想象力。

在这种技术下,管理者先召集一些有知识的人,把要解决的问题的关键内容告诉他们,并请他们独立思考,要求每个人尽可能地把自己的备选方案和意见写下来。然后再按次序让他们一个接一个地陈述自己的方案和意见。在此基础上,由小组成员对提出的全部备选方案进行投票,根据投票结果,赞成人数最多的备选方案即为所要的方案,当然,管理者最后仍有权决定是接受还是拒绝这一方案。

(3)德尔菲技术。这是兰德公司提出的,被用来听取有关专家对某一问题或机会的意见。如管理者面临着一个有关用煤发电的重大技术问题时,运用这种技术的第一步是要设法取得有关专家的合作(专家包括大学教授、研究人员以及能源方面有经验的管理者)。然后把要解决的关键问题(如把煤变成电能的重大技术问题)分别告诉专家们,请他们单独发表自己的意见并对实现新技术突破所需的时间作出估计。在此基础上,管理者收集并综合各位专家的意见,再把综合后的意见反馈给各位专家,让他们再次进行分析并发表意见。在此过程中,如遇到差别很大的意见,则把提供这些意见的专家集中起来进行讨论并综合。如此反复多次,最终形成代表专家组意见的方案。

运用该技术的关键是:①选择好专家,这主要取决于决策所涉及的问题或机会的性质;②决定适当的专家人数,一般10~50人较好;③拟定好意见征询表,因为它的质量直接关系到决策的有效性。

(4)电子会议。最新的群体决策方法是召开名义群体法与尖端的网络技术和计算机技术结合的电子会议。电子会议的主要优点是匿名、诚实和快速。

4.3.2　有关活动方案的决策方法

管理者选好组织的活动方向之后,接下来需要考虑的问题自然是如何通达这一活动方向。由于通达这一活动方向的活动方案通常不止一种,所以管理者要在这些方案中作出选择。在决定选择哪一个方案时,要比较不同的方案,而比较的一个重要标准是各种方案实施后的经济效果。由于方案是在未来实施的,所以管理者在计算方案的经济效果时,要考虑到未来的情况。根据未来情况的可控程度,可把有关活动方案的决策方法分为三大类:风险型决策方法、不确定型决策方法和确定型决策方法。

1. 风险型决策方法

风险型决策也叫统计型决策、随机型决策,是指已知决策方案所需的条件,但每方案的执行都有可能出现不同后果,多种后果的出现有一定的概率,即存在着"风险",所以称为风险型决策。风险型决策必须具备以下条件:

①存在着决策者企望达到的目标。

②有两个以上方案可供决策者选择。

③存在着不以决策者的意志为转移的几种自然状态。

④各种自然状态出现的概率已知或可估计出来。

⑤不同行动方案在不同自然状态下损益值可以估算出来。

常用的风险型决策方法是决策树法。决策树法是用树状图来描述各种方案在不同情况(或自然状态)下的收益,据此计算每种方案的期望收益从而作出决策的方法。

(1)决策树表示法。决策树是由决策结点、方案枝、状态结点和概率枝四个要素组成的树状图,如图 4-1 所示。它以决策结点为出发点,引出若干方案枝;每个方案枝的末端是一个状态结点,状态结点后引出若干概率枝,每一概率枝代表一种状态。这样自左而右层层展开便得到形如树状的决策树。

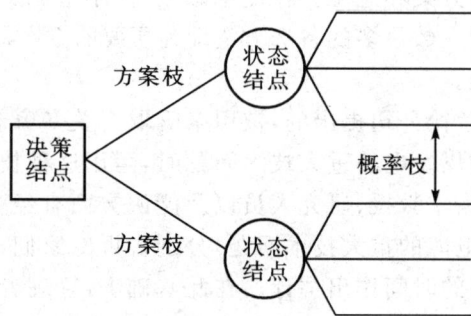

图 4-1　决策树

(2)决策树法的决策过程。决策过程如下:

①绘制树形图:图形自左至右层层展开,根据已知条件排列出各方案和每一方案的各种自然状态。

②将各状态概率及损益值标于概率枝上。

③计算各方案的期望值并将其标于该方案对应的状态结点上。

④进行剪校:比较各方案期望值,将期望值小的(即劣等方案)剪掉。

⑤剪枝后所剩的最后方案即为最佳方案。

2. 不确定型决策方法

不确定型决策,是指各种可行方案发生的后果是未知的,决策时无统计概率可依的决策问题。与风险型问题相比,该类决策缺少第四个条件。常用的不确定型决策方法有小中取大法、大中取大法和最小最大后悔值法等。下面通过举例来介绍这些方法。

例:某企业打算生产某产品。据市场预测,产品销路有三种情况:销路好、销路一般和销路差。生产该产品有三种方案:a.改进生产线;b.新建生产线;c.与其他企业协作。据估计,各方案在不同情况下的收益见表 4-1。问企业选择哪个方案?

表 4-1　各方案在不同情况下的收益　　　　　　　　　单位:万元

自然状态 收益 方案	销路好	销路一般	销路差
a.改进生产线	180	120	−40
b.新建生产线	240	100	−80
c.与其他企业协作	100	70	16

①小中取大法求解如下:

采用这种方法的管理者对未来持悲观的看法,认为未来会出现最差的自然状态,因此不论采取哪种方案,都只能获取该方案的最小收益。采用小中取大法进行决策时,首先计算各方案在不同自然状态下的收益,并找出各方案所带来的最小收益,即在最差自然状态下的收益,然后进行比较,选择在最差自然状态下收益最大或损失最小的方案作为所要的方案。

决策结果为:c 方案。

②大中取大法求解如下:

采用这种方法的管理者对未来持乐观的看法,认为未来会出现最好的自然状态,因此不论采取哪种方案,都能获取该方案的最大收益。采用大中取大法进行决策时,首先计算各方案在不同自然状态下的收益,并找出各方案所带来的最大收益,即在最好自然状态下的收益,然后进行比较,选择在最好自然状态下收益最大的方案作为所要的方案。

决策结果为:b 方案。

③最小最大后悔值法求解如下:

管理者在选择了某方案后,如果将来发生的自然状态表明其他方案的收益更大,那么他(或她)会为自己的选择而后悔。最小最大后悔值法就是使后悔值最小的方法。采用这种方法进行决策时,首先计算各方案在各自然状态下后悔值(某方案在某自然状态下的后悔值=该自然状态下的最大收益−该方案在该自然状态下的收益),并找出各方案的最大后悔值,然后进行比较,选择最大后悔值最小的方案作为所要的方案。

决策结果为:a 方案。

具体见表 4-2。

表 4-2 各方案在各自然状态下的后悔值   单位:万元

自然状态 后悔值 方案	销路好	销路一般	销路差	最大后悔值
a.改进生产线	60	0	56	60
b.新建生产线	0	20	96	96
c.与其他企业协作	140	50	0	140

3. 确定型决策方法

在比较和选择活动方案时,如果未来情况只有一种并为管理者所知,则须采用确定型决策方法。常用的确定型决策方法有线性规划和量本利分析法等。

(1)线性规划。

线性规划是在一些线性等式或不等式的约束条件下,求解线性目标函数的最大值或最小值的方法,它包括以下内容:

a.确定影响目标大小的变量;

b.列出目标函数方程;

c.找出实现目标的约束条件;

d.找出使目标函数达到最优的可行解,即为该线性规划的最优解。

例:某企业生产两种产品,即桌子和椅子,它们都要经过制造和装配两道工序,有关资料如表 4-3 所示。假设市场状况良好,企业生产出来的产品都能卖出去,试问何种组合的产品使企业利润最大?

表 4-3 某企业的有关资料

	桌子	椅子	工序可利用时间(小时)
在制造工序上的时间(小时)	2	4	48
在装配工作上的时间(小时)	4	2	60
单位产品利润(元)	8	6	—

线性规划法的图解法如下:

解:设生产 X_1 个桌子、X_2 个椅子,则

约束条件:$2X_1 + 4X_2 \leq 48$

$4X_1 + 2X_2 \leq 60$

目标函数:$f_{max} = 8X_1 + 6X_2$

画图:根据约束条件画出可行域:

令 $4X_1 + 2X_2 = 60$,则 $X_1 = 0$ 时,$X_2 = 12$;$X_2 = 0$ 时,$X_1 = 24$,由这两个点画出约束条件 1 的可行域(线及线下各点)。

令 $2X_1 + 4X_2 = 48$,则 $X_1 = 0$ 时,$X_2 = 30$;$X_2 = 0$ 时,$X_1 = 15$,由这两个点画出约束条件 2 的可行域(线及线下各点)。

又因为 X_1、X_2 的取值要大于或等于零,则阴影部分为公共可行域。

再画两条等利润线,首先让利润等于2400,即$8X_1+6X_2=2400$,则$X_1=0$时,$X_2=40$;$X_2=0$时,$X_1=30$,由这两个点画出等利润线1。

再让利润等于1200,即$8X_1+6X_2=1200$,则$X_1=0$时,$X_2=20$;$X_2=0$时,$X_1=15$,由这两个点画出等利润线2。

由这两条等利润线可以看出,利润线是一组平行线,且越是远离原点,利润越大,因此,我们要把等利润线平移到公共可行域最远离原点的地方,得到最优点$(12,6)$(见图4-2),结论是:在现有的资源条件下,生产12个桌子,6个椅子利润最大,最大利润是:

$$f_{max}=8X_1+6X_2=96+36=132(元)$$

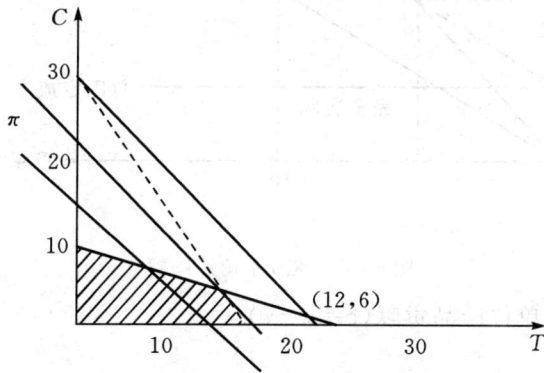

图4-2 线性规划法图解

(2)量本利分析法。

量本利分析法又称保本分析法或盈亏平衡分析法,是通过考察产量(或销售量)、成本和利润的关系以及盈亏变化的规律来为决策提供依据的方法。

在应用量本利分析法时,关键是找出企业不盈不亏时的产量(称为保本产量或盈亏平衡产量,此时企业的总收入等于总成本),而找出保本产量的方法有图解法和代数法两种。

量本利分析法实例如下:

例:某企业生产某产品的总固定成本为60000元,单位变动成本为每件1.8元,产品价格为每件3元。假设某方案带来的产量为100000件,问该方案是否可取?

①图解法。

a.保本产量,即总收入曲线和总成本曲线交点所对应的产量(本例中保本产量为5万件);

b.各个产量上的总收入;

c.各个产量上的总成本;

d.各个产量上的总利润,即各个产量上的总收入与总成本之差;

e.各个产量上的总变动成本,即各个产量上的总成本与总固定成本之差;

f.安全边际,即方案带来的产量与保本产量之差(本例中安全边际为5(=10-5万件)。

在本例中,由于方案带来的产量(10万件)大于保本产量(5万件),所以该方案可取(见图4-3)。

②代数法。

假设户代表单位产品价格,Q代表产量或销售量,F代表总固定成本,v代表单位变动成

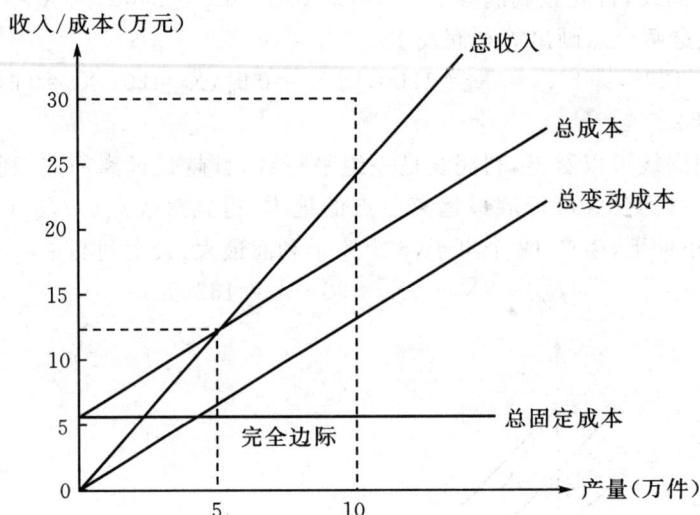

图 4-3　盈亏平衡法图解

本,π代表总利润,C代表单位产品贡献($c＝p-v$)。

a.求保本产量。

企业不盈不亏时,$pQ＝F+vQ$

所以保本产量 $Q＝F/(p-v)＝F/c$

b.求保目标利润的产量。

设目标利润为 π,则 $pQ＝F+vQ+π$

所以保目标利润 π 的产量 $Q＝(F+π)/(p-v)＝(F+π)/c$

c.求利润。

$π＝pQ-F-vQ$

d.求安全边际和安全边际率。

安全边际＝方案带来的产量-保本产量

安全边际率＝安全边际/方案带来的产量

4.4　环境研究与竞争战略

1.战略计划的重要性

20世纪70—80年代,战略计划的重要性开始被人们所认识。在美国,一项对企业所有者的新的调查发现,69％的企业所有者制定战略计划,并且,在他们当中,89％的人认为他们的计划是有效的,用他们自己的话来说战略计划使他们有了具体的目标,并且使他们的职员取得了一致的认识。今天,战略计划已经超出了工商企业的领域,包括政府机构、医院、教育组织在内,都制定战略计划。

2.战略管理层次

(1)公司层战略。如果一个组织拥有一种以上的事业,那么它将需要一种公司层战略。这种战略寻求回答这样的问题：我们应当拥有什么样的事业组合？公司层战略应当决定每一种事业在组织中的地位。

（2）事业层战略。事业层战略寻求回答这样的问题：在我们的每一项事业领域里应当如何进行竞争：对于只经营一种事业的小企业，或是不从事多元化经营的大型组织，事业层战略与公司层战略是一回事。对于拥有多种事业的组织，每一个经营部门会有自己的战略，这种战略规定该经营单位提供的产品或服务，以及向哪些顾客提供产品或服务，等等。

（3）职能层战略。职能层战略寻求回答这样的问题：我们怎么支撑事业层战略？职能部门如何研究开发、制造、市场营销、人力资源和财务部门，应当如何与事业层战略保持一致。

3. 战略管理过程

（1）确定组织当前的宗旨、目标和战略。定义公司的宗旨旨在促使管理当局仔细确定公司的产品和服务范围。对"我们到底从事的是什么事业"的理解关系到公司的指导方针。如一些学者指出，美国铁路公司之所以不景气是因为他们错误地理解了自己所从事的事业。在 20 世纪 30—40 年代如果铁路公司认识到他们从事的是运输事业而不仅仅是铁路事业，他们的命运也许会完全不同。

当然，管理当局还必须搞清楚组织的目标以及当前所实施的战略的性质，并对其进行全面而客观的评估。

（2）分析环境。环境分析是战略管理过程的关键环节和要素。组织环境在很大程度上规定了管理当局可能的选择。成功的战略大多是那些与环境相适应的战略。松下电器是家庭娱乐系统的主要生产商，自 20 世纪 80 年代中期开始，在微型化方面出现了技术突破，同时家庭小型化趋势使得对大功率、高度紧凑的音响系统的需求剧增。松下家庭音响系统的战略的成功，就是因为松下及早地认识到环境中正在发生的技术和社会变化。

管理当局应很好地分析公司所处的环境，了解市场竞争的焦点，了解政府法律法规对组织可能产生的影响，以及公司所在地的劳动供给状况等等。其中，环境分析的重点是把握环境的变化和发展趋势。关于环境的信息可以通过各种各样的外部资源来获取。

（3）发现机会和威胁。分析了环境之后，管理当局需要评估环境中哪些机会可以利用，以及组织可能面临的威胁。机会和威胁都是环境的特征。威胁会阻碍组织目标的实现，而机会则相反。

在分析机会与威胁时，如下因素是关键的：竞争者行为、消费者行为、供应商行为和劳动力供应。技术进步、经济因素、法律政治因素以及社会变迁等一般环境虽不对组织构成直接威胁，但作为一种长期计划，管理者在制定战略时也必须慎重考虑。分析机会和威胁还必须考虑压力集团、利益集团、债权人、自然资源以及有潜力的竞争领域。如某公司发现竞争对手在开发新产品并削减价格，该公司所做的反应首先应是加强广告宣传、提高其品牌的知名度。

（4）分析组织的资源。这一分析将视角转移到组织内部：组织雇员拥有什么样的技巧和能力？组织的现金状况怎样？在开发新产品方面一直很成功吗？公众对组织及其产品或服务的质量的评价怎样？

这一环节的分析能使管理当局认识到，无论多么强大的组织，都在资源和能力方面受到某种限制。

（5）识别优势和劣势。优势是组织可开发利用以实现组织目标的积极的内部特征，是组织与众不同的能力，即决定作为组织竞争武器的特殊技能和资源；劣势则是抑制或约束组织目标实现的内部特征。经理们应从如下方面评价组织的优势和劣势,这些因素包括市场、财务、产品、研究与发展。内部分析同样也要考虑组织的结构、管理能力和管理质量,以及人力资源、组织文化的特征。

管理者可以通过各种各样的报告来获得有关企业内部优势和劣势的信息。

(6)重新评价组织的宗旨和目标。按照 SWOT(strengths-weaknesses-opportunities-threats)分析和识别组织机会的要求,管理当局应重新评价公司的宗旨和目标。

(7)制定战略。战略需要分别在公司层、事业层和职能层设立。在这一环节组织将寻求组织的恰当定位,以便获得领先于竞争对手的相对优势。

(8)实施战略。无论战略制定得多么有效,如果不能恰当地实施仍不可能保证组织的成功。另外,在战略实施过程中,最高管理层的领导能力固然重要,但中层和基层管理者执行计划的主动性也同样重要。管理当局需要通过招聘、选拔、处罚、调换、提升乃至解雇职员以确保组织战略目标的实现。

(9)评价结果。战略管理过程的最后一步是评价结果:战略的效果如何?需要做哪些调整?这涉及控制过程。

战略管理过程如图 4-4 所示。

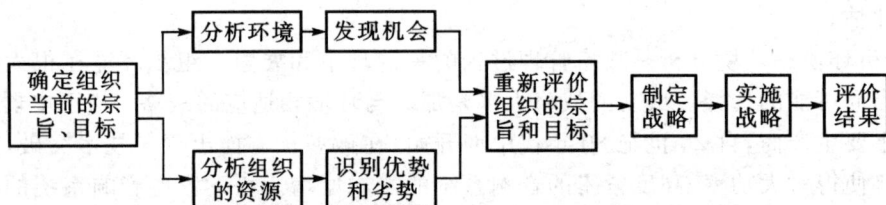

图 4-4　战略管理过程图

4. 竞争战略

(1)产业分析。在任何产业中,都有五种竞争力量控制着产业的竞争规则:

①进入障碍。如规模经济、商标知名度,以及资本需求这样一些因素,决定着新竞争者进入产业的难易程度。

②替代威胁。如转换成本和购买者忠诚这样一些因素,决定着顾客转向其他竞争者可能性和程度。

③购买者讨价能力。如购买者的购买量、购买者掌握的情报,以及可供选择的替代产品这样的一些因素,决定着购买者的影响力。

④供应商讨价能力。如供应商的集中程度和可供选择的替代输入这样一些因素,决定着供应商左右产业中企业的能力。

⑤现有竞争者之间的竞争。如产业的增长率和产品差异这样一些因素,决定着产业中企业之间竞争的激烈程度。

产业分析中的各种力量如图 4-5 所示。

(2)选择竞争优势。按照波特的观点,没有一家企业能够成功地通过为所有的人做所有事达到超过平均水平的绩效。他认为,管理当局必须选择一种能给他的组织带来竞争优势的战略。管理当局可以从三种基本的战略中进行选择:成本领先战略、别具一格战略和专一化战

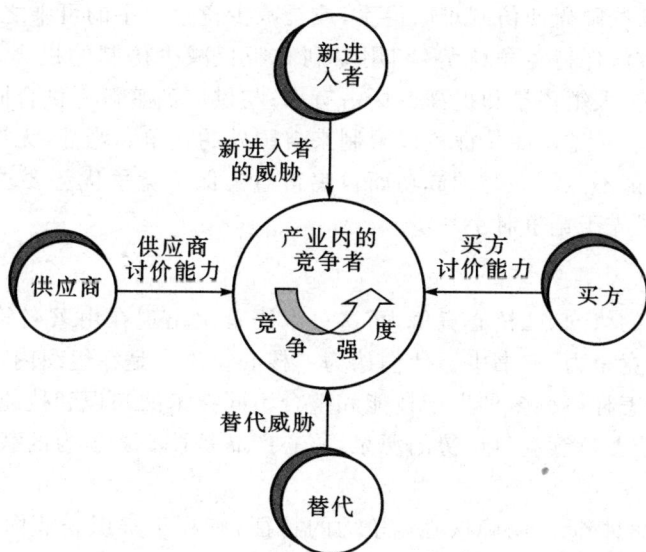

图 4-5　产业分析中的各种力量

略。究竟选择哪一种战略,取决于组织的长处和竞争对手的短处。管理当局应当避免不得不与产业中所有的竞争者拼杀的局面,而应当将企业置于竞争对手所不具备的强有力地位。

①成本领先战略。当某个组织打算成为产业中低成本的生产者时,它实行的是成本领先战略。成功地实施这种战略,要求组织必须是成本的领导者,而不仅仅是竞争成本领导地位的企业之一。此外,提供的产品或服务必须是能与竞争者同类产品相比的,或至少是顾客愿意接受的。

企业怎么获得成本领先优势呢?典型的方式包括高效率的运作、规模经济、技术创新、低人工成本或优惠地取得原材料。如沃尔玛公司就是成功地利用成本领先战略的例子。

②别具一格战略。如果某个企业寻求产业中与众不同的特色,则它是在实行别具一格战略。这种战略强调高超的质量、非凡的服务、创新的设计、技术性专长,或不同凡响的商标形象,关键是特色的选择必须有别于竞争对手,并且足以使溢价收益超过追求别具一格的成本。有很多企业至少在某一方面超过了竞争对手。如清华阳光的技术、海尔的营销及售后服务等等。

③专一化战略。前两种战略是在广泛的产业细分市场寻求竞争优势,而专一化战略则是集中在狭窄的细分市场中寻求成本领先优势或别具一格优势。也就是说,管理当局选择产业中的一个或一组细分市场(如产品品种、最终顾客类型、分销渠道或地理位置),制定专门的战略向此细分市场提供与众不同的服务,目标是独占这个市场。当然,专一化战略是否可行取决于细分市场的规模,以及该细分市场能否支撑专一化战略的附加成本。近年来的研究表明,专一化战略也许是对小企业最有效的战略,这是因为小企业一般不具有规模经济性或是内部资源,从而难以成功地实行其他两种类型的战略。

④保持竞争优势。不管采取三种基本战略中的任何一种战略,要获得长期的成功还必须能够保持住竞争优势,即必须阻挡住来自竞争对手的侵蚀,或是跟上产业演变的趋势。技术变革、顾客需求变化,特别是某些竞争优势可能被竞争对手模仿,使得保持竞争优势绝非易事。

管理当局需要建立某些障碍使仿制难以得手,或是减少竞争对手的可乘之机。

可以采用以下方法保持竞争优势:利用专利和版权减少仿制的机会;当存在规模经济性时,通过降低价格以扩大销售量和提高市场占有率;与供应商签订专供合同限制其向竞争对手的供应能力;鼓励政府对进口商品征税以限制来自国外的竞争。当然,无论采取何种行动保持竞争优势,管理当局都不能因一时的成功而自鸣得意。保持竞争优势要求管理当局持续地作出努力使自己始终领先于竞争对手一步。

5. 核心竞争力

(1)核心竞争力的概念。"核心竞争力"这一术语首次出现在由著名管理专家拉德和哈默所著的《公司的核心竞争力》一书中。他们认为:"核心竞争力是在组织内部经过整合了的知识和技能,尤其是关于怎样协调多种生产技能和整合不同技术的知识和技能。"

核心竞争力是企业持续竞争优势的源泉,核心产品是核心竞争力的载体,最终产品是核心竞争力的市场表现。

(2)核心竞争力的特征。明确核心竞争力的特征,有利于辨识企业内部的核心竞争力,从而为核心竞争力的培育并奠定基础。

一般说来,核心竞争力具有如下特征:①稀缺性,即企业所持有的。②可延展性,即核心竞争力可以使企业进入各种相关市场领域参与竞争。正如拉德和哈默所说,核心竞争力应该能为企业提供进入不同市场的潜力。③价值性,即核心竞争力能够使企业为客户创造价值而不是相对于对手的优势。④难以模仿性,即核心竞争力应当不会轻易地被竞争对手所模仿。正如海尔集团 CEO 张瑞敏所言:"创新(能力)是海尔真正的核心竞争力,因为其不易或无法被竞争对手模仿。"⑤集合性,即核心竞争力是一种集合能力,如企业内部集体学习能力而不是外在资源的强大。哈默对核心竞争力的定义就是这个意思。⑥"无影无踪"性,即核心竞争力是看不见、摸不着的东西,是人和制度的能力,而不是物或可以继承的资产,必须经过它的载体如核心产品才能体现出来。

北京大学光华管理学院张维迎教授曾经对核心竞争力的特征作了界定,他认为核心竞争力必须具备五个"不":"偷不去、买不来、拆不开、带不走和流不掉"。核心竞争力必须是一个企业能够长期获得竞争优势的能力,是一个企业能够基业长青的关键因素。

(3)核心竞争力的形成和提升。在核心竞争力的观念进入企业领导人的意识之前,核心竞争力的形成是一种无意识的企业行为的结果。其形成和成长的速度和强度,同企业有意识的塑造和提升相比,要慢得多,弱得多。与此相比,具有核心竞争力观念的企业领导人,往往能够在认准市场需求和产品技术变化趋势的基础上,对企业的核心竞争力进行准确定位,然后建立相应的企业机制,配备相应的环境条件,来塑造和提升核心竞争力,并将其转化成竞争优势。同时,这一切反过来又进一步增强了企业的核心竞争力。

培育和提升核心竞争力并把它转换成竞争优势的机制一般包括企业的组织结构和流程制度,而管理风格、企业文化和资源状况则构成了转换环境。成功的企业往往能够完善这种转换机制和环境条件,从而实现以核心竞争力制胜的战略。以高屋建瓴之势首先打开欧美家电市场的海尔集团就是这样的一个企业。创新能力是海尔的核心竞争力,这种能力的形成以及显示出来的竞争优势得益于海尔文化的完善。在海尔,创新能力同企业文化水乳交融。张瑞敏对此的解释是:"创新是海尔文化的价值观。"

(4)核心竞争力与我国企业的发展。20 世纪 90 年代中后期,随着我国加入 WTO 进程的加快并受核心竞争力理论的影响,我国掀起了对企业核心竞争力问题的研究热潮。在我国国民经济与社会发展第十个五年计划纲要中,我国明确提出要"形成一批拥有著名品牌和自主知识产权、主业突出、核心能力强的大公司和企业集团"。这既是我国国有企业改革和国有经济战略调整中的一项重要任务,也是入世后我国企业应对国际竞争力的重大举措。

根据核心竞争力的定义,学习和创新是核心竞争力的源泉。我国企业要培育自己的核心竞争力,就必须重视创新战略。除技术创新、产品创新和营销创新外,更重要的是制度创新、管理创新和文化创新。国外成功的公司,特别是大型跨国公司的发展,主要是靠创新形成自己的核心竞争力,靠核心竞争力塑造知名品牌,靠知名品牌提升自己的竞争优势和无形资产。令人可喜的是,经过30多年的改革开放,我国已拥有一批具有国际竞争力的企业集团,如海尔集团、联想集团、格兰仕集团、新兴铸管、中集集团、万向集团……

本章思考题

1. 何谓决策?决策的特点是什么?
2. 简述决策的类型。
3. 简述制定决策的步骤。
4. 集体决策与个人决策相比,有哪些优点?
5. 小中取大法和最小最大后悔值法有什么不同?

案例分析

开发新产品与改进现有产品之争

袁之隆先生是南机公司的总裁。这是一家生产和销售农业机械的企业。1992年产品销售额为3000万元,1993年达到3400万元,1994年预计销售可达3700万元。每当坐在办公桌前翻看那些数字、报表时,袁先生都会感到踌躇满志。

这天下午又是业务会议时间,袁先生召集了公司在各地的经销负责人,分析目前和今后的销售形势。在会议上,有些经销负责人指出,农业机械产品虽有市场潜力,但消费者的需求趋向已有所改变,公司应针对新的需求,增加新的产品种类,来适应这些消费者的新需求。

身为机械工程师的袁先生,对新产品研制、开发工作非常内行。因此,他听完了各经销负责人的意见之后,心里便很快算了一下,新产品的开发首先要增加研究与开发投资,然后需要花钱改造公司现有的自动化生产线,这两项工作约耗时3~6个月。增加生产品种同时意味着必须储备更多的备用零件,并根据需要对工人进行新技术的培训,投资又进一步增加。

袁先生认为,从事经销工作的人总是喜欢以自己业务方便来考虑,不断提出各种新产品的要求,却全然不顾品种更新必须投入的成本情况,就像以往的会议一样。而事实上公司目前的这几种产品,经营效果还很不错。结果,他决定仍不考虑新品种的建议,目前的策略仍是改进现有的品种,以进一步降低成本和销售价格。他相信,改进产品成本、提高产品质量并开出具吸引力的价格,将是提高公司产品竞争力最有效的法宝。因为,客户们实际考虑的还是产品的价值。尽管他已作出了决策,但他还是愿意听一听顾问专家的意见。

思考题

1. 你认为该企业的外部环境中有哪些机会与威胁?
2. 如果你是顾问专家,你会对袁先生的决策如何评价。

第5章
组织

学习要点

1. 了解组织结构的运行、组织变革
2. 了解组织的含义和主要功能、组织的类型
3. 了解组织结构设计、组织结构的基本类型、管理幅度与管理层次

案例导入

现实管理中的问题

制定的良好的计划,常常因为管理人员没有适当的组织结构予以支持而落空。而在某一时期是合适的组织结构,可能过了一两年以后就不再合适。格里·利兹和莉洛·利兹是经营 CMP 出版公司的一对夫妇,对此有着清楚的认识。

利兹夫妇在 1971 年建立了 CMP 出版公司。到 1987 年,他们出版的 10 种商业报纸和杂志都在各自的市场上占据了领先地位。更令人兴奋的是,他们所服务的市场(计算机、通讯技术、商务旅行和健康保健)提供了公司成长的充足机会。但是,假如利兹夫妇继续使用他们所采用的组织结构,这种成长的潜力就不会得到充分的利用。

他们最初为 CMP 设立的组织,将所有重大的决策都集中在他们手中。这样的安排在早些年头运作的相当好,但到 1987 年它已经不再有效。利兹夫妇越来越难照看好公司。比如,想要约见格里的人得早上 8 点就在他办公室外排队等候。员工们越来越难得到对日常问题的答复。而要求快速反应的重要决策经常被耽误。对于当初设计的组织结构来说,CMP 已经成长得太大了。利兹夫妇认识到了这个问题,着手重组组织。首先,他们将公司分解为可管理的单位,并分别配备一名独立的经理掌管各个单位。这些经理都被授予足够的权力去经营和扩展他们各自的分部。其次,利兹夫妇设立了一个出版委员会负责监管这些分部。利兹夫妇和每个分部的经理都是该委员会的成员。分部经理向出版委员会汇报工作。出版委员会则负责确保所有的分部都能按 CMP 的总战略运作。

这些结构上的变革带来了明显的效果。CMP 现在总共出版 14 种刊物,年销售额达到近 2 亿美元。公司的收益持续地按管理当局设定的 30% 的年增长率目标不断地增加。

CMP 出版公司的例子说明,选择合适的结构在组织演进过程中起着至关重要的作用。CMP 公司在发展初期组织结构为直线型,职权高度集中,缺乏弹性,逐渐不适于发展规模逐渐增大的 CMP 公司。在公司改组后,组织结构适用于公司的发展,从而大大提高了管理的效率,具有较高的稳定性、目标性统一,因而 CMP 公司获得了巨大发展,取得了很大的收益。

——摘自(美)斯蒂劳·P.罗宾著《管理学》(第四版)

思考题

1.从利兹夫妇的管理改革中得到了哪些启发?

2.现代企业应当怎样设计自己的组织结构?

5.1　组织概述

5.1.1　组织的含义

从广义上说,组织是指由诸多要素按照一定方式相互联系起来的系统。从狭义上说,组织就是指人们为实现一定的目标,互相协作结合而成的集体或团体,如党团组织、工会组织、企业、军事组织等等。狭义的组织专门指人群而言,运用于社会管理之中。在现代社会生活中,组织是人们按照一定的目的、任务和形式编制起来的社会集团,组织不仅是社会的细胞、社会的基本单元,而且可以说是社会的基础。

管理学角度的组织一词通常是指在一定的环境中,为实现某种共同的目标,按照一定的结构形式、活动规律结合起来的、具有特定功能的开放系统。简单来说,组织是由两个以上的人、目标和特定的人际关系构成的群体。这个概念包含了以下含义:

(1)组织有一个共同目标。任何组织都是为实现某些特定目标而存在的。目标是组织存在的前提和基础。组织的目标反映了组织的性质与存在的价值。

(2)组织包括不同层次的分工与合作。组织的本质在于分工与合作。组织目标是否能够实现,就要看组织内各要素之间的协调、配合程度。

知识链接

学习型组织

学习型组织(Learning Organization)是美国学者彼得·圣吉在《第五项修炼》一书中提出的管理观念,企业应建立学习型组织,其含义为面临变动剧烈的外在环境,组织应力求精简、扁平化、终生学习、不断自我组织再造,以维持竞争力。知识管理是建设学习型组织的最重要的手段之一。圣吉提出了建立学习型组织的"五项修炼"模型。

(1)自我超越(personal mastery),即能够不断理清个人的真实愿望、集中精力、培养耐心、实现自我超越。

(2)改善心智模式(improving mental models),即看待旧事物形成的特定的思维定势,在知识经济时代,这会影响对待新事物的观点。

(3)建立共同愿景(building shared vision),即组织中人们所共同持有的意象或愿望,简单地说,就是我们想要创造什么。

(4)团队学习(team learning),即发展成员整体搭配与实现共同目标能力的过程。

(5)系统思考(systems thinking),即要求人们用系统的观点对待组织的发展。

根据上述的修炼技术为基础,学习型组织应该具有六个特点:①全体成员有共同的愿景和理想。②善于不断学习。③扁平式的组织结构。④员工的自主、自觉性管理。⑤员工家庭与事业平衡。⑥领导者的新角色改变为设计师、仆人和教师。

5.1.2　组织的类型

一般来说,我们将组织分为正式组织与非正式组织。

1. 正式组织

正式组织是指在组织设计中,为了实现组织的总目标而成立的功能结构。其制度和规范对组织成员具有正式的约束力。

2. 非正式组织

非正式组织是指组织成员由于具有共同的兴趣和爱好,以共同的利益和需要为基础而自发形成的团体。任何组织中都有非正式组织的存在,非正式组织的最大特点是感情的联系和快速的信息沟通。作为管理者,不能忽视非正式组织的作用。

(1)非正式组织的积极作用。非正式组织有以下积极作用:

①能满足职工在正式组织中很难得到的心理等方面的需要。

②使人际关系和谐、融洽,易于产生和加强合作精神,促进正式组织的稳定。

③非正式组织成员在工作上相互帮助,可以提高工作效率。

④非正式组织为了组织群体的利益,往往会帮助正式组织维护正常的活动秩序。

(2)非正式组织的消极作用。非正式组织有以下消极作用:

①非正式组织的目标如果与正式组织冲突,可能对正式组织的工作产生极为不利的影响。比如,正式组织力图利用职工之间的竞赛以达到调动积极性、提高产量与交谈的目标,而非正式组织则可能认为竞赛会导致竞争,造成非正式组织成员的不和,从而设法阻碍和破坏竞赛的展开。

②非正式组织要求成员一致性的压力,往往也会束缚成员的个人发展。有些人虽然有过人的才华和能力,但非正式组织一致性的要求可能不允许他冒尖,从而使个人才智不能得到充分发挥,对组织的贡献不能增加,影响整个组织工作效率的提高。

③非正式组织的压力影响正式组织的变革,发展组织的惰性。这并不是因为所有非正式组织的成员都不希望改革,而是因为其中大部分人害怕变革会改变非正式组织赖以生存的正式组织的结构,从而威胁非正式组织的存在。

相关案例

厦门灌口工业区的 YJ 有限公司是一家生产服装的中型企业,一部分产品是自产自销,而绝大部分产品是按照国外订单生产,然后出口到国外。公司一直都保持着稳定的发展,但自从公司的前厂长离开自己创业后,整个形势就开始慢慢地变化。老总开始物色具有丰富服装生产和出口经验的管理者,结果前后来了三任厂长都改变不了车间混乱的状况,生产的服装几乎每批都被外贸公司退回返工,产品的质量达不到要求,一方面让公司大幅亏损,另一方面由于公司采取的是计件工资制,也导致员工的工资锐减。一时间公司内部流传着各种消息,如:又要换厂长了;刚做的一单又要返工;这个月的工资老板会压着不发;老板准备放弃这家企业等等。而这时公司的老总正在和深圳的一家贸易公司谈判,希望能获得一个 100 万元的海外订单,在离开公司之前虽然他也知道公司内部人心不稳,但他认为只要能签到大额的订单就可以稳住员工的心,然后生产也会走向正常。结果,当他给员工发了上个月的工资,回到车间却发现已经有 40％的员工集体在领到工资后就已经辞职。他发现这些一起离开的员工大多是来自同一个省份，或者以前在同一家公司工作过。

这是一起比较典型的非正式组织"紧密化"、"危险化"的案例。现实企业中的非正式组织大都是比较松散性的，在正常的状态下，对企业的管理并不会显示出很大的影响，在企业蓬勃发展的时候，它更不容易被感知和发现；但当企业出现变化和转折的时候，这类非正式组织的力量就会突然地壮大，并且可能会以各种方式对组织进行冲击和对抗。

（资料来源：中国人力资源开发网）

5.2　组织结构

组织结构是整个管理系统的"框架"。它是组织的全体成员为实现组织目标，在管理工作中进行分工协作，在职务范围、责任、权利方面所形成的结构体系。其本质是为实现组织战略目标而采取的一种分工协作体系。

组织结构一般分为职能结构、层次结构、部门结构、职权结构四个方面。

①职能结构是指实现组织目标所需的各项业务工作以及比例和关系。

②层次结构是指管理层次的构成及管理者所管理的人数（纵向结构）。

③部门结构是指各管理部门的构成（横向结构）。

④职权结构是指各层次、各部门在权力和责任方面的分工及相互关系。

5.2.1　组织结构设计

作为企业的管理者，为了协调好组织中部门与部门之间的关系，人员与任务间的关系，使员工明确自己在组织中应有的权力和应承担的责任，有效地保证组织活动的开展，实现组织的目标，应该根据组织所处环境及组织自身特点，设计出合理、高效的组织结构。

1. 组织结构设计的基本原则

（1）目标一致原则。企业组织设计的根本目的，是实现企业的战略任务和经营目标。衡量组织结构设计的优劣，要以是否有利于实现企业任务、目标作为最终的标准。从这一原则出发，当企业的任务、目标发生重大变化时，组织结构必须作相应的调整和变革，以适应任务、目标变化的需要。组织中每个部门或个人的贡献要和组织目标相一致。

（2）分工协作原则。分工就是按照提高管理专业化程度和工作效率的要求，把组织的目标分成各部门、各岗位，乃至每个人的目标和任务，使组织的各个分支都了解自己在实现组织目标中的职责和权限。协作包括部门之间的合作和部门内部的合作。现代企业的管理工作，任务量大，专业性强，分别设置不同的专业部门，有利于提高管理工作的质量与效率。在合理分工的基础上，各专业部门只有加强协作与配合，才能保证各项专业管理的顺利开展，达到组织的整体目标。组织结构中的各个管理层级的分工、部门的分工以及职权的分工，还有各种分工之间的协调合作，就是分工协作原则的具体表现。

（3）管理幅度原则。由于受个人精力、知识、经验条件的限制，一名领导者能够有效领导的直属下级人数是有一定限度的。有效管理幅度不是一个固定值，它受职务的性质、人员的素质、职能机构健全与否等条件的影响。这一原则要求在进行组织设计时，领导者的管理幅度应控制在一定的范围内，以保证管理工作的有效性。由于管理幅度的大小同管理层次的多少呈反比例关系,这一原则要求在确定企业的管理层次时,必须考虑到管理幅度的制约。因此,管理幅度也是决定企业管理层次的一个基本因素。

(4)集权分权原则。企业在进行组织结构设计时,既要有必要的权力集中,又要有必要的权力分散,两者不可偏废。集权有利于保证企业的统一领导和指挥,有利于人力、物力、财力的合理分配和使用。而分权是调动下级工作积极性、主动性的必要组织条件。合理分权有利于基层根据实际情况迅速而正确地作出决策,也有利于上层领导摆脱日常事务,集中精力抓重大问题,提高管理的幅度。因此,集权与分权是相辅相成的,是矛盾的统一。没有绝对的集权,也没有绝对的分权。

(5)稳定性和适应性相结合的原则。这一原则要求企业在组织结构设计时,既要保证组织在外部环境和企业任务发生变化时,能够继续正常有序地运转;又要保证组织在运转过程中,能够根据外部环境的不断变化作出相应的变更,具有一定的弹性和适应性。为此,需要在组织中建立明确的指挥系统、责权关系及规章制度;同时又要求选用一些具有较好适应性的组织形式和措施,使组织在变动的环境中,具有一种内在的自动调节机制。

◤ 相关案例

王某是师大的毕业生,毕业后到县教育局工作,后任办公室主任,并于 2008 年 4 月被提为副局长,分管办公室、计财处和县职业中学。在当办公室主任时,由于对其他同志写的材料及领导讲话稿不满意,局里的重大材料及领导讲话都是由王某亲自动手完成。在当副局长后,王某还是认为分管部门同志业务能力不精,因此办公室的重要材料还是由王某组织撰写,有些甚至亲自动手。而计财处涉及的项目申报,审批等,无论金额大小,王某均要亲自过问。分管的县职业中学的教师管理、学生管理、人事调动,甚至是食堂王某也是三天一查,二天一看,于是王某几乎是每天加班到晚上 10 点,周末也不例外,一年来,试用结束后,上级领导进行考核时,下面同志对他提了很多意见,王某觉得非常委屈。他想知道到底是哪里出现了问题?

2. 组织结构设计的任务

组织结构的设计者通常要完成以下六个方面的工作:

(1)职能设计。职能设计是指明确企业的经营职能和管理职能。企业作为一个以营利为目的的法人组织,要根据企业的战略目标设计企业各级组织结构的经营、管理职能。随着外部环境的变化,如果企业的有些职能不合理,还需要随时对这些职能进行调整,对其弱化甚至取消。

(2)框架设计。框架设计是企业组织设计的主要部分。其内容简单来说就是纵向的层次设计和横向的部门设计。企业的层次设计要考虑到各级管理者的管理幅度,而企业的部门设计则要结合企业的实际职能分类。

(3)协调设计。协调设计是指企业的各个层次、各个部门之间如何进行合理的协调、联系、配合,以保证其高效率的配合,发挥管理系统的整体效应。

(4)规范设计。规范设计就是管理规范的设计。管理规范就是企业的规章制度,它是管理的规范和准则。结构本身设计最后要落实、体现为规章制度。管理规范保证了各个层次、部门和岗位,按照统一的要求和标准进行配合和行动。

(5)人员设计。人员设计就是管理人员的设计。企业结构本身设计和规范设计,都要以管理者为依托,并由管理者来执行。因此,按照组织设计的要求,必须进行人员设计,配备相应数量和质量的人员。

(6)激励设计。激励设计就是设计激励制度,对管理人员进行激励,其中包括正激励和负激励。正激励包括工资、福利等,负激励包括各种约束机制,也就是所谓的奖惩制度。激励制度既有利于调动管理人员的积极性,也有利于防止一些不正当和不规范的行为。

3. 组织设计的基本程序

(1)确立组织目标。任何组织都是为了实现一个特定的目标。因此,组织设计的第一步,就是通过收集及分析组织内外部环境资料,进行设计前的评估,以合理确定组织的战略目标。

(2)划分业务工作。任何组织都是由若干部分组成的。因此我们需要根据组织的工作内容和性质,以及工作之间的联系,将组织活动划分成具体的业务部门,并确定其业务范围和工作量,进行部分的工作任务划分,使组织总体业务流程得到优化。

(3)确立基本框架。根据组织的自身特点,决定组织的层次及部门结构,形成层次化、部门化的立体组织管理系统,合理发挥组织中每个成员的能力。

(4)确立职责权限。根据组织的目标,明确规定各层次、各部门以及每一职位的权限、责任以及绩效考核标准。一般用职位说明书或岗位职责等文件形式表达。

(5)设计运行方式。设计运行方式具体有以下几种类型:①联系方式的设计,即设计各部门之间的协调方式和控制手段;②管理规范的设计,即确定各项管理业务的工作程序、工作标准和管理人员应采用的管理方法等;③各类运行制度的设计。

(6)进行人岗匹配。根据组织工作的性质和对人员素质的要求确立岗位,按照岗位要求,选择配备恰当的管理人员和员工,并明确每位人员的职务和职称。

(7)形成组织。通过沟通和协调,确定正式组织结构及组织运作程序,把组织中的各个实体联结成一个统一的整体,形成一个高效、和谐的组织。

5.2.2　组织结构的基本类型

组织结构有多种不同的划分方式。各类组织结构没有绝对的优劣之分,它们反映了组织结构设计要素的不同组合。随着社会经济和市场环境的不断变化,组织结构也在不断地变更和发展。下面我们介绍几种常见的组织结构类型:

1. 直线制

直线制是组织结构设计中最早出现同时也是最简单的一种组织形式。它的特点是企业各级行政单位从上到下实行垂直领导,下属部门只接受一个上级的指令,各级主管负责人对所属单位的一切问题负责。在直线制组织中,各级主管人员不另设职能机构(可设职能人员协助主管人工作),一切管理职能基本上都由行政主管自己执行。

直线制组织结构的优点是:结构简单,权责分明,命令统一,级别清晰。缺点是:层级间缺乏必要的联系,应变能力较差。它要求主管人员通晓多种知识和技能,亲自处理各种业务,对主管人员的要求较高。因此,通常情况下,直线制只适用于那些规模较小,生产技术比较简单的企业,对生产技术和经营管理比较复杂的企业并不适宜。直线制组织结构图以长城网为例,如图5-1所示。

2. 职能制

职能制组织结构最早由科学管理之父泰勒提出,在各级行政单位除主管负责人外,还相应地设立一些职能机构,采用专业化的分工形成具体的职能部门。如在厂长下面设立职能机构

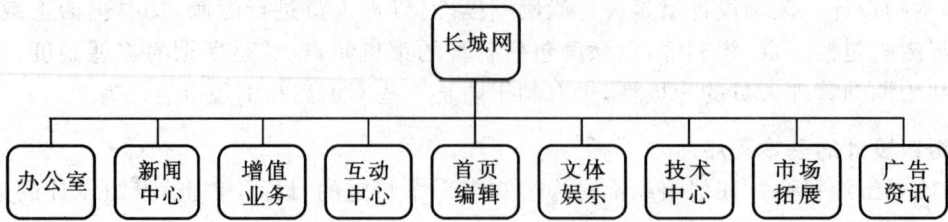

图 5-1 直线制组织结构图

和人员,协助厂长从事职能管理工作。这种结构要求行政主管把相应的管理职责和权力交给相关的职能机构,各职能机构就有权在自己业务范围内向下级行政单位发号施令。因此,下级行政负责人除了接受上级行政主管人指挥外,还必须接受上级各职能机构的领导。职能制组织结构图以某县学校为例,如图 5-2 所示。

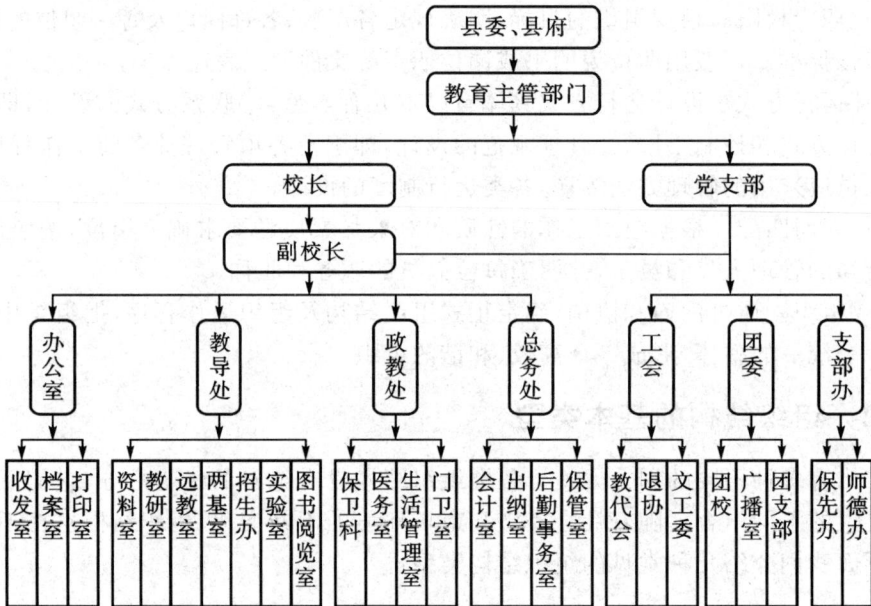

图 5-2 职能制组织结构图

职能制的优点是:能适应现代化工业企业生产技术比较复杂、管理工作比较精细的特点;能充分发挥职能机构的专业管理作用,减轻直线领导人员的工作负担。但缺点也很明显:它妨碍了必要的集中领导和统一指挥,形成了多头领导;不利于建立和健全各级行政负责人和职能科室的责任制,在中间管理层往往会出现有功大家抢、有过大家推的现象;另外,在上级行政领导和职能机构的指导和命令发生矛盾时,下级就无所适从,影响工作的正常进行,容易造成纪律松弛,生产管理秩序混乱。此外,职能制组织结构因分工过于专业,难以培养出全能型的高级经理人。

3. 直线—职能制

直线—职能制组织结构是在直线制和职能制的基础上,取长补短,吸取这两种形式的优点而建立起来的一种组织结构。这种组织结构形式是把企业管理机构和人员分为两类:一类是直线领导机构和人员,按统一原则对各级组织行使领导权;另一类是职能机构和人员,按专业化原则,从事组织的各项职能管理工作。直线领导机构和人员在自己的职责范围内有一定的决定权和对所属下级的指挥权,并对自己部门的工作负全部责任。而职能机构和人员,则是直线指挥人员的参谋,只能进行业务指导,没有指挥和命令的权力。

直线—职能制的优点是:既保证了企业管理体系的集中统一,又可以在各级行政负责人的领导下,充分发挥各专业管理机构的作用。其缺点是:职能部门之间的协作和配合性较差,职能部门的许多工作要直接向上层领导报告请示才能处理,这一方面加重了上层领导的工作负担,另一方面也造成办事效率低下。为了克服这些缺点,可以设立各种综合委员会,或建立各种会议制度,以协调各方面的工作,起到沟通作用,帮助高层领导出谋划策。直线—职能制组织结构图以爱华控股集团有限公司为例,如图 5-3 所示。

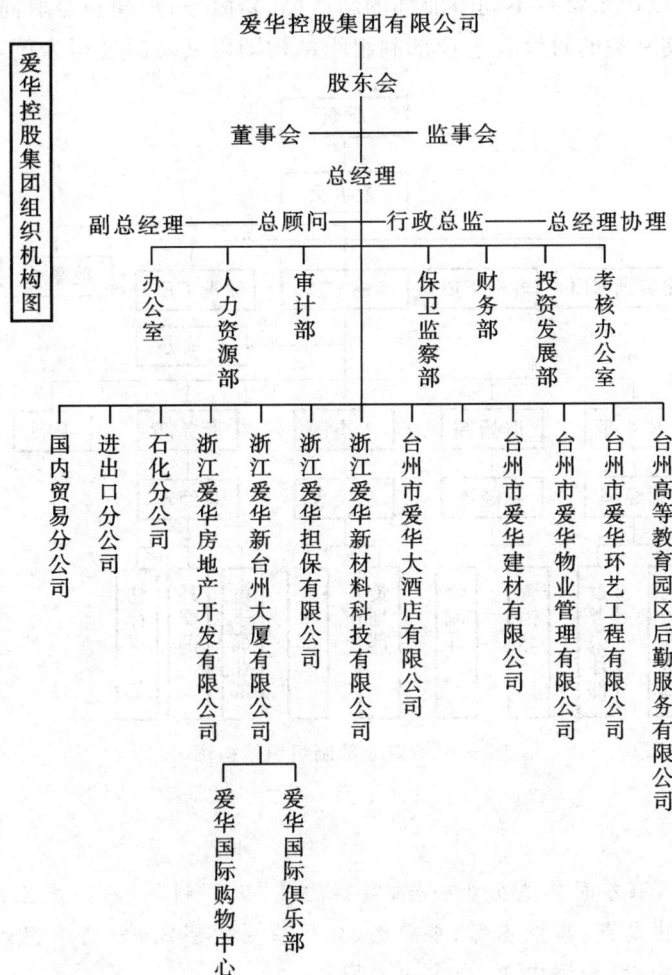

图 5-3　直线—职能制组织结构

4. 事业部制

事业部制组织结构是一种高度(层)集权下的分权管理体制,最早是由当时的美国通用汽车公司董事长兼总经理艾尔弗雷德·斯隆于 1924 年提出的,故有"斯隆模式"之称。事业部制尤其适用于规模庞大、品种繁多、技术复杂的大型企业,是国外较大的联合公司所普遍采用的一种组织形式,近几年我国一些大型企业集团或公司也引进了这种组织结构形式。事业部制的特点是分级管理、分级核算、自负盈亏。即一个公司按地区或按产品类别分成若干个事业部,从产品的设计、原料采购、成本核算、产品制造,一直到产品销售,均由事业部及所属工厂负责,实行单独核算,独立经营,公司总部只保留人事决策、预算控制和监督大权,并通过利润等指标对事业部进行控制。也有的事业部只负责指挥和组织生产,不负责采购和销售,实行生产和供销分立,但这种事业部正在被产品事业部所取代。还有的事业部则按区域来划分。

事业部制的优点是:由于实行分权,各部门的责任比较清楚,有利于缩短解决问题的时间;事业部组织可以按照不同产品、地区划分,具有较强的独特性。

事业部制的缺点是:各事业部重复拥有相同的经营职能,造成经营资源上的浪费;由于受组织之间的限制,难以产生跨越不同事业部的新产品、新服务;短期利益取向较强,不容易制定和实施有利于中长期利益的对策。事业部制组织结构图以某跨国公司为例,如图5-4所示。

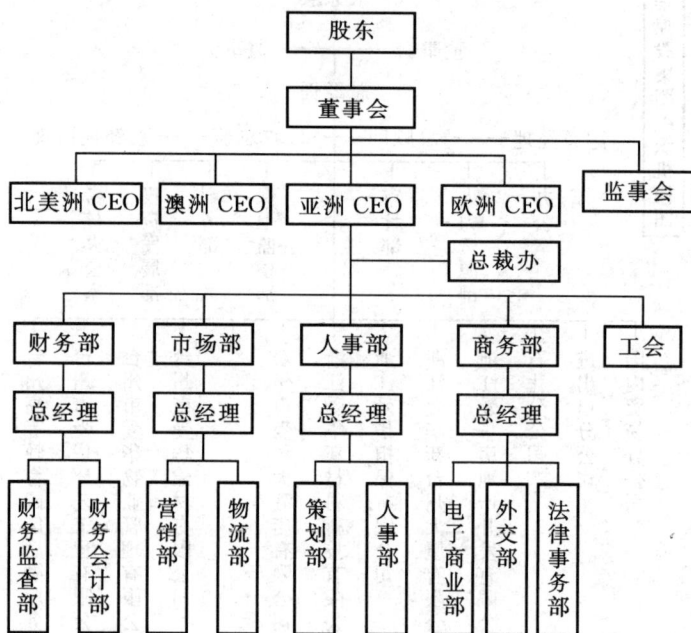

图5-4　事业部制组织结构图

相关案例

20世纪80年代,海尔同其他企业一样,实行的是"工厂制"。集团成立后,1996年开始实行"事业部制",集团由总部、事业本部、事业部、分厂四层次组成,分别承担战略决策和投资中心、专业化经营发展中心、利润中心、成本中心职能。

事业部——由集权向分权制转化的一种改革

事业部制是一种分权运作的形式,首创于20世纪20年代的美国通用电气公司和杜邦公司。它是在总公司领导下设立多个事业部,各事业部有各自独立的产品和市场,实行独立核算。事业部内部在经营管理上则拥有自主性和独立性。这种组织结构形式最突出的特点是"集中决策,分散经营",即总公司集中决策,事业部独立经营。这是在组织领导方式上由集权向分权制转化的一种改革。

　　海尔的事业部制,一般认为是学习或模仿日本的体制。实际上,它更多地学习参考了美国通用电气的管理体制。海尔在很多方面带有明显的通用电气痕迹。

　　美国通用电气的组织机构变迁经过了三个阶段:一是 20 世纪 60 年代的分权运作,促进了主业的增长和经营的多样化;二是 20 世纪 70 年代根据公司总财源的分配来安排下属单位的战略需求,让各下属公司建立战略事业单位,使全公司扩大了规模、增加了产品的种类并使利润持续不断地增长;三是到 20 世纪 80 年代进入战略经营管理时期,对前两个阶段的组织模式不断进行修正。

　　张瑞敏认为这种高度分权对市场销售具有有效刺激,但又发现这种个体户式的拼杀,会造成各事业部之间盲目竞争,竞相重复使用内外资源,于大局不利,有可能形成单位销售额上升而集团整体投资回报率不高的局面,不利于集团重点扶持未来有发展前途的产业。因此,海尔对分权的大小、多少有自己战略性的考虑。对"夕阳型"的产品尽可能分权划小经营单位,让其随行就市;而对"朝阳型"的产业,如未来的数字化家电,则要集中人力和财力,做大规模,确保竞争力。

　　果然,通用电气后来发现,公司的销售额大幅度增长了,但每股的红利并没有随之增长,与此同时,公司的投资回报率也下降了。

从超事业部到脱毛衣

　　1972 年起任通用电气董事长的雷金纳德·琼斯于 1978 年再次改组了公司的体制,实行"执行部制",也就是"超事业部制"。这种体制就是在各个事业部上再建立一些"超事业部",来统辖和协调各事业部的活动,也就是在事业部的上面又多了一级管理。在改组后的体制中,董事长琼斯和两名副董事长组成最高领导机构执行局,专管长期战略计划,负责和政府打交道,以及研究税制等问题。执行局下面设 5 个"执行部",每个执行部由一名副总裁负责。执行部下共设有 9 个总部(实为集团)、50 个事业部、49 个战略事业单位。各事业部的日常事务,以至有关市场、产品、技术、顾客等方面的战略决策,以前都必须向公司最高领导机构报告,而现在则分别向各执行部报告就行了。

　　张瑞敏说,海尔的事业本部有些像通用电气 1978 年实行的"超事业部制",管了不少事业部,事业部下又管了不少项目和经营单位。像通用电气的 5 个执行部归副总裁领导一样,海尔的几位副总裁也分别领导着几大事业本部,总裁只管横向的几大中心,如财务中心、规模发展中心、资产运营中心、人力资源中心和企业文化中心等。

　　韦尔奇接替琼斯后,对组织结构又作了大幅度的重新设计。他把组织的层级比做毛衣,当人外出穿了四件毛衣的时候,就很难感觉到外面的天气有多冷了。因此,韦尔奇撤销了事业部之上的管理机构,废除了战略事业单位,使自己能够和事业部的领导人直接互动。这个新秩序的主要效果,就是赋予独立自主的事业部主管以权力,特别是大幅度扩大他们在资本配置上的权力,而这是管理上最重要的功能之一。改革以前,通用电气的组织就像多层的蛋糕,改革后它像一个车轮,在中间有个轮轴,其外有轮辐向外延伸扩大。

有序的非平衡结构

　　在企业的运作方式上,海尔集团采取"联合舰队"的运行机制。集团总部作为"旗舰"以"计划经济"的方式协调下属企业。下属企业在集团内部是事业本部,对外则是独立法人,独立进入市场经营,发展"市场经济",但在企业文化、人事调配、项目投资、财务预决算、技术开发、质量认证及管理、市场网络及服务等方面须听从集团的统一协调。用海尔人人都熟悉的话说,各公司可以"各自为战",不能"各自为政"。张瑞敏说,集团所要求的,你必须执行,有问题我来负责、我来订正。你可以提出建议,但绝不许阳奉阴违。

从本质上说,海尔的组织结构经历了从直线职能式结构到矩阵结构再到市场链结构的三次大变迁。直线职能式结构就像一个金字塔,下面是最普通的员工,最上面是厂长、总经理。它的好处就是比较容易地控制到终端。直线职能在企业小的时候,"一竿子抓到底",反应非常快。但企业大了这样就不行了。最大的弱点就是对市场反应太慢。为了克服这一问题,海尔改用矩阵结构。横坐标是职能部门,包括计划、财务、供应、采购;纵坐标就是不同的项目。对职能部门来讲,横纵坐标相互的接点就是要抓的工作。这种组织形式的企业发展多元化的阶段可以比较迅速地动员所有的力量来推进新项目。

在论述海尔组织结构的变迁时,张瑞敏再次强调了"有序的非平衡结构":"整个组织结构的变化缘自我们组织创新的观点,就是企业要建立一个有序的非平衡结构。一个企业如果是有序的平衡结构,这个企业就是稳定的结构,是没有活力的。但如果一个企业是无序的非平衡,肯定就是混乱的。我们在建立一个新的平衡时就要打破原来的平衡,在非平衡时再建立一个平衡。就像人的衣服一样,人长大了服装就要改,如果不改肯定要束缚这个人的成长。"

(摘自《海尔中国造——跨国战略与领导之道》胡泳著 海南出版社)

5. 矩阵制

在组织结构上,把既有按职能划分的垂直领导系统,又有按产品(项目)划分的横向领导关系的结构,称为矩阵制组织结构。矩阵制组织结构是为了改进直线职能制横向联系差、缺乏弹性的缺点而形成的一种组织形式。它的特点表现在围绕某项专门任务成立跨职能部门的专门机构上,例如组成一个专门的产品(项目)小组去从事新产品开发工作,在研究、设计、试验、制造各个不同阶段,由有关部门派人参加,力图做到条块结合,以协调有关部门的活动,保证任务的完成。这种组织结构形式是固定的,人员却是变动的,需要谁,谁就来,任务完成后就可以离开。项目小组和负责人也是临时组织和委任的。任务完成后就解散,有关人员回原单位工作。因此,这种组织结构非常适用于横向协作和攻关项目。

矩阵结构的优点是:机动、灵活,可随项目的开发与结束进行组织或解散;根据项目组织的,任务清楚,目的明确,各方面有专长的人都是有备而来。因此在新的工作小组里,能沟通、融合,能把自己的工作同整体工作联系在一起,为攻克难关、解决问题而献计献策,由于从各方面抽调来的人员有信任感、荣誉感,使他们增加了责任感,激发了工作热情,促进了项目的实现。它还加强了不同部门之间的配合和信息交流,克服了直线职能结构中各部门互相脱节的现象。

矩阵结构的缺点是:项目负责人的责任大于权力,因为参加项目的人员都来自不同部门,隶属关系仍在原单位,只是为"会战"而来,所以项目负责人对他们管理困难,没有足够的激励手段与惩治手段,这种人员上的双重管理是矩阵结构的先天缺陷;由于项目组成人员来自各个职能部门,当任务完成以后,仍要回原单位,因而容易产生临时观念,对工作有一定影响。

矩阵结构适用于一些重大攻关项目。企业可用来完成涉及面广的、临时性的、复杂的重大工程项目或管理改革任务,特别适用于以开发与实验为主的单位,例如科学研究,尤其是应用性研究单位等。矩阵制组织结构以某公司为例,如图5-5所示。

6. 网络型组织

网络型组织结构是利用现代信息技术手段,适应与发展起来的一种新型的组织机构。网

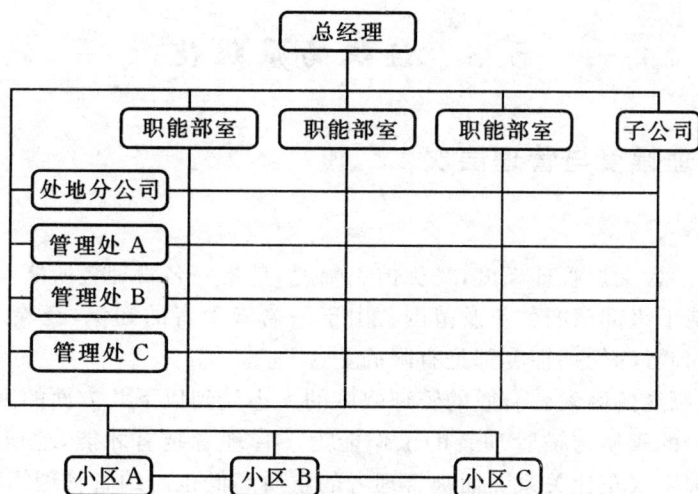

图 5-5　矩阵制组织结构

络结构是一种很小的中心组织,依靠其他组织以合同为基础进行制造、分销、营销或其他关键业务的经营活动的结构。在网络型组织结构中,组织的大部分职能从组织外"购买",这给管理者提供了高度的灵活性,并使组织集中精力做它们最擅长的事。

网络型组织结构的优点是:组织结构具有更大的灵活性和柔性,以项目为中心的合作可以更好地结合市场需求来整合各项资源,而且容易操作,网络中的各个价值链部分也随时可以根据市场需求的变动情况增加、调整或撤并;另外,这种组织结构简单、精炼,由于组织中的大多数活动都实现了外包,而这些活动更多地靠电子商务来协调处理,组织结构可以进一步扁平化,效率也更高了。

网络型组织结构的缺点是:可控性太差,这种组织的有效动作是通过与独立的供应商广泛而密切的合作来实现的,一旦组织所依存的外部资源出现问题,如质量问题、提价问题、及时交货问题等,组织将陷入非常被动的境地。另外,外部合作组织都是临时的,如果网络中的某一合作单位因故退出且不可替代,组织将面临解体的危险。网络型组织结构以某公司为例,如图5-6所示。

图 5-6　网络型组织结构

5.3　组织的层级化

5.3.1　管理幅度与管理层次

1. 管理幅度

（1）管理幅度的含义。管理幅度，又称控制幅度，是指一名管理者所能够直接领导、指挥和监督的下级人员或下级部门的数量及范围。由于一名管理者的知识、经验、时间、精力都是有限的，因此任何管理者的管理幅度都是有限的。

（2）影响管理幅度的因素。有效的管理幅度的大小受到以下几方面的因素的影响：

①管理者本身的素质与被管理者的工作能力。管理者越有才能，他所管理的跨度越宽。领导水平与管理幅度成正比关系。而被管理者的素质高低也制约着管理幅度。如果被管理者素质高、能力强，能独立胜任工作，管理者的管理幅度可适当加大，管理层次适当减少；反之，应当减少管理幅度，增加管理层次。

②管理者工作的内容和性质。如果所管理的工作有较大的稳定性、常规性，则管理幅度可适当加大，管理层次适当减少；如果管理的工作比较复杂，而且极不稳定，则应当缩小管理的幅度，适当增加管理的层次。

③工作环境与工作条件。组织环境稳定与否会影响组织活动内容和政策的调整频度与幅度。环境变化越快，变化程度越大，组织中遇到的新问题越多，下属向上级的请示就越有必要、越经常；相反，上级能用于指导下属工作的时间和精力却越少，因为他必需花更多的时间去关注环境的变化，考虑应变的措施。因此，环境越不稳定，各层主管人员的管理幅度越受到限制。

而助手的配备情况、信息手段、工作地点的相近性，也会影响管理的幅度。如果给主管准备了必要的助手，由助手去和下属进行一般的联络，并直接处理一些明显的次要问题，则可以大大减少主管的工作量，增加其管理幅度。现代化的信息技术显然有利于扩大主管的管理幅度，而下属在地理位置上越分散，主管直属部下的数量就会越少。

④授权程度。集权型组织的权力主要集中在上级机关，使上级机关的工作量增大，故管理幅度不能太大，其层次必然要增加；在分权型组织中，上级机关集中管理大事，具体事务较少，因此管理幅度可加宽，管理层次可减少。其次，组织内部如果能充分授权，领导者比较超脱，则管理幅度可增大，管理层次减少；反之则减少管理幅度，增加管理层次。

▲ 相关案例

诸葛亮与管理幅度

"出师未捷身先死，长使英雄泪满襟"。诸葛孔明一生事必躬亲，积劳成疾，卒于军中，终年54岁，虽然业绩彪炳，却始终未能为蜀国培养出一些像样的人才，最后落得"蜀中无大将，廖化做先锋"，国家大业后继无人的结局。

从现代的管理理论来看，诸葛亮的工作误区是：未能很好地握管理幅度。

遥想当年，孔明在隆中的草堂里指着远处的江山为迷茫中的刘备画了一幅图，告诉他这就是你的天下，刘备就此折服，甘拜孔明为公司的首席执行官。当时的西蜀还只是一个兵不强、马不壮的小公司，行业里也是诸侯割据纷争，局面乱七八糟，孔明立志"扫清天下浊"，攻城略地,针对市场发起了一次又一次战役,神机妙算,营销手段变幻无穷;经过一番市场吞并重整,一些小公司被扫荡出局,西蜀的市场快速拓展,胜赤壁、得荆州、取西川、定汉中,盛极一时。随着市场做大,下属以州、郡等为单位的公司越来越多。

　　一方面是公司越来越大,另一方面是孔明越来越操劳,军中"二十罚已上皆自省览",诸如任免一个县官这样的芝麻小事,孔明也要亲自处理。事无巨细、亲历亲为、日理万机、"夙兴夜寐"。司马懿评价说:"孔明食少事烦,其能久乎?"同时,孔明对公司人才培养体系重视不足,客观上为将来公司运营出现断层埋下了伏笔,诸如关羽大意失荆州,马谡刚愎丢街亭,不能不说是公司首席执行官的责任。

　　而与之相对比,曹魏采取的人才策略是:"三个臭皮匠,顶个诸葛亮",曹操广纳天下贤才,达到人才的整合效应,用分工与协作产生更多的"诸葛",就是说在公司形成高、中、基三个管理层次:战略决策层、战术执行层、运营层,让合适的人做合适的事。

　　"用兵不在兵之多寡,在于主将,在于谋臣,而谋臣之术,用兵之法,在于军中组织应该怎样布阵:每个将官能有效管理多少兵士(要设置适当的管理幅度),这样才能用兵得法、布兵有阵——而排兵布阵又受官的能力与兵的能力的影响,即"揣能"——古人之善用兵者,揣其能而料其胜负"。然孔明是没有机会实施了。

5.3.2　组织结构的运行

　　管理者的授权行为是促进组织达到分权状态的重要途径。所谓授权,是指上级管理者通过职责委派的方式将部分职权交给下属的行为。授权的本质含义是管理者不要去做别人能做的事,而只做那些必须由自己来做的事。

1. 授权

(1)授权的类型。

①根据授权时的媒介,可以将授权分为口头授权与书面授权。口头授权是上级领导利用口头语言对下属所做的工作交代,或者是上下级之间根据会议所产生的工作分配。这种授权形式一般适合于临时性与责任较轻的任务。书面授权是上级领导利用文字形式对下属工作的职责范围、目标任务、组织情况、等级规范、负责办法与处理规程等进行明确规定的授权形式。这种授权形式适合比较正式与长期的任务。

②根据授权的规范性程度,可将授权分为正式授权与非正式授权。正式授权是领导主体根据法律规定并按照法定程序所进行的授权活动,即下属行政人员根据其合法地位获得相应职权的过程。非正式授权是指无法律特别规定或组织体系之外的非程序性授权,带有随机性,因机遇与需要而定,往往是临时性的。

③根据工作内容的重要性程度、上下级的水平与能力等综合情况,可以将领导授权分为充分授权、不充分授权、制约授权和弹性授权等形式。充分授权也叫一般授权,是指上级行政主体在下达任务时,允许下属自己进行决策,并能进行创造性工作。充分授权又可分为三种情况:柔性授权,即上级领导者仅对工作安排给出一个大纲或轮廓,下属可随机应变,灵活而有创造性地处理工作;模糊授权,即授权者只讲明工作所要完成的任务和达成的目标,而不明确指出工作的具体事项与范围,让被授权者自己去选择完成任务的途径;惰性授权,即上级领导者将自己不愿意处理的纷乱繁琐的事务交给下属处理,其中也可能包括领导者本身也弄不清楚如何处理的事务。不充分授权,也称为特定授权或刚性授权,是指上级行政主体对于下属的工

作范围、内容、应达成的目标和完成工作的具体途径等都有详细规定,下级行政主体必须严格执行这些规定。制约授权,又叫复合授权,是指上级行政主体将某项任务的职权分解授给两个或多个子系统,使子系统之间产生互相制约的作用,以免出现疏漏。弹性授权,又称动态授权,是指在完成任务的不同阶段采用不同的授权形式。

知识链接

有效授权

通过有效授权,授权者将庞大的企业,或组织目标轻松地分解到不同人身上,同时将责任过渡给更多的人共同承担,让团队每一个职员更加有目标、更加负责任、更加投入、更有创造性地工作,产生"四两拨千斤"的巨大力量和"九牛爬坡,个个出力"的协作精神。

通过有效授权,企业减少了控制,摆脱了依从,领导者从权力的烦恼中走出来,被授权者增加了自主性,感受到了责任感,提高了工作的能动性,增强了自我管理能力,获得了更快的个人成长。有效授权为企业带来了较高的激励水平、高效率的团队和优异的业绩。

(2)授权的程序。一般情况下,授权的科学化程序表现为以下几个步骤:①确定授权的工作内容。②选择授权的对象。③职权的授予。④责任的建立。⑤建立监督制度。

(3)授权的原则。授权需遵循的原则主要有以下几条:

①适当原则。依据预期要取得的结果,规定任务和授权。或者说,为了能完成目标指定的任务,通过一定的程序授予适当的职权。

②责任原则。一个高明的组织者主要是从所要完成的任务着眼来考虑授权,在授权的同时要明确下属的责任。

③可控原则。因为任何管理人员不可能放弃其职责,所以授权时必须有办法确保权力得到恰当使用。

④信任原则。控制不等于干预,领导者对将要被授权的下属一定要有充分的了解和考查,一旦授权就要对下属给予充分信任。

⑤激励原则。授权后,领导者要定期对下属进行考核,对下属的用权情况给予客观的评价,对有效的授权和成功的受权给予奖励。

相关案例

何享健的生意经

在中国家电业内,前美的集团董事长何享健被看做是最潇洒的企业家。他甚至从不用手机,也没有手机。"很多事,他们不用请示我。我要找人,几分钟就能找到。每天我一下班就回家,一步都不再离开,晚上从来不干活。"何享健笑说。在业界,他对高尔夫的钟爱很是出名,除了周六、日要打球,周一至周五也总有一两天在绿茵场上度过。而同在顺德,同为家族企业的格兰仕,两位创始人老板据说现在每天工作还超过10个小时。

一位非常熟悉美的内部运作的同业人士指出,何享健的本事在于"能把职业经理人放得很远,又能收得很紧"。经理人在享受充分授权的同时,也接受着严峻的业绩考验。长久以来,何享健十分认可一些跨国企业的做法,经营单位两个季度未完成指标尚可原谅,第三个季度还没完成,经理人就要下课。在美的,每个人证明自己的时间很短,基层的业务员一般只有3~6个月,事业部总经理也是一年一聘。美的人习惯于接受这样一种文化,业绩指标达不到,即刻换人,如果达到了,上至经理人下到一个普通的销售员所获得的奖金激励也是行业内最为可观的,甚至有知情人士用"多得吓人"来形容。

让别人替自己操心正是何享健最让同行艳羡的地方。美的经理人对企业未来3～5年的危机感显而易见,他们中一些人的忧虑感甚至更强于企业真正的老板。"办企业靠的是人才,在行业里我认为我的经理人是最优秀的。在企业里,我什么都不想干,不想管。我也告诉我的部下,不要整天想自己怎么把所有的事情做好,而是要想如何把事情让别人去干,找谁干,怎样为别人创造一个环境,你要做的是掌控住这个体系。"何享健笑言。

2. 集权与分权

所谓集权,是指决策权在很大程度上向处于较高管理层次的职位集中;所谓分权,是指决策权在很大程度上分散到处于较低管理层次的职位上。集权与分权是相对的,较好的管理建立在集权与分权平衡的基础上。

集权对于组织来讲,至少有这样两方面的好处:一是可以确保组织总体政策的统一;二是可以保证政策执行的高效率。但过分集权也会给组织带来这样一些弊端,如降低决策的质量,降低组织的适应能力,降低组织成员的积极性和参与性等。

(1)三种合法权力。分析某个组织主要是集权还是分权的,需要解决的第一个问题是界定权力的含义。作为政治学、社会学、领导科学等多科研究的共同课题,"权力"通常被描述为组织中人与人之间的一种关系,是指处在某个管理岗位上的人对整个组织或所辖单位与人员的一种影响力,或简称管理者影响别人的能力;定义为影响力的权力主要包括三种类型:专长权、个人影响权与制度权(或称法定权)。

专长权是指管理者具备某种专门知识或技能而产生的影响能力;个人影响权是指因个人的品质、社会背景等因素而赢得别人的尊重与服务的能力;制度权指是与管理职务有关,由管理在组织中的地位所决定的影响力。与个人品质、社会背景、知识、技能有关的影响力显然不会成为集中或分散的对象,因此,我们这里关心的主要是制度权力。作为赋予管理系统中某一职位的权力,制度权的实质是决策的权力,即决定干什么的权力,决策如何干的权力,以及决定何时干的权力。制度权的这三个方面从本质上来说是不可分割的:只有决定干什么的权力,而不需决定行动的内容和方式,会影响决策者对目标实现的可行性研究,从而可能导致决策的盲目性;相反,如果只有决定如何干、何时去完成的权力而无权确定行动的方向,则会影响决策的积极性,降低决策的动力。

制度权力与组织中的管理职位有关,而与占据这个职位的人无关。生产经理一旦调任营销或财务主管,对原部门的的管理人员就不再具有命令或控制的权力。赋予某一职位的权力,也并不意味着在某个时期占据该职位的管理人员对本系统的任何较低层次的员工都能直接指挥和命令。生产经理负责整个企业的产品制造活动的统一组织指挥,但这并不意味着他可以不通过车间主任或工长而直接向某个工人分配任务。制度权力只赋予某个职位的管理人员向直接下属发布命令的权力。

(2)影响集权与分权的因素。集权与分权相结合是组织发展的基本条件,不存在绝对的集权与绝对的分权。组织应区别不同的环境,有针对性地采取集权与分权相结合的模式。确定一个组织中集权和分权的合理程度,需要考虑如下几方面的影响因素:

①组织规模。组织规模大,决策数目多,协调、沟通及控制不易,易于分权。相反,组织规

模小,决策数目少,分散程度低则易于集权。

②经营环境条件和业务活动性质。如果组织所面临的经营环境具有较高的不确定性,处于经常变动之中,组织需要保持较高的灵活性和创新性,这就要求实行较大程度的分权。反之,面临稳定的环境和按常规开展业务活动的组织,则可以实行较大程度的集权。

③决策的重要性。一般而言,涉及较高的费用和影响面较大的决策,易实行集权,重要程度较低的决策可实行较大的分权。

④组织内部政策的一致性要求。不同的组织对内部政策的一致性要求不同。有的组织采取不一致的内部政策,以求得更充分地调动基层的积极性,这种情况下,组织倾向于分权。有的组织采取一致的内部政策,以求得内部各基层单位的协调平衡和行动统一,这时组织应倾向于集权。

⑤组织的发展史。组织的发展史说明了组织的由来和组织中决策的习惯做法。一般而言,若组织是由小到大扩展而来,集权程度较高;若组织是由联合或合并而来,则分权程度较高。

⑥管理者的指导思想。管理者的个性与所持的哲理影响着权力的分散程度。如果高层管理者倾向于对人的不信任,则往往会采取集权的方式进行管理;反之,则会把权力下放。

⑦控制技术及手段。通讯技术、统计方法以及其他技术的改善都有利于趋向分权。

⑧主管人员的数量和素质。组织内主管人员(特别是中层管理者)的数量充足且综合素质较高,管理能力强,则可较多地分权;相反则趋于集权。

知识链接

集权与分权

如何把握集权与分权的黄金分割点?作为一对相对的概念,在管理中不存在绝对的集权和分权,关键在于管理者对集权和分权的权衡。在企业管理中,集权与分权的钟摆定律也在坚强地发挥着作用。

企业管理应采取权变策略,宜集权则集权,宜分权则分权。具体来说,管理者应综合下述因素相机行事,采取恰当的行动:

一是组织发展阶段。创业期的企业一般应选择集权模式。当企业发展到较大规模,造成决策者的精力和知识难以应对时,企业应进入分权阶段,即通过实行事业部制,总部掌握投资决策权、财务承诺权、融资权、人事权和工资制定权,其他权力则下放到各事业部,调动事业部的积极性,促进企业的跨越式大发展。组织在分权阶段获得又一次飞跃发展后,其规模变得更加巨大,组织结构异常复杂,产品更加多元,营业额巨大。此时组织就会像比特丽公司一样,总部感到无法控制其数量众多、规模庞大的下属机构,此时又需要迈入再集权阶段。如此循环往复,组织在螺旋式运动中发展壮大。在组织发展过程中,在集权到分权的循环转换中,要注意避免从一个极端走向另一个极端,导致各种矛盾和冲突的爆发。三九集团就是过分集权与过分授权的失败例子,在快速的多元化经营中,三九集团总裁赵新先失去对下属的控制力,进而出现人、财、物和经营上的不协调,形成一个个利益集团。最终,赵新先也从成功的企业家沦为阶下囚。

二是组织环境的确定性程度。组织结构、人员比率、市场环境、竞争对手、主要供应商、客户等,都是影响企业采取集权或分权组织结构的因素。一般而言,分权管理因为信息传递成本较低,并且能够很好地发挥下层的主动性和创造性,所以更适合不确定性较高的环境,如竞争激烈的买方市场环境。反之,环境不确定性较低的企业,其对市场适应力的要求不高,可以通过集权管理来增加管理的效率。

三是下属成熟度。所谓下属成熟度就是指个体完成某一具体任务的能力和意愿程度。在员工的职业生涯早期,员工的工作能力和工作意愿较低,领导者应该尽可能给予员工指导和帮助,即采用指导型的领导方式。随着员工职业能力的成长,任务与关怀的领导方式则更适合于员工的发展,应采用推销型领导方式。当员工步入职业生涯鼎盛时期,领导者的主要角色是提供便利和沟通,应采用参与型领导方式。在员工职业生涯晚期,各方面都能自律自主,领导者应该给予员工一定的决策权力,那时,应采用授权型的领导方式。

四是工作性质。如果一项工作的技术化程度、专业化程度较高,超出了领导者个人素质所能承受的限度,那么领导者就应该采取分权模式。而那些经常处于"危机"和"紧急状态"的组织一般应该集权管理,如军队、警察等部门。当一项工作的组织利益相关性远远大于个人利益相关性时,采取分权的领导方式往往会加剧决策的混乱。反之,当一项工作的个人利益相关性远远大于组织利益相关性时,领导者在决策时让下属分享并使用权力是极为必要的。

(3)集权与分权的标志。衡量一个组织的集权或分权的程度,主要有下列几项标准:

①决策的数量。组织中较低管理层次作出的决策数目越多,则分权的程度就越高;反之,上层决策数目越多,则集权程度越高。

②决策的范围。组织中较低层次决策的范围越广,涉及的职能越多,则分权程度越高。反之,上层决策的范围越广,涉及的职能越多,则集权程度越高。

③决策的重要性。如果组织中较低层次作出的决策越重要,影响面越广,则分权的程度越高;相反,如果下级作出的决策越次要,影响面越小,则集权程度越高。

④对决策控制的程度。组织中较低层次作出的决策,上级要求审核的程度越低,分权程度越高;如果上级对下级的决策根本不要求审核,则分权的程度最大;如果作出决策之后必须立即向上级报告,分权的程度就小一些;如果必须请示上级之后才能作出决策,分权的程度就更小;下级在作出决策时需要请示或照会的人越少,其分权程度就越大。

5.3.3　组织变革

组织在完成了结构设计之后,必须根据内外部环境的变换适时进行变革才能应对未来的挑战。

1. 组织变革的动因

组织变革的原因可以分为外部环境和内部环境两个因素。

(1)外部环境因素。外部环境因素主要有:

①宏观经济环境,诸如国民经济增长速度的变化、产业结构的调整、政府经济政策的调整、科学技术的发展引起产品和工艺的变革等。

②科技进步,即科技的发展,新产品、新工艺、新技术、新市场、新观念对企业的固有机构造成的冲击。

③资源变化,即组织发展依赖的环境资源,如原料、资金、能源、人力资源等方面的变化。

(2)内部环境因素。内部环境因素主要有:

①技术条件的变化,如企业实行技术改造,引进新的设备要求技术服务部门加强提高新技能以及技术、生产、营销等部门的调整。

②人员条件的变化,如人员结构和人员素质的提高等。

③管理条件的变化,如实行计算机辅助管理,实行优化组合等。

2. 组织变革的过程

组织变革的过程包括解冻、变革、再冻结三个阶段。

(1)解冻阶段。这是变革前的准备阶段。焦点在于建立变革的动机,鼓励员工改变原有的行为模式和工作态度,采取新的适应组织战略发展的行为与态度。为了做到这一点,一方面,需要对旧的行为与态度加以否定;另一方面,要使员工认识到变革的紧迫性。可以采用比较评估的办法,把本单位的总体情况、经营指标和业绩水平与其他优秀单位或竞争对手加以一一比较,找出差距和解冻的依据,帮助员工"解冻"现有态度和行为,迫切要求变革,愿意接受新的工作模式。此外,应注意创造一种开放的氛围和心理上的安全感,减少变革的心理障碍,提高变革成功的信心。

(2)变革阶段。这是组织变革中的行为转换阶段。需要给员工提供新信息、新行为模式和新的视角,指明变革方向,实施变革,进而形成新的行为和态度。这一步骤中,应该注意为新的工作态度和行为树立榜样,采用角色模范、导师指导、专家演讲、群体培训等多种途径减少员工的抵触情绪,调动员工的积极性。

(3)再冻结阶段。这是组织变革后的行为强化阶段。需要使用必要的强化手段使新的态度与行为固定下来,使组织变革处于稳定状态。为了确保组织变革的稳定性,需要注意使员工有机会尝试和检验新的态度与行为,并及时给予正面的强化;同时,加强群体变革行为的稳定性,促使形成稳定持久的群体行为规范。

3. 组织变革的阻力及其管理

实行任何一种变革,都会遇到一些内部的和外部的阻力。人们之所以抵制变革,不外乎是认为变革威胁了他们的安全,减少了经济收益,影响他们对所处环境的感觉、情绪与文化的价值。概括起来有以下几个方面:

(1)个人层面。个人层面的阻力主要是来源于员工的个性心理和经济利益的驱使,变革阻力的力度较小,但却是构成组织变革阻力的基本单元。

变革的阻力有很大一部分是来自人类本性中的惰性,人们总是习惯于处于"惯例"或"已有的方式"之中,总有安于现状的思想,对变革有一种天然的抵制情绪。因为人们已习惯于原有的管理制度、工作方式、行为规范,任何变革都将会使他们感到不习惯、不舒服、不自然,都将会威胁到原有的安全与内心的平衡,因而有恐慌感。他们宁愿抱残守缺也不愿意尝试变革。除此之外,由于变革会打破现状,破坏已有的均衡,必然会损害一部分人的既得利益,这类人常常是组织变革的最大抵触者,他们常常散布谣言,制造混乱,甚至采取强硬措施抵制变革。

(2)组织层面。在组织层面上产生变革阻力的因素有很多,它既包括了组织结构、规章制度等显性阻力,还包括了组织文化、氛围、员工的工作习惯等隐性阻力。由于组织变革会对组织内部各部门、各个群体的利益进行重新分配,那些原本在组织中权利较大、地位较高的部门和群体必然会将变革视为一种威胁,他们为了保护自身利益常常会抵制变革。另外,企业的业务流程再造必然会重组企业的组织结构,对某些部门、某些层次予以合并、撤减,以及重新进行权责界定,一些处于不利地位的部门和层次就会反对变革。相对组织内的显性阻力而言,组织内的隐性阻力就更加隐蔽,而且一时间难以克服。

4. 组织冲突及其管理

(1)组织冲突。组织冲突是指组织内部成员之间、成员个人与组织之间、组织中不同团体之间,由于在工作方式、利益、性格、文化价值观等方面的不一致而造成的彼此抵触、争执或攻击的行为。

在组织情境中,下列因素可能是冲突的起因或来源。

①目标不相容。当组织中不同个人或部门的目标互不兼容、相互干扰时,就会引起冲突。目标对各自来说越是重要(特别是能带来经济奖赏时),引起的冲突就会越大。

②差异化。当组织中的个体由于各自独特的背景和经历而持有不同的信念和态度时,差异化就产生了。差异化是冲突的重要来源。不同的教育背景、价值观念以及文化差异等都是导致冲突的重要因素。

③任务的依赖性。所谓任务的依赖性,是指为实现目标团队成员需共享资源、发生互动的程度。在一些情况下,成员的最终所得还会取决于他们共同努力的绩效。通常,任务依赖性越强,发生冲突的几率就越高。根据任务依赖性由低到高的不同,可以将不同团队之间的关系区分为三种类型:

A. 共用型,指各工作团队需共用某些公共资源,但其他操作均可独立进行。

B. 顺序型,指某一工作团队的输出会直接成为另一工作团队的输入。

C. 交互型,指工作团队之间需要不断进行协作和交流。

④资源匮乏。当资源匮乏,不足以满足所有工作部门的需要时,容易引发冲突。资源匮乏会使人们通过和那些也需要这些资源的人竞争来获得资源。

⑤模糊性。模糊性是指工作进程中的不确定性,它会渲染团队之间相互竞争的气氛,增加目标相互干扰的可能性。若组织中有双方一致允诺和赞同的规则,则可以有效地控制由模糊性造成的潜在冲突。

⑥沟通不当。人们缺乏有效沟通的机会、能力或动机,是导致冲突的重要原因。

A. 若双方缺少沟通机会,则各自容易根据已有的心理定势来解释和预期对方的行为,而心理定势是一种先入之见,带有主观性,并伴有一定的情绪色彩,因此容易造成误解,引起冲突。此外,缺乏直接接触和交流机会还会导致双方难以形成心理上的认同和移情。

B. 缺乏沟通的技巧和能力也是引发冲突的重要因素。当一方以过激的方式表达不同意见时,对方很可能会同样报以不合作态度。如此一来,冤冤相报,恶性循环,会导致冲突升级。

C. 交流上的不顺畅会削弱双方做进一步沟通的动机。社会情绪性冲突所带来的强烈的负面情绪使人们回避沟通,而更少的交流则会进一步强化已有的心理定势、加剧冲突。

(2)组织冲突的类型。在组织活动中,冲突的发生是不可避免的,按照冲突的性质、发展的阶段、组织层次和主客体的内容不同可以对其做以下划分:

①按其性质不同,组织冲突可以划分为破坏性冲突和建设性冲突。

破坏性冲突是指组织中具有损害性的或阻止目标实现的冲突。破坏性冲突往往是由于双方的目标不一致造成的,具有如下表现形式:a. 平时互相交流信息少,或者交流的信息是扭曲变形的。b. 听不进或不愿听进对方的观点和意见。c. 由对某一问题的看法不同发生争论,进而转为人身攻击。破坏性冲突往往会带来一些消极的后果,例如:使人产生精神压力,影响工作和身体健康;浪费时间和精力,造成组织领导的决策失误,使组织的整体目标偏离方向。

建设性冲突是指双方目标一致,但由于方法或认识上有所不同而产生的冲突。具有如下表现形式:a.双方都明白有着共同的目标并表示关心。b.彼此间愿意了解和听取对方的意见和观点。c.围绕着争论问题的中心积极交流信息。

②按其所处阶段不同,组织冲突可以划分为潜在冲突和正面冲突。

潜在冲突是指冲突的萌生阶段,主要表现为发生互动关系的主体之间已经积累了一定的能够引发冲突的前提条件,但还不足以导致冲突的发生,如果主体对这种潜在的不一致处理不当,就可能使潜在冲突明显化,造成正面冲突。

正面冲突就是潜在冲突的明显化和公开化,冲突的双方直接交锋。

③按其主体差异和客体内容不同,组织冲突划分为目标型冲突、情感型冲突、强势型冲突、背景差异型冲突和实质型冲突。

目标型冲突是指冲突双方或多方因所希望达到的结果和目标互不相容、不可调和时所发生的冲突。

情感型冲突是指冲突双方或多方因在情感或情绪上无法达到相一致、不可调和时所发生的冲突。

强势型冲突是指冲突双方中的一方凭借着自己的绝对优势对另一方进行强行压制而发生的冲突。

背景差异型冲突是指冲突双方或多方由于个性、立场、价值观、教育程度等方面的差异而导致的冲突。

实质型冲突是指冲突的双方或多方由于规章制度、职责任务、方法、程序、工作的分配等问题而引发的冲突。

(3)组织冲突的管理。

①组织冲突产生的原因。

A.组织成员间缺乏良好的沟通。缺乏沟通,不仅个体心理需要无法得到满足,而且员工之间也缺乏建立在相互信任基础之上的良好的人际关系。大量的证据表明,沟通中的语义理解困难、信息交流不充分和沟通方式单一化等共同构成了沟通障碍,这些问题会导致了合作的延迟或误解的产生,增加了冲突的潜在可能性。

B.组织结构不合理。所谓"结构因素",包含了这样一些变量:组织规模;分配给群体成员任务的专门化程度;管辖范围的清晰度;员工与目标之间的匹配性;领导风格;奖励系统;群体问相互信赖的程度。如果组织的结构因素不合理,所设机构的责、权、利分配不当,就容易形成推诿扯皮或者多头领导,上下级部门之间就容易产生冲突。规模较大的组织,常常会因为分工不当而引发冲突。此外,人们发现任职时间和冲突成员相关,若群体成员年轻化,并且群体离职率较高,出现冲突可能性就会大火增加。

C.个性差异的客观存在。个性差异是指主体之间在稳定特征上的不同。冲突存在的基础是相互依赖关系的存在。在互为依赖的相互关系中,主体个性差异较小则在许多方面容易达成共识,个性差异显著的主体之间就不易接受对方(包括其行为)。组织内部员工个人间的个性差异越大,尤其是影响依赖关系存在的个性差异越大,共性就会越少;主体间合作的可能性就越小,存在的分歧、矛盾就越普遍,工作和交往中的阻碍、争执和冲突也就越频繁。

D.资源的稀缺性。资源总是有限的,任何部门都希望在资源获取方面处于优势地位。然而,由于资源具有稀缺性,任何一个组织的资源都是有限的。组织内各单位或个人由于共同对这些资源的依赖而产生互依关系,在这种情况下,冲突就不可避免,并且随着依靠共同资源程度的增加,冲突也会相应增加。

②组织冲突管理的基本策略。

A.努力发展组织冲突的建设性功能。

a.建立竞争性的组织文化。通过增加工资、奖金,对个人和集体进行奖励,这样可以增进竞争,逐渐形成竞争性文化。而适当的竞争则可以导致积极意义的冲突,并且竞争性的组织文化可以使组织成员形成正确的组织冲突观念,对争论和异议保持欢迎的态度,让员工敢于发表意见,使上下左右的信息畅通无阻。

b.重新构建组织。组织可以通过主动调整组织结构(如增加或削减部门),改变组织规章制度,提高组织成员的相互依赖性等结构变革来打破现状。

c.引进外人。即在组织中补充一些在背景、价值观和管理风格等方面与当前成员不同的人,改变组织人力资源状况。由具有不同知识技能和观点的人构成的群体,往往有更高的工作效率和质量。

d.利用非正式沟通渠道。利用非正式渠道传播模棱两可或具有威胁性的信息,可以激起员工的焦虑感,提高冲突水平。

e.制造沟通障碍。充分利用信息的不对称和个体感知的不同,找准切入点,以鼓动的言辞或其他方式造成沟通障碍,制造误解。美国白宫从 20 世纪 30 年代以来,一直运用这种手段激发冲突。高级官员把可能的决策通过某种渠道透露给媒体。比如,把高级法院可能任命的大法官的名字"泄露出去"。如果该候选人能够经得起公众的挑剔考察,则将任命他为法院院长。但是,如果发现该候选人缺乏新闻、媒体及公众的关注,总统的新闻秘书或其他高级官员不久将发表"辟谣"的正式讲话。

B.积极消除组织冲突的破坏性功能。

a.将组织结构扁平化。即削减中间组织层次,缩短上下层的距离。这样做既可以提高信息传递的速度,又可以提高领导决策的效率,还可以促进上下级之间的沟通。跨职能的工作团队是组织结构扁平化与流程化的基础与实现途径。高度一致的团队目标与团队内信息流动的开放性,可以极大地避免组织内部的破坏性冲突,特别是对于那些需要多个职能部门相互配合的业务流程,跨职能工作团队更具优势。

b.设立共同目标。为实现组织共同目标,组织成员必须相互依赖、彼此合作,缓解互相之间的对立情绪,从而使组织各种不同的活动融合起来。在实现共同目标的过程中,员工也从中实现了个人目标。这种个人目标与共同目标的相互交错,在一定时期内可以使组织的破坏性功能淡化或消除,促进组织各项工作的顺利进行。

c.加强组织的内外沟通和对话。组织领导要在减少沟通层级的基础上增加沟通渠道,使组织的信息可以快速有效地传达。同时,也可以建立对话的平台,例如定期的会议、座谈、交流等,为员工的沟通创造机会。

d.加强组织成员的团队建设。通过员工团队建设可以提高员工的权威性、专业性和创造性,全面提高组织团队的工作能力,并且有利于管理者协调员工的工作,避免由于任务分配而产生的冲突。

e.职权控制。高层的管理人员可以运用职权范围内的正式权威,发出指令或命令来解决底层的冲突,并向冲突各方指出高层的期望。

f.适当让步,达成妥协。冲突双方各自放弃一些有价值的东西,以互相让步的方式达成妥协解决冲突。在使用妥协方式时应注意适时运用,不要过早采用这一方式,如果过早会出现无法触及到问题的核心,不能真正地解决问题。

❓本章思考题

1.为什么说企业的外部环境对所有管理人员都如此重要? 管理人员能否免受外部环境的影响?

2.外部的社会、政治和法律环境对企业有些什么影响? 管理人员对这些影响如何作出反应?

3.列举并论述若干伦理准则的好处及其局限性。

4.如何通过管理伦理学的应用构建企业文化和形成企业的核心竞争力?

5.对企业而言,有哪些应承担的社会责任?

6.假如你是一家大公司的高层管理人员,你将如何把伦理准则在本组织中实现"制度化"。

案例分析

鸿远公司的组织结构

从开了一整天的公司高层例会上回来,鸿远实业有限公司的总经理赵弘就一直陷入一种难以名状的焦虑中。赵总试图整理一下思绪,独自坐到沙发上静思起来……

鸿远公司六年来从艰难创业到成功的经历可以说历历在目。公司由初创时的几个人,发展到今天的1300余人,资产也由当初的1500万元,发展到今天的5.8亿元,经营业务从单一的房地产开发拓展到以房地产为主,集娱乐、餐饮、咨询、汽车维修、百货零售等业务于一体的多元化实业公司。鸿远公司已经成为在全市乃至全省较有实力和知名度较高的企业。公司是由中美合资建立的企业,主营高档房地产,在本地市场先入为主,很快打开局面。随后,其他业务就像变魔术似的,一个变两个、两个变八个地拓展起来。近年来公司上下士气高涨,从高层到中层都在筹划着业务的进一步发展问题。房产建筑都要求开展铝业装修,娱乐部想要租车间搞服装设计,物业管理部门甚至提出经营园林花卉的设想。有人提出公司应介入制造业,成立自己的机电制造中心。作为公司创业来一直担任总经理的赵弘,在成功的喜悦与憧憬中,更多着一层隐忧。在今天的高层例会上,他在首先发言中也是这么讲的:"鸿远公司成立已六年了,在过去的几年里,公司可以说经过了努力奋斗与拼搏,取得了很大的发展。公司现在面临着许多新的问题,其中最重要的是企业规模过大,组织管理中遇到许多新问题,管理信息沟通不及时,各部门的协调不力,我们应该怎样进行组织设计来改变这种情况。"在会上各位高层领导都谈了各自的想法。

主管公司经营与发展的刘副总经理,前年加盟公司,管理科班出身,对管理业务颇有见地,在会上,他谈到:"公司过去的成绩只能说明过去,面对新的局面必须有新的思路。公司成长到今天,人员在不断膨胀,组织层级过多,部门数量增加,这就在组织管理上出现了阻隔。例如,总公司下设五个分公司:综合娱乐中心,下有嬉水、餐饮、健身、保龄球、滑冰等项目;房屋开发公司;装修公司;汽车维修公司;物业公司。各部都各自成体系。公司管理层级过多,总公司有三级,各分公司又各有三级以上管理层,最为突出的是娱乐中心的高、中低管理层竟多达七级,且专业管理部门存在着重复设置。总公司有人力资源开发部,而下属公司也相应设置人力资源开发部,职能重叠,管理混乱。管理效率和人员效率低下,这从根本上导致了管理成本的加大,组织效率下降,这是任何一个大公司发展的大忌。从组织管理理论角度看,一个企业发展到 1000 人左右,就应以管理机制代替人治,企业由自然生成转向制度生成,鸿远公司可以说正是处于这一管理制度变革的关口。过去创业的几个人、十几人,到上百人,靠的是个人的号召力,但发展到今天,更为重要的是依靠健全的组织结构和科学的管理制度。因此,未来公司发展的关键在于进行组织改革。我认为今天鸿远公司的管理已具有复杂性和业务多角化的特点,现有的直线职能制组织形式也已不适应我公司的发展了。事业部制应是鸿远公司未来组织设计的必然选择。事业部组织形式适合于我们鸿远公司这种业务种类多、市场分布广、跨行业的经营管理特点。整个公司按事业部制运营,有利于把专业化和集约化结合起来。当然,搞事业部制不能只注意分权,而削弱公司的高层管理。另外搞组织形式变革可以是突变式,一步到位;也可以是分阶段的发展式,以免给成员造成过大的心理震荡。"

公司创立三元老之一,始终主管财务的大管家——陈副总经理,考虑良久,非常有把握地说道:"公司之所以有今天,靠的就是最早创业的几个人,不怕苦、不怕累、不怕丢了饭碗,有的是一股闯劲、拼劲。一句话,公司的这种敬业、拼搏精神是公司的立足之本。目前我们公司的发展出现了一点问题,遇到了一些困难,这应该是正常的,也是难免的。如何走出困境,关键是要加强内部管理,特别是财务管理。现在公司的财务管理比较混乱,各个分部独立核算后,都有自己的账户,总公司可控制的资金越来越少。由于资金分散管理,容易出问题,若真出了大问题怕谁也负不了责。现在我们上新项目,或维持正常经营的经费都很紧张,如若想再进一步发展,首先应做到的就是要在财务管理上集权,该收的权力总公司一定要收上来,这样才有利于公司通盘考虑,共图发展。"

高层会议的消息在公司的管理人员中间引起了震荡,有些人甚至在考虑自己的去留问题。

思考题

1. 根据文中的描述,请画出公司现在的组织结构图。

2. 你认为事业部组织形式是否适合于鸿远公司?

3. 根据组织设计的基本理论,你认为鸿远公司的组织机构是否应该改革? 怎样改?

第6章
领导

1. 深刻理解领导的含义
2. 了解三种领导方式的优劣区别
3. 掌握领导行为连续统一体理论、管理方格论和领导情境论的主要观点
4. 理解领导者应具备的素质
5. 了解领导的艺术

案例导入

　　谢丁是设在北京中关村电子一条街的一家电脑公司中分管人事工作的副总经理。公司董事会日前作出了"第二次创业"的战略决策,并据此将公司经营业务的重点从组装"杂牌"电脑转到创立自己品牌的方向上来,谢丁必须在这周内作出一项人事决定,挑选一个人担任公司新设业务部门的领导。他有三个候选人,他们都在公司里工作了一段时间,其中一位是李非,这小伙子年纪不大,对领导和手下人挺有一套办法,所以谢丁平时就比较注意他。

　　另一个原因是,李非的领导风格很像谢丁自己。谢丁是曾在部队从事过通信系统维护工作的退役军人,多年军队生活的训练使他养成了目前这种因为习惯了而很难改变的领导方式,但谢丁自己心里也明白,公司新设立的业务部门更需要能激发创造性的人。李非是外埠某大专院校电子计算机专业的专科毕业生。四年前独自到北京"闯世界",经过面试来到公司工作。他的性格与言行让人感到,他是一个固执己见的、说一不二的、敢作敢为的人。

　　秦雯则是另一种性格的人,她通过自学获得了文科学士文凭,她为人友善,喜欢听取下属的意见,并通过前一段时间参加工商管理培训班的学习以及自己边实践边总结、提高,形成了一种独特的领导风格。对于第三个候选人彭英,谢丁没有给予多少考虑,因为彭英似乎总是让他的下属作出所有决策,自己从没有勇气说出自己的主张。

　　讨论题

　　假如你是在谢丁身边工作多年的一位参谋人员,谢丁想让你从纯理性角度对该项人事决策作出分析,请问你该建议谢丁选择谁担任新设业务部门的领导人? 为什么?

6.1　领导的含义与特征

6.1.1　领导的含义

　　"领导"一词在汉语的词性中有两种含义,一种是名词,一种是动词。名词的领导是指领导

者；动词的领导则是指领导活动，而领导活动是指领导者在一定的环境下，为实现既定目标，对被领导者进行统御和指引的行为过程。两者相结合，所谓领导，就是名词的领导进行动词的领导，换句话说，就是领导者进行领导活动，率领着一群人去达到目标。

6.1.2　领导的特征

（1）领导是一种活动过程，这种活动不是领导者个人的孤立行为，而是包含着领导者、被领导者、作用对象和客观环境等多种因素。

（2）领导的基本职责，是为一定的社会组织或团体确立目标、制定战略、进行决策、编制规划和组织实施等。

（3）领导的主要职能，是率领、引导、组织、指挥、协调、控制其下属人员为实现预定目标而共同奋斗。

（4）领导的本质，是妥善处理好各种人际关系，形成以主要领导者为核心的，团结一致为实现预定目标而共同奋斗的一股合力。

（5）领导的工作绩效，不是只由领导者个人，而是由被领导者的群体活动的成效如何而表现出来的。

6.2　领导理论与领导方式

6.2.1　领导理论

1. 领导行为连续统一体理论

按照领导者运用职权和下属拥有自主权的程度把领导模式看做一个连续变化的分布带，以高度专权、严密控制为其左端，以高度放手、间接控制为其右端，从高度专权的左端到高度放手的右端，划分七种具有代表性的典型领导模式，如图 6 - 1 所示。

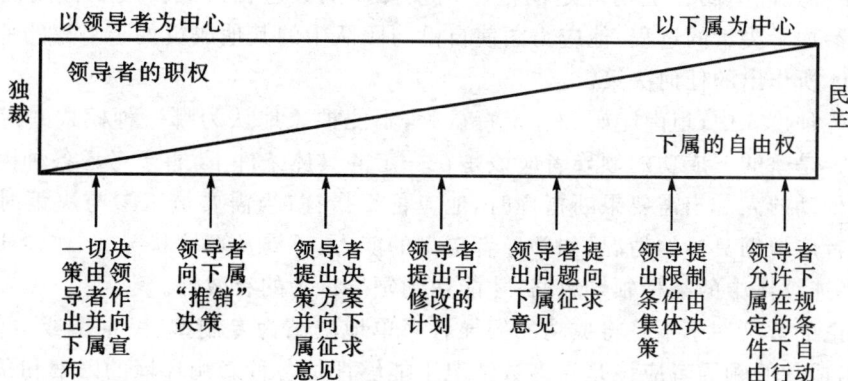

图 6 - 1　七种具有代表性的典型领导模式

领导风格与领导者运用权威的程度和下属在作决策时享有的自由度有关。在连续体的最左端，表示的领导行为是专制的领导；在连续体的最右端表示的是将决策权授予下属的民主型的领导。在管理工作中，领导者使用的权威和下属拥有的自由度之间是一方扩大另一方缩小的关系。一个专制的领导掌握完全的权威,自己决定一切,他不会授权下属;而一位民主的领导在作出决策过程中,会给予下属很大的权力,民主与独裁仅是两个极端的情况,这两者中间还存在着许多种领导行为。

在高度专制和高度民主的领导风格之间,坦南鲍姆和施米特划分出七种主要的领导模式:

(1)领导者作出决策并宣布实施。在这种模式中,领导者确定一个问题,并考虑各种可供选择的方案,从中选择一种,然后向下属宣布执行,不给下属直接参与决策的机会。

(2)领导者说服下属执行决策。在这种模式中,同前一种模式一样,领导者承担确认问题和作出决策的责任。但他不是简单地宣布实施这个决策,而是认识到下属中可能会存在反对意见,于是试图通过阐明这个决策可能给下属带来的利益来说服下属接受这个决策,消除下属的反对。

(3)领导者提出计划并征求下属的意见。在这种模式中,领导者提出了一个决策,并希望下属接受这个决策,他向下属提出一个有关自己的计划的详细说明,并允许下属提出问题。这样,下属就能更好地理解领导者的计划和意图,领导者和下属能够共同讨论决策的意义和作用。

(4)领导者提出可修改的计划。在这种模式中,下属可以对决策发挥某些影响作用,但确认和分析问题的主动权仍在领导者手中。领导者先对问题进行思考,提出一个暂时的可修改的计划,并把这个暂定的计划交给有关人员征求意见。

(5)领导者提出问题,征求意见作决策。在以上几种模式中,领导者在征求下属意见之前就提出了自己的解决方案,而在这个模式中,下属有机会在决策作出以前就提出自己的建议。领导者的主动作用体现在确定问题,下属的作用在于提出各种解决的方案,最后,领导者从他自己和下属所提出的解决方案中选择一种他认为最好的解决方案。

(6)领导者界定问题范围,下属集体作出决策。在这种模式中,领导者已经将决策权交给了下属的群体。领导者的工作是弄清所要解决的问题,并对下属提出作决策的条件和要求,下属按照领导者界定的问题范围进行决策。

(7)领导者允许下属在上司规定的范围内发挥作用。这种模式体现了极度的团体自由。如果领导者参加了决策的过程,他应力图使自己与团队中的其他成员处于平等的地位,并事先声明遵守团体所作出的任何决策。

在上述各种模式中,坦南鲍姆和施米特认为,不能抽象地认为哪一种模式一定是好的,哪一种模式一定是差的。成功的领导者应该是在一定的具体条件下,善于考虑各种因素的影响,采取最恰当行动的人。当需要果断指挥时,他应善于指挥;当需要员工参与决策时,他能适当放权。领导者应根据具体的情况,如领导者自身的能力、下属及环境状况、工作性质、工作时间等,适当选择连续体中的某种领导风格,才能达到领导行为的有效性。

这一理论的贡献在于不是将成功的领导者简单地归结为专制型、民主型或放任型的领导者,而是指出成功的领导者应该是在多数情况下能够评估各种影响环境的因素和条件,并根据这些条件和因素来确定自己的领导方式和采取相应的行动。但这一理论也存在一定的不足,这就是他们将影响领导方式的因素即领导者、下属和环境看成是既定的和不变的,而实际上这些因素是相互影响、相互作用的,他们对影响因素的动力特征没有进行足够的重视,同时在考虑环境因素时主要考虑的是组织内部的环境,而对组织外部的环境以及组织与社会环境的关系缺乏重视。

2. 管理方格论

管理方格理论是由美国得克萨斯大学的行为科学家罗伯特·布莱克和简·莫顿在 1964 年出版的《管理方格》一书中提出的。这种理论倡导用方格图表示和研究领导方式。他们认为,在企业管理的领导工作中往往出现一些极端的方式,或者以生产为中心,或者以人为中心,或者以 X 理论为依据而强调靠监督,或者以 Y 理论为依据而强调相信人。为避免趋于极端,克服以往各种领导方式理论中的"非此即彼"的绝对化观点,他们指出:在对生产关心的领导方式和对人关心的领导方式之间,可以有使二者在不同程度上互相结合的多种领导方式。为此,他们就企业中的领导方式问题提出了管理方格法,使用自己设计的一张纵轴和横轴各 9 等分的方格图(见图 6-2),纵轴和横轴分别表示企业领导者对人和对生产的关心程度。第 1 格表示关心程度最小,第 9 格表示关心程度最大。全图总共 81 个小方格,分别表示"对生产的关心"和"对人的关心"这两个基本因素以不同比例结合的领导方式。

管理方格图

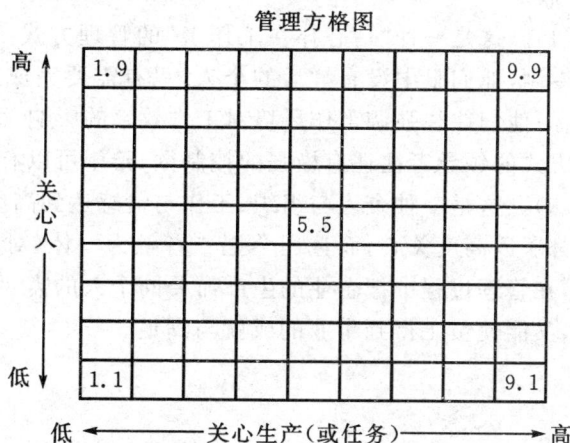

图 6-2　管理方格图

(1)划分标准。管理方格图中,1.1 定向表示贫乏的管理,对生产和人的关心程度都很小;9.1 定向表示任务管理,重点抓生产任务,不大注意人的因素;1.9 定向表示所谓俱乐部式管理,重点在于关心人,企业充满轻松友好气氛,不大关心生产任务;5.5 定向表示中间式或不上不下式管理,既不偏重于关心生产,也不偏重于关心人,完成任务不突出;9.9 定向表示理想型管理,对生产和对人都很关心,能使组织的目标和个人的需求最理想最有效地结合起来。

除了那些基本的定向外,还可以找出一些组合。比如,5.1 方格表示准生产中心型管理,比较关心生产,不大关心人;1.5 方格表示准人中心型管理,比较关心人,不大关心生产;9.5 方格表示以生产为中心的准理想型管理,重点抓生产,也比较关心人;5.9 方格表示以人为中心的准理想型管理,重点在于关心人,也比较关心生产。还有,如果一个管理人员与其部属关系会有 9.1 定向和 1.9 定向,就是家长作风,当一个管理人员以 9.1 定向方式追赶生产,而在这样做的时候激起了怨恨和反抗时,又到了 1.9 定向,这就是大弧度钟摆;还有平衡方法、双帽方法、统计的 5.5 方法等。

(2)管理方格中五种典型的领导方式。

①贫乏型领导者(1.1)。这是一种既不关心生产,也不关心人员的管理方式。这种方式的

领导者并不是组织的叛逆者,恰恰相反,他们对组织有高度的依恋,而仅仅是缺乏热情和上进心而已。他们是理性的而不是糊涂的,其行为总是试图以最小的付出来保住自己的职位。他们往往具有"熬"出来的资历优势。

②俱乐部式领导者(1.9)。这是一种追求下级拥戴和同情的管理方式。这种领导人对人非常关心,十分重视自己与下属、上司和同僚的关系,但忽视工作的状况。对业绩关心少,对人关心多,他们努力营造一种人人得以放松,感受友谊与快乐的环境,但对协同努力以实现企业的生产目标并不热心。

③小市民式领导者(5.5)。这种领导人对工作的关心和对人的关心兼顾,尤其重视群体归属和组织人格。他们很重视同僚和员工对自己的评价,力求在群体中稍有优势,往往采取"应答式"策略,力图与大家保持一致,办事有度,处理适中,不标新立异。所以,他的工作往往不是开拓式的,而是修修补补式的。这种领导的实质,是突出"权宜"二字,既不偏重于关心生产,也不偏重于关心人,风格中庸。

④专制式领导者(9.1)。这是一种"一心扑在工作上"的管理方式。这种领导人对业绩关心多,对人关心少,作风专制,他们眼中没有鲜活的个人,只有需要完成生产任务的员工,他们唯一关注的只有业绩指标;他们往往强调工作环境对工作效率的影响,而不大重视人的因素对工作效率的影响。这种方式的领导者往往有极强的控制欲,希望可以有效地控制部属。

⑤理想式领导者(9.9)。这是一种个人与组织、工作与情感达到高度和谐的管理方式。领导者不但对工作和人员都予以高度关心,而且还会把二者融为一体,对生产和对人都很关心,对工作和对人都很投入,在管理过程中把企业的生产需要同个人的需要紧密结合起来,既能带来生产力和利润的提高,又能使员工得到事业的成就与满足。

知识链接

管理方式发展的五个阶段的培训

布莱克和莫顿认为,作为领导者应该客观地分析组织内外的各种情况,把自己的领导方式改造成"9.9"型的方式,以求得最高效率。

布莱克和莫顿还根据自己从事组织开发的经验,总结出向9.9管理方式发展的五个阶段的培训:

阶段1:组织的每个人都卷入方格学习,并用它来评价自己的管理风格。

阶段2:进行班组建设,以健全的协作文化取代陈旧的传统、先例和过去的实践,建立优秀的目标,增强个人在职位行为中的客观性等。

阶段3:群体间关系的开发利用一种系统性的构架来分析群体间的协调问题,恰当地使用对抗以从中发现组织中存在的管理问题,利用这种有控制的对抗和识别为建立一体化所必须解决的症结问题,为使各单元之间的合作关系不断改善作下一次实施计划。

阶段4:设计理想的战略组织模型,要明确确定最低限度的和最优化的公司财务目标,在公司未来要进行的经营活动,要打入的市场范围和特征,要怎样创造一个能够具有协力效果的组织结构、决策基本政策和开发的目标等方面有明确的描述,以此作为公司的基本纲领,作为日常运作的基础。

阶段5:贯彻开发。研究现有组织,找出目前营运方法与按理想战略模型的差距,明确企业应该在哪些方面进行改进,设计出如何改进的目标模式,在向理想模型转变的同时使企业正常运转。布莱克和莫顿认为,通过这样的努力,就可以使企业逐步改进现有管理模式中的缺点,逐步进步到9.9的管理定向模式上。

3. 领导情景论(权变理论)

"权变"一词有"随具体情境而变"或"依具体情况而定的意思"。领导权变理论主要研究与领导行为有关的情境因素对领导效力的潜在影响。该理论认为,在不同的情境中,不同的领导行为有不同的效果,所以又被称为领导情境理论。

(1)菲德勒的权变理论。伊利诺伊大学的菲德勒从1951年开始,首先从组织绩效和领导态度之间的关系着手进行研究,经过长达15年的调查试验,提出了"有效领导的权变模式",即菲德勒模型。他认为任何领导形态均可能有效,其有效性完全取决于是否与所处的环境相适应。他把影响领导者领导风格的环境因素归纳为三个方面:职位权力、任务结构和上下级关系。

①职位权力。职位权力是指与领导者职位相关联的正式职权和从上级和整个组织各个方面所得到的支持程度,这一职位权力由领导者对下属所拥有的实有权力所决定。领导者拥有这种明确的职位权力时,则组织成员将会更顺从他的领导,有利于提高工作效率。

②任务结构。任务结构是指工作任务明确程度和有关人员对工作任务的职责明确程度。当工作任务本身十分明确,组织成员对工作任务的职责明确时,领导者对工作过程易于控制,整个组织完成工作任务的方向就更加明确。

③上下级关系。上下级关系是指下属对一位领导者的信任爱戴和拥护程度,以及领导者对下属的关心、爱护程度。这一点对履行领导职能是很重要的。因为职位权力和任务结构可以由组织控制,而上下级关系是组织无法控制的。

(2)赫塞—布兰查德的情境领导理论。情境领导理论认为,领导者的行为要与被领导者的准备程度相适应,才能取得有效的领导效果,也就是说领导风格不是一成不变的,而要根据环境及员工的变化而改变。情境领导模式与管理方格模式类似,都是脱胎于斯托格第尔的领导方式双因素理论,而且情境领导模式与双因素理论的四象限表述更为接近。其分析模型如图6-3所示。

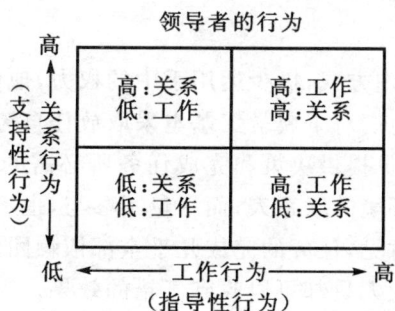

图6-3　赫塞—布兰查德的情境领导模型

情境领导模型将领导风格分为四类:

(1)高工作—低关系:领导者告诉下属做什么,怎么做及何时做。

(2)高工作—高关系:领导者既提供指导性行为又提供支持性行为。

(3)低工作—高关系:领导者与下属共同决策,领导者主要是提供便利条件。

(4)低工作—低关系：领导者提供较少的指导和支持。

6.2.2　三种领导方式及其优缺点

1.专权型领导

所有政策均由领导者决定；工作分配及组合多由领导者单独决定；领导者与下属较少接触。此类领导者也被称为"独裁式"领导，他们几乎决定所有的政策；所有计划及具体的方法、技术和步骤也由领导者发号施令，并要求下属不折不扣地依从；工作内容、资源的分配及组合，也大多由他们单独决定；平时他们对下属和员工的接触、了解不多，如有奖惩，也往往是对人不对事。大多数权威式的领导者为人教条而且独断，往往借助奖惩的权力实现对别人的领导，对下属既严厉又充满要求。

2.民主型领导

民主型领导者一般会在理性的指导下及一定的规范中，使下属及员工为了目标作出自主自发的努力，他们往往认真倾听下属的意见并主动征求他们的看法。民主型领导者将下属视为与己平等的人，给予他们足够的尊重。在民主型领导者管理的团队中，主要政策由组织成员集体讨论、共同决定，领导者采取鼓励与协助的态度，并要求下属员工积极参与决策；在确定完成工作和任务的计划、方法、技术和途径上，组织成员也有相当的选择机会。通过集体讨论，领导者使团队成员对工作和任务有更全面、更深刻的认识，并就此提出更为切实可行的计划和方案。

民主型领导方式按照下属及员工的参与程度又可分为三种不同的类型：

(1)咨询式：领导者在作出决策前会征询组织成员的意见，但对于组织成员的意见，他们往往只是作为自己决策的参考，并非一定要接受。

(2)共识式：这类领导者鼓励组织成员对需要决策的问题加以充分讨论，然后由大家共同作出一个大多数人同意的决策。

(3)民主式：领导者授予组织成员最后的决策权力，他们在决策中的角色则更像是一个各方面意见的收集者和传递者，主要负责沟通与协调。

3.宽容型领导

此类领导者喜欢松散的管理方式，极少运用手中的权力，他们几乎把所有的决策权都完全下放，并鼓励下属独立行事。他们对下属员工基本采取放任自流的态度，由下属自己确定工作目标及行动。他们只为组织成员提供决策和完成任务所必需的信息、资料、资源和条件，提供一些咨询，并充当组织与外部环境的联系人，而尽量不参与，也不主动干涉下属、员工的决策和工作过程，只是偶尔发表一些意见，任务的完成几乎全部依赖团队成员的自主工作。这种领导方式虽然控制力较弱，但对专业人员却可以收到不错的效果。

📐 知识链接

领导方式倾向自我测试

是＝1,不是＝0

1.你喜欢经营咖啡馆、餐厅之类的生意吗？

2.平时把决定或政策付诸实施之前,你认为有说明其理由的价值吗？

3. 在领导下属时,你认为与其一方面跟他们工作,一方面监督他们,不如从事计划、草拟细节等管理工作。

4. 在你管辖的部门有一位陌生人,你知道那是你的下属最近录用的人,你不介绍自己而先问他的姓名。

5. 流行风气接近你的部门时,你当然让下属追求。

6. 让下属工作之前,你一定把目标及方法提示给他们。

7. 与下属过分亲近会失去下属的尊敬,所以还是远离他们比较好,你认为对吗?

8. 郊游之日到了,你知道大部分人都希望星期三去,但是从多方面来判断,你认为还是星期四去比较好,你认为不要自己做主,还是让大家投票决定好了。

9. 当你想要你的部门做一件事时,即使是一件按铃召人即可的事,你一定要自己去以身作则,以便他们跟随你做。

10. 你认为要撤一个人的职并不困难。

11. 越能够亲近下属,越能够好好领导他们,你认为对吗?

12. 你花了不少时间拟订了解决某个问题的方案,然后交给一个下属,可是他一开始就找该方案的毛病,你对此并不生气,但是对于问题依然没解决而觉得坐立不安。

13. 充分处罚犯规者是防止犯规的最佳方法,你赞成吗?

14. 假定你对某一情况的处理方式受到批评,你认为与其宣布自己的意见是决定性的,不如说服下属请他们相信你。

15. 你是否让下属为了他们的私事而自由地与外界的人们交往?

16. 你认为你的每个下属都应对你抱忠诚之心吗?

17. 与其自己亲自解决问题,不如组织一个解决问题的委员会,对吗?

18. 不少专家认为在一个群体中发生不同意见的争论是正常的,也有人认为意见不同是群体的弱点,会影响团结。你赞成第一种看法吗?

如果 1、4、7、10、13、16 题答"是"多,说明具有专制型倾向。

如果 2、5、8、11、14、17 题答"是"多,说明具有民主型倾向。

如果 3、6、9、12、15、18 题答"是"多,说明具有自由放任型倾向。

6.3　领导者素质及领导班子构成

6.3.1　领导者素质

领导者素质是由诸多因素组成的一个有机的结构体系。现代领导者应当具备的素质主要有:

1. 基本素质

基本素质是指企业管理者必须具有的基本要求和条件。俗话说,根深才能叶茂。基本素质不是对企业管理者的特有要求,但基本素质的高低决定了企业管理者整体素质的高低,影响着企业管理者其他素质的发展和提升。

(1)政治思想素质。政治思想素质是领导者在政治上和思想上应当具备的基本素质。政治素质是领导者社会属性的体现,它决定着领导者所从事的领导活动的性质。领导者应当具备的政治素质主要有：系统学习、熟悉和掌握马列主义、毛泽东思想、邓小平理论、"三个代表"重要思想和科学发展观,学会运用马克思主义的立场、观点和方法分析问题,认识问题,指导自己的领导实践活动;能够把握正确的政治方向,坚持正确的政治理想和信念,时刻关心国际社会的风云变幻,关心社会主义事业的发展进程,关心党和国家的前途命运;坚持全心全意为人民服务,不谋私利,廉洁奉公;献身改革开放和现代化事业,艰苦奋斗,在困难、压力面前具有顽强的进取心和坚韧性,能够百折不挠,奋发进取。

(2)道德品质素质。道德品质素质是对领导者道德风范和个人品质的要求,主要内容有：大公无私、公道正派的高尚情操;坚持真理、修正错误的无畏勇气;勤政为民、任劳任怨的服务态度;热爱集体、乐于助人的团队精神;忠诚老实、讲究信用的诚信品德;尊重他人、谦逊容人的宽宏气度;好学上进、积极开拓的创新精神。领导者应该自重、自省、自警、自励,模范遵守党和政府对公民提出的关于社会公德、家庭美德、职业道德方面的各种规范与要求。

(3)文化知识素质。文化知识素质是指领导者从事领导工作必备的知识储量和知识结构,主要内容有：掌握广泛的人文社会科学和自然科学知识以及先进的科学技术知识;掌握与领导工作密切相关的政治、经济、法律以及组织领导和管理方面的知识;掌握必要的专业知识,力求成为业务上的内行。

(4)心理身体素质。心理素质是指领导者的心理过程和个性特征方面表现出来的根本特点,是领导者进行领导活动的心理基础,它对领导者行为起调节作用。领导者的心理素质主要包括：强烈的事业心和责任心;积极的自尊心和自信心;顽强的意志;良好的性格和气质等。身体素质是指领导者其他素质赖以存在和发挥作用的物质载体。在身体素质方面,领导者需要具备健康意识、健康知识、健康能力和健康体魄。

2. 专业素质

专业素质是指企业管理者实施企业管理行为和活动必备的素质。专业素质是企业管理者履行其职责的基本要求。

(1)对企业管理的专注和热情。企业管理者只有具备这种精神和态度,才会集中精力进行工作,最大限度地发挥潜力,贡献自己的聪明才智;也才会感染广大员工,使他们以同样的热情去对待工作,从而使企业充满生机和活力。

(2)企业管理知识的要求。一名合格的企业管理者,必须在企业管理知识方面具有扎实的基础,必须不断钻研和了解企业。如：计划、组织、协调、控制等基础管理知识;市场营销、采购、研究开发、服务、生产、质量、财务、人力资源、信息化建设等业务管理知识;产业、行业知识;其他相关学科知识,包括政治学、经济学、心理学、人类学、历史学、生理学、伦理学、数学、统计学、运筹学、系统学、会计学、法学等知识。

(3)企业管理技能要求。企业管理技能是指企业管理者根据企业所处的环境、企业本身的实际情况,为了达到企业管理的目标而使用的各种管理方法、工具及技巧。企业管理者有了管理知识还不够,还必须拥有在企业管理实践中解决问题的技能,做到知与行的统一。企业管理的基本技能包括：计划管理能力、沟通协调能力、激励能力、企业文化的管理能力、团队组织能力、领导能力、创新能力、危机管理能力。

3. 特质性素质

特质性素质是指企业管理者除具有基本素质和专业素质之外,在管理实践中还形成了比较突出的个体性优势的素质。不同的企业管理者具有不同的特质性素质,决定了他们不同的管理能力优势、管理作风和管理风格。例如在实际管理工作中,一些管理者擅长战略运作,另一些管理者则在成本控制方面有独特的管理经验,或者具有精益化生产的独特本领等。特质性素质来源于不同企业管理者的不同生活、工作背景和个体差异性。特质性素质与基本素质和专业素质是不可分离的,并来源于基本素质和专业素质。

以上三种素质之间,基本素质是对管理者的最基本要求,专业素质是对管理者履行职责的专业要求,特质性素质是不同管理者所体现的个体管理优势。三者从整体上构成了管理者素质的有机整体,缺一不可。用结构图来表示,就如一个"金字塔"。基本素质为"塔底",是管理者的基础;专业素质为"塔身",是管理者的根本;特质性素质为"塔尖",体现了个人特点和优势。

6.3.2　领导班子构成

领导班子是指在一个最高领导统率下具有一定结构、一定层次的领导集体。

合理的领导班子构成包括以下几方面内容:

(1)年龄结构:领导群体的年龄结构,以由老中青组合而成的梯形结构为好,根据实际需要把老中青三代配置在一起,有利于充分发挥各自的优势,达到优势互补、扬长避短的目的,实现领导群体结构的优化。老中青群体结构的优点在于:第一,不同年龄的人具备各自拥有的优势;第二,新老干部合作,中青年在领导群体中占优势,领导集体富有生机和活力,能担当艰巨繁重的领导任务;第三,老中青相结合,可以保持领导的连续性和继承性。

(2)知识结构:一个领导群体中各种不同知识水平的成员的配比组合。

(3)能力结构:整个领导班子拥有的各种能力的组成比例。

(4)专业结构:领导集体中各类专业成员的配合比例(出色的领导者比出色的专家更为重要)。

6.4　领导艺术

领导艺术是指在领导的方式方法上表现出的创造性和有效性。领导艺术一方面是创造,是真善美在领导活动中的自由创造性。"真"是把握规律,在规律中创造升华,升华到艺术境界;"善"就是要符合政治理念;"美"是指领导使人愉悦、舒畅。另一方面是有效性,领导实践活动是检验领导艺术的唯一标准。哪位领导者在错综复杂的矛盾中抓住了主要矛盾,他就能把领导艺术演绎得出神入化。一个有责任心和事业心的领导者,应该从理论上学习领导艺术。

6.4.1　领导决策的艺术

决策是领导工作的中心环节。领导要善于决策,不善于决策的领导是低效能的领导。领导的决策合理、及时、有艺术,群众拥护,心情舒畅,就会政令畅通。领导的决策艺术主要表现在两个方面:第一,下放决策权。即对于那些可以合理地委任给下级的决策,绝不要自己亲自出马。第二,容缓决策时间。即对于那些可以合理地拖到明天的决策,绝不要今天来做。

领导者决策的成败,关系着组织的生死存亡。领导者通常依靠长期决策经验的累积所形成的对事物的洞察力进行决策。在提出问题、形成方案、评价与选择方案、实施方案、评估与反馈等决策环节中,经验上的直觉与判断则发挥着重要作用。但领导者可做一时的英雄,却不可以成为一世的赢家。他是人,而不是神,他总有决策失误的时候。领导只有遵循一定的原则才能使决策科学化。

1. 信息原则

从某种意义上说,领导能否做到正确决策取决于他占有的信息量的多少。当今社会是一个信息社会,瞬息万变的时代也使我们周围的环境更加复杂,难以确定的信息往往使决策面临两难境地。要做到信息决策,必须要做到两点:一是尽可能多地占有信息。一个人占有的信息有限,这就不如几个人的团体决策更具优势。"三个臭皮匠顶一个诸葛亮"就是这个道理。二是要占有客观真实的信息。信息必须真实并得以确认,才能为决策提供依据。有的领导盲目听信身边的人提供的不真实的信息,导致决策失误就是很典型的例子。所以当领导的要懂得"兼听则明,偏听则暗"的道理,要具有辨别信息真伪的能力。

2. 民主原则

"民主决策"可以说是提到的最多的,但真正做到民主决策却很难。在组织内部,领导就是英雄,具有无上的权威,一般都由他把持着决策大权。一些组织在重大决策时,虽然以开会的形式进行讨论,但实质上与会者囿于管理者权威或者对决策者的崇拜,并没有发挥真正作用,最终还是成了"一言堂"。

其实任何方案都需要论证,所谓的论证就是在不断地搜集信息的基础上,对方案提出质疑并进行完善的过程。所以民主决策的实质是充分调动与会人员的积极性,让他们充分发表意见,特别是反面意见。作为决策者要有海纳百川的心胸,认真对待不同意见,并对既定的方案进行修订,甚至完全推倒既定的方案,确保决策方案进一步优化。

3. 创造性原则

由于领导的性质本身就已决定了必须以创造性为主要行为特征,所以整个领导工作都必须是、也必然是充满创造性的。作为领导工作的第一步,决策当然就要以创造性为最起码的准则。事实上,领导工作的创造性还主要取决于决策的创造性含量和高度;领导工作的质量根本上取决于决策中的创造性。因此创造性对于决策、整个领导工作来说,都是实质性的。这要求领导在决策中必须摆脱各种落后观念和习惯势力以及偏见的束缚,勇于探索、开拓和创新。

4. 可行性原则

决策从开始构思到最后拿出具体方案,都是为了能够最好地解决实际问题、达到既定目标。如果所作决策是哗众取宠的,什么问题也解决不了,那就偏离了决策的目的,丧失了决策的价值。而要切实管用,就必须有针对性和操作性,能够直接改变所要触及的领导客体,即方案中蕴涵着能解决问题的领导智慧力量。这就是说,领导决策必须要切中要害、运作便宜。

5. 时效性原则

机不可失,时不再来。领导决策必须做到及时、快速、果断。这事关所作决策是否能够及时解决问题,是否能够迅即产生良好效果和效应。如果领导决策慢慢腾腾、拖拖拉拉,那么就会丧失机遇,就会造成严重损失和其他一系列严重后果。这要求领导必须在决策过程中做到及时不误,顺势应变,确保效果,追求效率。

6.4.2　合理用人的艺术

用人的方法和艺术在领导工作中占有特别重要的位置。1938 年毛泽东把领导者的职责归结为："出主意，用干部"，将领导的决策与用人放在同等重要的位置。用人是实现领导工作目标的重要途径。美国前总统尼克松在《领导人》一书中写道："在单一领域，干得好就可以人才出众，不需要领导别人。作家、画家、音乐家，不领导别人同样可以搞艺术；发明家、化学家、数学家可以独立发挥自己的天才；政界领导人必须鼓舞自己的拥护者。"这说明非领导人的目标是靠自己实现的，而领导人的目标是靠他人实现的。

领导者用人的艺术主要有：合理选择，知人善任；扬长避短，宽容待人；合理使用，积极培养；及时激励。具体来说，要做到以下几个方面：

(1)求才之心，容才之量。领导者要站在成就事业的战略高度，满怀热情地吸引和培养人才。在引进人才上要有刘备三顾茅庐的精神。良才难令，骏马难驭。是人才就有人才的个性，用人就要有容人之量，绝不能叶公好龙。

(2)用人之长，人事相宜。清人顾嗣协有首骏马诗写得好："骏马能历险，耕田不如牛；坚车能载重，渡河不如舟；舍长以就短，智者难为谋；生才贵适用，慎或多苛求。"巧匠无弃木，圣人无弃才，用人就是要做到人事相宜。为官择人者治，为人设官者乱，在用人问题上切忌因人设事。

(3)用人不疑，精干高效。人才常常是在工作多而人少的地方冒出来的。因为每个人只有把自己的工作担子加重，干着超过自己能力的工作，才能在经受困难和折磨后造就人才。少而精有两层意思：一是使用少数精干的人们；更重要的一层意思是，正因为人少，人们就更有可能变得精干。

(4)宽严相济，恩威并施。恩宜自淡而浓，先浓后淡者人忘其惠；威宜自严而宽，先宽后严者人怨其酷。只有赏罚严明，才能令行禁止。

(5)营造环境，吐故纳新。人往高处走，才向善政流。善政就是指良好的环境。毛主席教导我们："一个人有动脉、静脉，通过心脏进行血液循环，还要通过肺部进行呼吸，呼出二氧化碳，吸进新鲜氧气，这就叫吐故纳新，一个无产阶级的政党也要吐故纳新才能朝气蓬勃。"在人事问题上的吐故纳新，必须做到少有所学，壮有所行，老有所养。

知识链接

领导者如何做到知人善任

1.要慧眼识人

在选人的过程中，要求管理者要摘掉有色眼镜，尽可能以平和的心态、立足于企业的未来发展来对待人才的识别和引进。选人要与具体工作任务以及工作任务的发展相互结合，合理确定工作任务对人之专长的需求。

2.要理性育人

企业要舍得在人才培养方面投入，只有合理投入才能有合理的回报，同时要打通人才的内部成长通道，为每一位作出贡献的员工提供良好的发展平台，并与员工共同设计合理的职业生涯规划。当员工能力确实超出企业的现有需求，而企业现有资源和能力又难以满足员工发展的需求的时候，企业要有勇气放员工出去去实现自己的追求。

3. 要专注用人

更主要的是要专注于用人之长,在用人过程中尤其要充分发挥员工的专长,并根据有关变化及时调整,动态地实现人的专长能力与工作任务的合理匹配。

4. 要宽厚待人

管理者的心胸有多大事情就能做多大。善于宽厚待人的企业领导会不断把企业带到一个个崭新的高度。一定要记住我们是在用人之长,而不是用人之短,人无完人,谁都不可避免会犯些错误,这时候就需要管理者来宽厚处理。

5. 要真诚留人

激励机制是企业留人的重要手段,健全的激励机制不仅体现的是企业高层领导的智慧,更体现的是一种真诚,这种真诚是对人尽其才的一种回报和尊重。

6.4.3 正确处理人际关系的艺术

1. 顾全大局,以诚相待

管理者在处理人际关系时,往往遇到一个不容回避的问题就是利益问题。在人际交往中,管理者必须时刻注意从大局出发,优先考虑和服从国家利益,正确处理集体利益和国家利益的关系。同时在个人利益与他人利益的处理中,也不能不顾他人利益,只考虑自身利益。而是应当在体现国家和集体利益,考虑他人利益的同时,寻求各方的共同利益。

管理者在人际交往中还要注重以诚待人。无论是在与上级还是在与下级的交往中,管理者都要本着实实在在的态度,说老实话。一方面管理者要向人们实实在在地通报有关情况,不能藏头露尾,故作神秘。另一方面,管理者也要相信人,不能对人报有成见和偏见,也不能只看到别人的短处。

2. 讲究语言,注重仪表

人与人的沟通交往,绝大部分是要通过语言的运用来完成的。语言在人际交往中具有重要的作用。得体的语言表达,让人易于接受,有助于顺利达到沟通交往的目的。一般来讲,要使语言具有感染力和说服力,应当做到:①注意语言的分量。要注意把握好词意的深浅、态度的强弱和说话的时机多少。②语言要富有逻辑性。要把话讲得有条有理,通过严密的推理,让人觉得无懈可击,令人信服。③适当的幽默。幽默是人的智慧的体现,幽默能增添语言的艺术色彩,减轻紧张感。此外,在面对面的沟通交往中,还可以借助于各种非语言因素的运用,增强沟通效果。

对外交往中要求举止文明,稳重大方,服饰得体,表情自然,既不缩手缩脚,也不过于放肆。同时,还要注意目光要自然有神,随时将视线投向对象,不能眼睛一直望着天上,或盯着地下。

3. 平等宽容,礼貌热情

管理者必须克服与众不同、高人一等的特权思想,不管是在与上级还是与下级的交往中,注意平等地待人,尊重他人人格,以协商讨论的方式与人沟通,不能以权压人,以压服代替说服。

适度的礼节既是一个人文明程度的表现,也是实现和谐沟通的必要环节。礼貌应当是真情的自然流露,礼节不必过多,过多的礼节就会让人感到不自然,甚至虚伪。热情也必须适度。交往沟通中缺乏必要的热情会让人觉得冷淡,过于热情也会让人觉得虚伪,甚至产生误解。

4.言行一致,注重信誉

与人交往,一条重要的法则就是信守诺言,注重信誉。这方面,对管理者的基本要求有三:一是言行一致;二是要对自己的言辞负责,不得信口开河,随意乱说;三是要信守诺言,只要有约在先,就得信守。确实因特殊困难不能履约,也必须事先征得对方同意。

6.4.4　科学利用时间的艺术

时间是一种无形的稀缺资源,领导者不能无视它,更不能浪费它。有人作了统计:一个人一生的有效工作时间大约一万天。一个领导者的有效当"官"时间就是 10～15 年。一旦错过这个有效时间,你思想再好、能力再高,也常常是心有余而力不足。所以,领导者要利用这宝贵的时间多做点有意义的事。

领导者管理时间应包括两个方面:一是要善于把握好自己的时间。当一件事摆在领导者眼前时,应先问一问自己"这事值不值得做?"然后再问一问自己"是不是现在必须做?"最后还要问一问自己"是不是必须自己做?"只有这样才能比较主动地驾驭好自己的时间。二是不随便浪费别人的时间。有人作过统计:某领导者有 3/5 的时间用在开会上。人才学的研究表明:成功人士与非成功人士的一个主要区别,就是成功人士年轻时就养成了惜时的习惯。要像比尔·盖茨那样:能站着说的话就不要坐着说,能站着说完的话就不要进会议室去说,能写个便条的东西就不要写成文件。只有这样才能形成好的惜时习惯。

?本章思考题

1. 管理者和领导者有什么不同?
2. 领导理论包括哪几个方面的内容? 它们各有什么不同?
3. 权变理论的主要内容是什么?
4. 怎样选择适合的领导方式?
5. 怎样理解领导的艺术?

案例分析

案例1　我应该选择谁?

王伟是一名有着 1000 名员工的大湖食品公司负责研发的副总裁。最近公司进行了重组,他要选择一个新的研发部主管,该主管必须直接对王伟负责,其职责是发展和测试新产品。王伟承受着来自总裁与董事会的压力,要促进公司总体发展与生产力的提高,所以这一决定十分重要。

目前,有处于同一职务级别的三位候选人,由于三人都在公司内享有良好的声誉,使选择变得十分困难。

候选人之一

丁磊:长期受雇于大湖公司,从高中开始就在大湖的信件室打工,毕业后在该公司经历了10 个不同的职位,目前是新产品销售部经理。丁磊以往的表现充分显示了他的创造力与远见,工作期间发展和引进了 4 条生产线。他的恒心使之闻名于整个公司,一旦开始一个项目就会伴随员工直到项目完成,也许就是这一特质给由他引进的 4 条生产线带来了巨大的成功。

候选人之二

徐军:以优异的成绩获得名牌大学 MBA 学位;在大湖公司工作 5 年,目前是产品质量监控部经理;引进了 2 条生产线。被认为聪明、自信、有上进心,人们都相信他将拥有自己的公司。同时,他也十分擅长与人打交道,社交能力非常强,公司里所有的主管人员都认为与之一起工作是十分愉快的。

候选人之三

李峰:在大湖公司工作 10 年;引进 3 条生产线;经常受上级咨询,对树立公司价值观有很大的帮助。他信奉公司的理念并且积极地推动其实现。最为突出的品质是正直、忠诚度高,他部门中的雇员都认为他是个可以信赖的人,并在公司很受尊敬。

思考题

1. 三位候选人各自的个人特质有何不同?

2. 如果你是王伟,你将选择谁? 试说明理由。

案例2　给他制造难题

唐先生是某一所高中的乐队老师。他的一个重要工作就是在每年元旦的时候,指挥乐队搞一个假日音乐会。但是,乐队和合唱团都对唐先生有很大的成见,并不断地给他找麻烦。因为乐队和合唱团都是学生们自愿参加的课外活动团体,所以唐先生对于乐队成员的拒不合作也无能为力。

思考题

1. 如何界定唐先生所面对的情境(situation)?

2. 唐先生应该采取什么样的领导方式(leadership style)?

案例3　专家支配了决策讨论

地方治癌中心设计了一个医疗团队用来协调对儿童癌症的护理。该队的成员包括:①临床肿瘤专家;②放射线学者;③护士;④社会工作者;⑤物理治疗家;⑥儿童生活工作者。该队每周讨论对他们护理的 18 个儿童的最佳治疗进程并达成一致意见。社会工作者是团队的领导者,对每个孩子的医疗负责。

然而团队遇到了临床肿瘤专家和放射线学者支配决策讨论的情况,他们认为自己的医疗背景使他们具有更多的知识和技术来治疗孩子们的癌症。虽然他们欢迎团队中其他人的参与,但是一旦要作决策时他们就坚持认为他们的方法是最好的。社会工作者、儿童生活工作者、物理治疗家和护士都抵制他们的这种行为,他们认为作为与孩子们相处最久的成员自己才最知道该如何进行他们的长期护理。团队的绩效结果是病人们觉得没有人关心和了解他们。团队合作也有困难,没人对结果感到满意。

思考题

1. 什么因素妨碍了团队的绩效和发展?

2. 你会选择在哪些层面进行干预以改进团队效能? 为什么?

案例4　成功的取经团队

有一个最成功的团队领导案例就是西游记的取经团队。

为了完成西天取经任务,组成取经团队,成员有唐僧、孙悟空、猪八戒、沙和尚。其中唐僧是项目经理,孙悟空是技术核心,猪八戒和沙和尚是普通团员。这个团队的高层领导是观音。

团队的组成很有意思,唐僧作为项目经理,有很坚韧的品性和极高的原则性,不达目的不罢休,又很得上司支持和赏识(直接得到唐太宗的任命,既给袈裟,又给金碗;又得到以观音为首的各路神仙的广泛支持和帮助);沙和尚言语不多,任劳任怨,承担了项目中挑担这种粗笨无聊的工作;猪八戒这个成员,看起来好吃懒做,贪财好色,又不肯干活,最多牵下马,好像留在团队里没有什么用处,其实他的存在还是有很大用处的,因为他性格开朗,能够接受任何批评而毫无负担压力,在项目组中承担了润滑油的作用。

最关键的还是孙悟空,由于孙悟空是这个取经团队里的核心,但是他的性格极为放荡,回想他那大闹天官的历史,恐怕作为普通人来说没有人会让这种人待在团队里,但是取经项目要想成功实在缺不了这个人,只好采用些手腕来收服他。这些手段是,首先,把他给弄得很惨(压在五指山下 500 年,整天喝铜汁铁水);在他绝望的时候,又让项目经理去解救他于水火之中以使他心存感激;当然光收买人心是不够的,还要给他许诺美好的愿景(取完经后高升为正牌仙人);当然最主要的是为了让项目经理可以直接控制好他,给他戴个紧箍,不听话就念咒惩罚他。孙悟空毕竟是牛人,承担了取经项目中的降妖除魔的绝大多数重要任务。

虽然是个难于管束的主,不能只用手段来约束他,这时猪八戒的作用就出来了,在孙悟空苦恼的时候,上司不能得罪,沙和尚这种老实人又不好伤害,只好通过戏弄猪八戒来排除心中的郁闷,反正猪八戒是个乐天派,任何的指责都不会放在心上。

在取经项目实施的过程中,除了自己的艰辛劳动外,这个团队非常善于利用外部的资源,只要有问题搞不定,马上向领导汇报(主要是直接领导观音),或者通过各种关系,找来各路神仙帮忙(从哪吒到如来佛),以搞定各种难题。

思考题

1. 唐僧为什么是该团队的领导者?
2. 试分析团队成员在该团队中的角色分工。
3. 请更换团队目标,重新确定团队领导者。
4. 请你依据取经团队提炼出团队领导的关键要素。

案例5　给一部分人以指导,给另一部分人以支持

李先生是一家叫文印中心的小公司的经理,公司毗邻一所规模很大的大学。文印中心雇了 18 名员工,大多由全日制的学生兼职。这家店主要是迎合大学里各种社团等的文印需要。但它也提供编辑出版以及标准打印的服务。它拥有三台大型的全功能一体复印机和几台电脑。

文印中心的近邻是两家全国连锁的复印店,但文印中心的业务比这两家店加起来的还要多。这家文印店成功的主要因素之一就是李先生的领导风格。

李先生特别擅长和他的兼职同事一起工作。他们大多数是学生,必须让工作时间迁就他们课程表。李先生很能处理时间上的冲突,对他而言,再小的矛盾也不能忽视,他总是愿意把时间表调整到每个人都满意。学生们也常常谈起他们对文印中心的归属感,十分推崇李先生为他们营造的大家庭的氛围和精神。

在文印中心工作分为两大块:文印和桌面印刷。李先生在这两块工作中的领导都很成功。

复印工作是很直接的操作,只是简单地将顾客的原件拷贝,因为工作很乏味,所以李先生总是竭尽所能让员工不至于厌烦。他让员工穿自己的休闲装,让他们选自己爱听的音乐作为

工作时的背景音乐,让他们在工作中有限度地放肆一下来营造一种友善、平易近人的气氛。李先生每天花很多时间与每个员工进行非正式的交谈,他也鼓励员工之间相互交流。李先生就是有这样的技巧,即使你所做的工作本身再无关紧要,他也能让你觉得自己是一个举足轻重的人物。他增进了员工之间的团结,也积极地参与到他们的活动中去。

编辑出版比复印复杂得多,它包括为客户设计业务格式、广告和简历。在版面印刷这块工作中要求精通文字、编辑、设计和版面设计。这项工作很有挑战性,因为很难轻易让客户感到满意。在这块工作的员工多数是全职的。

经过这几年,李先生发现在编辑出版这一块表现出色的员工是一组特别的群体,与从事复印工作的人不同,他们往往很独立、自我肯定、自我激励。在对他们的指导中,李先生给予他们很大的空间,只在他们需要帮助时提供援手,而更多的时候是放手让他们自己去做。

李先生喜欢在这群人中扮演力量源泉的角色。例如,如果员工在应付客户的工作中有困难,他很乐意加入他们共同解决难题。相似地,如果有员工在软件操作上停滞不前,李先生也会迅速为他提供专业的技术。因为在编辑出版方面工作的员工都是自我指导型的,李先生在这一部分员工身上所花的时间要比在复印部员工身上花的少很多。

思考题

1. 为什么李先生是一名有效的领导者?

2. 李先生在领导复印人员和编辑人员这两种不同的群体时,采取了不同的领导风格,其依据是什么?

第7章

激励

学习要点

1. 深刻理解激励的含义
2. 领会激励的重要作用,熟悉激励的过程
3. 掌握需要层次理论、双因素理论和成就激励理论的主要观点
4. 掌握期望理论、公平理论和强化理论的主要观点
5. 掌握激励的常见方法与基本方法

案例导入

F公司是一家生产电信产品的公司。在创业初期,依靠一批志同道合的朋友,大家不怕苦不怕累,从早到晚拼命干。公司发展迅速,几年之后,员工由原来的十几人发展到几百人,业务收入由原来的每月十来万发展到每月上千万。企业大了,人也多了,但公司领导明显感觉到,大家的工作积极性越来越低,也越来越计较。

F公司的老总黄明裁一贯注重思考和学习,为此特别到书店买了一些有关成功企业经营管理方面的书籍来研究,他在介绍松下幸之助的用人之道一文中看到这样一段话:"经营的原则自然是希望能做到'高效率、高薪资'。效率提高了,公司才可能支付高薪资。但松下先生提倡'高薪资、高效率'时,却不把高效率摆在第一个努力的目标,而是借着提高薪资,来提高员工的工作意愿,然后再达到高效率。"他想,公司发展了,确实应该考虑提高员工的待遇,一方面是对老员工为公司辛勤工作的回报,另一方面是吸引高素质人才加盟公司的需要。为此,F公司重新制定了报酬制度,大幅度提高了员工的工资,并且对办公环境进行了重新装修。

高薪的效果立竿见影,F公司很快就聚集了一大批有才华有能力的人。所有员工都很满意,大家的热情很高,工作十分卖力,公司的精神面貌也焕然一新。但这种好势头不到两个月,大家又慢慢回复到懒洋洋、慢吞吞的状态。这是怎么啦?

讨论题

F公司的高工资没有换来员工工作的高效率,公司领导陷入两难的困惑境地,既苦恼又彷徨不知所措。那么症结在哪儿呢?

7.1 激励概述

7.1.1 激励的含义

激励是管理的最重要的职能之一,激励在现代管理中具有不可替代的作用。在信息社会

和知识经济时代的今天,对人的管理已是管理全过程的核心问题,人是组织中最活跃、最有生命力、最有发展潜力的资源,调动人的积极性、激发人的创造性就是管理中的首要问题。成功的管理者必须知道用什么样的方式有效地调动卜属的工作积极性。

激励活动在管理中无处不在,它贯穿、渗透于管理的其他职能如组织职能、决策职能中并发挥着积极的作用。计划的制订必须考虑组织成员的士气如何提高,提高至何种程度等相关的激励因素。组织的各种活动同样也要以是否有利于激励效果的提高来展开,优秀的组织文化本身就是强有力的激励措施。指挥所运用的手段,同时也是激励的各种方法。协调离不开激励手段的运用,激励工作的好坏会为协调工作带来直接的后果。激励贯穿于整个控制过程中,特别是在对人员选拔任用控制、业绩考核评价控制,奖惩升降控制等人的控制方面,无一不包含激励方法的具体运用。综上所述,激励渗透于管理过程的每一个要素之中,与其他职能相互作用、相辅相成,为实现管理目标而承担着不可替代的重要功能。

激励贯穿于管理过程的各个环节。一切管理活动的首要任务,是促使人们发挥潜能,完成组织、部门或其中任何一个组织单位的任务和目标。因此,合格的管理者必须能够掌握和运用正确的激励手段,充分发挥激励的作用。

激励就是利用某种有效手段或方法调动人的积极性的过程。人的积极性是一种能激发人在思想、行动上努力进取的心理动力。当这种心理动力受到激励时,人就会处在自觉主动的心理活动状态,这种状态具体表现在人的意识活跃、情绪振奋和意志力强等方面,从而直接导致行为效率的提高。也就是说激励行为总是主动的,是对特定目标的自觉行为。

组织或者管理者的激励工作的目标是使员工或下属的工作更有效率,以最高的效率实现组织的目标,而员工或下属工作的目标和乐趣在于工作可以满足自身各方面的需要。两者虽然存在一些不兼容之处,例如组织的荣誉可以满足员工的尊重需要,但从内容上看是不相同的。因此,激励工作在于使员工产生组织期望的行为,并在实现组织目标的基础之上进而满足个人的需要。根据需要、动机与行为之间的关系,使员工产生组织所期望的行为,可以根据员工的需要设置某些目标,并通过目标导向使员工出现有利于组织目标的优势动机,并按组织所需要的方式行动,这就是激励的本质。

7.1.2 激励的作用

激励对于组织的作用主要表现在以下几个方面:

1. 激励有助于提高员工的工作效率

一般地说,在目标一致、客观条件基本相同的条件下,工作绩效与能力和激励水平之间可以用一个数学公式来表示:

$$工作绩效 = f(能力 \times 激励)$$

即工作绩效取决于能力和激励水平的高低。能力固然是取得绩效的基本保证,但是,不管能力多强,如果激励水平低,就难以取得好的成绩。例如,哈佛大学威廉·詹姆士教授就曾发现,部门员工一般仅需发挥出 20%～30% 的个人能力,就足以保住饭碗而不被解雇;如果受到充分的激励,其工作能力能发挥出 80%～90%,其中 50%～60% 的差距就是激励的作用所致。

2. 激励有助于实现组织目标

激励是对员工行为进行有目的的引导,目的在于调动员工积极性,使其更快、更好地完成工作任务,实现组织目标。良好的激励措施恰到好处地实现了这一目的,使员工的行为方向与组织的目标趋于一致。

3. 激励有助于组织吸引人才

组织的发展在于组织拥有优秀的人才,而激励措施是吸引人才的关键。各国的成功企业都不惜成本吸引人才,想方设法留住人才。如 IBM 公司向员工提供养老金、集体人寿保险和优厚的医疗保险待遇,给优秀员工丰厚的奖励,兴办各种学校,组织员工学习,提高技能等。IBM 公司采取这些激励措施吸引并留住了大批优秀人才,创造了一个保障充分、奖惩分明的工作环境,几十年来一直业绩骄人。

4. 激励有助于提高员工的素质

从根本意义上讲,人的素质主要还是取决于后天的学习和实践。学习和实践的方式与途径是多种多样的,但是激励是其中最能发挥效用的一种。组织可以对坚持学习科技和业务知识的员工,大张旗鼓地给予适当的奖励,如物质待遇上加以区别,在福利、晋升上予以考虑,通过激励来控制和调节人的行为趋向,会给员工的学习和实践带来巨大的动力,促使员工提高自身的知识水平和业务能力,久而久之员工的素质就会得到提高。

5. 激励有助于增强组织的凝聚力

行为学家们通过调查和研究发现:对一种个体行为的激励,会导致或消除某种群体行为的产生。也就是说,激励不仅仅直接作用于个人,而且还会间接地影响其周围的人。激励有助于形成一种和谐但富有竞争气氛的组织环境,增加员工的满足程度,员工被组织吸引和愿意留在组织内的程度增加,使得组织的凝聚力得以提高。

7.1.3　激励过程与激励原则

1. 需要、动机与行为

人的行为是如何产生的呢? 德国心理学家库尔特·卢因于 1951 年提出了著名的人类行为公式

$$B=f(P,E)$$

式中:B——行为;

P——个人;

E——环境;

f——函数关系。

公式表明,人的行为是个体与环境相互作用的结果。卢因的理论得到多数人的认同。根据这种理论,可以说人的行为是由动机决定的,而动机是由需要支配的。

(1)需要与行为的含义。需要是指客观的刺激作用于人们的大脑所引起的个体缺乏某种东西的状态。这里所说的客观的刺激不仅是指人体外部的,如就业形势的需要使得在校大学生对英语的学习格外重视;也包括人体内部的,如人饿了想进食。客观的刺激可以是物质的,也可以是精神的,例如,英雄人物对人们的榜样作用。

行为是人类有意识的活动。行为既是人的有机体对客观刺激作出的反应,又是人通过一连串动作实现其预定目标的过程。行为的结果,可能是预定目标的实现,需要得到满足,产生对新需要的追求;也可能是遭受挫折,需要未得到满足,并因此产生积极或消极的情绪。

(2)需要、动机与行为的关系。当人的需要处于萌芽状态时,它以不明显的、模糊的形式反映在人的意识之中,使人产生不安之感,这时人的需要以意向的形式存在着;当人的需要增强到一定程度,而又未能得到满足时,人的心理上就产生一种紧张状态。当人明确地意识到通过什么手段可以解除这种紧张时,意向就转化为愿望。但愿望只反映了内心需要,是人活动的内在驱动力,由于还没有明确的目标对象,所以这种驱动力没有方向,还不是动机;当遇到能满足需要、解除心理紧张的具体对象及特定目标,并且展现出达到目标的可能性时,这种驱动力就有了方向。此时,以愿望形式出现的需要就变为动机,推动人去进行某种活动,向着目标前进。

由上述分析可知,从需要转化为行为的过程,会引发动机,即人的行为总是由一定的动机引起的。心理学中把引起个人行为、维持该行为并将此行为导向满足某种需要的欲望、愿望、信念等心理因素叫动机。

在实际生活中,一个人的需要总是多种多样的。所以人的种种需要会形成一定的需要结构。不同人有不同的需要结构,同一个人在不同的时期也会有不同的需要结构。不同的需要结构必然导致不同的动机结构。一个人往往同时存在着各种各样的动机,这些动机之间不仅有强弱之分,而且会有矛盾和斗争,最终所占的地位和所起的作用也不同。我们通常把动机体系中那种最强烈而又稳定的动机,叫优势动机,其他动机叫辅助动机。一般来说,只有优势动机可以引发行为,辅助动机对行为存在着影响,但不起支配作用。一项行为的产生,往往并非由一种动机引起,而是几种动机同时在起作用,但对人的行为起支配作用的则是优势动机。当优势动机引发的行为后果达到目标时,紧张的心理状态就会消除,需要得到满足。一个需要满足了,又会有新的需要产生。这样周而复始、不断进行,构成一个不间断的循环过程,推动人们去从事各种各样的活动,达到一个又一个的目标。这就是需要、动机和行为之间的关系,如图7-1所示。

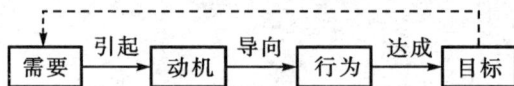

图7-1 需要、动机、行为关系模型

2. 激励的过程

激励的过程是指领导者引导并促进组织成员产生有利于组织目标行为的过程。那么,如何引导和促进成员产生有利于组织目标的行为呢?由以上分析可以看出,关键是正确理解和运用需要、动机、行为之间的关系。未满足的需要是激励过程的起点,由此而引起个体的内心,包括生理上和心理上的紧张,导致个人采取满足需要的某种目标行动,达到了目标,需要得到满足,激励过程也就宣告完成。随后,新的需要产生,又引起新的行为和新的激励过程。激励的实质是人内部的心理状态,即激发自身的动机,这一过程可以概括为:从外界推动力(要我做)到激发人内部自动力(我要做)。

激励赖以运转的一切方法、手段、环节等制度的安排构成一个组织的激励机制。设计有效的激励机制是组织发展动力的核心问题,而设计有效的激励机制的关键问题在于组织目标与个人需要的兼容。激励制度的安排必须把组织的目标纳入其中,使员工只有在完成组织任务后才能满足个人的需要。因此,组织的有效激励在于了解员工的需要结构,设置一些既能满足员工最迫切的需要,又能符合组织要求的目标,并通过一定的导向使员工按组织所需要的方式行动。

3. 激励的原则

正确的激励原则,能充分调动人们的积极性,促使组织目标的顺利实现。不正确的激励原则,尽管也能调动积极性,但容易偏离方向。因此,要在正确的激励原则指导下制定激励措施。

(1)物质激励与精神激励相结合,以精神激励为主的原则。对于调动组织成员的积极性来说,物质激励和精神激励都是必不可少的。在我国目前经济还不发达、人们生活水平还比较低下的情况下,物质激励仍然是激励的重要手段,它对于调动组织成员的积极性有很大作用。精神激励是激励的另一重要手段,它主要激发人的积极性、主动性,积极性和主动性提高了,就可以长久地维持高涨的工作热情。因此,精神激励有激励作用大、持续时间长等特点。

物质激励和精神激励是对人们物质需要和精神需要的满足,而人们的这两种需要的层次和程度,不是一成不变的,而是随客观情况的变化而变化的。一般来说,在社会经济文化发展水平较低的条件下,人们的精神需要比重会逐步加大。此外,文化程度、职业、思想境界、品德修养等因素也会对人的需要产生一定的影响。

但是,在任何情况下,都应尽可能地将物质激励和精神激励结合起来,使二者相辅相成、相得益彰。单独运用精神激励往往效果不好,片面强调精神激励,忽视物质激励,把精神激励看成是万能的,这种倾向脱离了人们的实际需要,脱离了人们的实际生活水平。片面强调物质激励,忽视精神激励,把金钱看成是万能的,这种倾向会导致人们目光短浅、冷酷无情和斤斤计较。

(2)正激励和负激励相结合,以正激励为主的原则。正激励与负激励作为激励的两种不同类型,目的都是要对人的行为进行强化,不同之处在于二者的取向相反。正激励起正强化的作用,是对行为的肯定;负激励起负强化的作用,是对行为的否定。在激励中,还要坚持以正激励为主原则,因为正激励是主动性激励,负激励是被动性激励。就二者的使用而言,正激励是第一位的,负激励是第二位的。同时,由于惩罚只是手段,目的则在于改变行为者的行为方向,使其符合社会需要。因此,即使进行负激励时,往往都要伴随正激励的因素,即指明何种行为是组织所需要的,并鼓励其按正确方向前进。

正激励和负激励是激励中不可缺少的两个方面,它们之间存在着效应互补关系,因此,单纯地运用正激励或负激励,效果都不理想。只有把二者结合起来,才能形成一种激励的合力,真正发挥出激励的作用。"小功不奖则大功不立,小过不戒则大过必生"。在实际工作中,只有做到奖功罚过,奖优罚劣,奖勤罚懒,奖惩分明,才能在组织中建立公平、合理的环境,真正调动起组织成员的积极性。

(3)内激励与外激励相结合,以内激励为主的原则。从激励形式上进行划分,激励又可区分为外激励与内激励两种类型。外激励与工作任务不是同步的,如工资、奖金、福利、人际关系,均属于创造工作环境方面。由外酬引发的外激励是难以持久的。内激励是指由内酬引发的,源自于组织成员内心的激励,它与工作任务是同步的,满足员工自尊和自我实现需要。

美国关于内、外激励关系的最新理论是"感知理论",这一理论则认为内、外激励是负相关关系,即外激励过弱,内激励会加强;外激励过强,内激励会减弱。感知说的假设被大量的实验所证实。基于内、外激励呈负相关的认识,这一理论指出,由于外激励往往使活动变为指派的任务,使原有的兴趣荡然无存,自觉性消退。因此,主张应尽量利用提高内激励的一切手段,而必须谨慎控制外激励的使用。只有那些枯燥无味的工作,才主要采用外激励。

（4）公平原则。公平原则要求组织在实施激励时，首先应做到组织内部公平，即个人的所得与付出相匹配，与组织内其他成员比较相协调。但公平原则并非要求对所有的激励对象一视同仁，而是针对具体的人和事，按贡献大小、重要性强弱和其他因素的综合标准，共同决定实施何种激励方案，体现出因人、因事而异的多样性和灵活性。因此，激励的实施，必须以考核的结果为客观依据，使奖励程度与贡献程度相当。重贡献者重奖，轻贡献者轻奖。对集体奖励要做到主要贡献者重奖，次要贡献者相对轻奖。

（5）适度原则。能否恰当地掌握激励程度，直接影响激励的发挥。第一，激励量的大小要适度。从量上把握激励，一定要做到恰到好处，激励的量不能过大也不能过小。否则，不但起不到激励的真正作用，有时甚至还会起反作用。例如，过于吝啬的奖励会使人们产生不满足情绪；而过分优厚的奖赏，会使人觉得奖赏来得轻而易举，用不着进行艰苦的努力。第二，激励的方向要适度。激励方向是指激励的针对性，即针对什么样的内容来实施激励，它对激励效果也有显著影响。在不同的时期，不同人的身上，会存在不同的主导需要。在实施激励前，必须分析不同时期、不同组织成员的主导需要，对症下药，以满足主导需要，从而取得最大激励效果。第三，激励的频率要适度。激励频率就是指一定时间内激励他人的次数。在激励工作中，一定时间内激励他人的次数要适度。激励频率与激励效果之间并不是完全简单的正相关关系，频率过高或过低，往往都收不到好的激励效果。一般来说，对于工作复杂程度高、比较难以完成的任务，激励频率应该较高些；对于工作比较简单、容易完成的任务，激励频率则应该低些；对于任务目标不明确，较长时间才见成果的工作，激励频率应该低些。对于任务目标明确，短期可见成果的工作，激励频率应该高些。对于各方面素质较好的组织成员，不宜采用高频率激励；而对于把追求较低层次的需要作为自己工作动力的成员，则要采用高频率激励。当然，上述各种情况不是绝对的，在实际工作中，应根据具体情况进行具体分析，灵活地运用适当的激励频率。

7.2 激励理论

在管理学中，激励理论是研究如何预测和激发人的动机、满足人的需要、调动人的生产积极性的理论。有关激励的理论有很多种，大体上可以分为两种类型：内容型激励理论和过程型激励理论。内容型激励理论侧重研究用什么样的因素激励人、调动人的积极性；过程性激励理论着重探讨人们接受激励信息以后到行为产生的过程。

7.2.1 内容型激励理论

内容型激励理论研究的是"什么样的需要会引起激励"这样的问题，它说明了激发、引导、维持和阻止人的行为的因素，旨在了解人的各种需要，解释"什么会使员工努力工作"的问题。如马斯洛的需要层次论、奥尔德佛的 EGR 理论、赫茨伯格的双因素理论、麦克莱兰的成就需要激励理论等。

1. 马斯洛的需要层次理论
需要层次理论是美国社会心理学家亚伯拉罕·马斯洛在其 1943 年出版的著作《调动人的积极性的理论》一书中提出的，该理论提出后便在西方各国广为流传，成为揭示需要规律的主要理论。

（1）需要层次理论的主要内容。马斯洛的需要层次理论把人的需要分为生理需要、安全需要、社交需要、尊重需要以及自我实现需要五个层次。这五种需要从低到高成阶梯形，如图 7-2 所示。

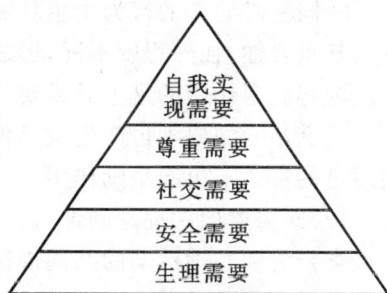

图 7-2　马斯洛需要层次理论

①生理需要。生理需要是人们维持生命最基本的需要，是各种需要的基础。人们为了能够生存，首先必须满足基本的生活要求，如衣、食、住、行等。人类的这些需要得不到满足就无法生存，也就谈不上其他需要。而一旦生理需要得到相对满足，人们就会更加注意高一层次的需要，即所谓"仓廪实而知礼节，衣食足而知荣辱"。

②安全需要。安全需要包括现在的安全需要和未来的安全需要。前者如人身安全、工作安全，后者如医疗保险、失业保险、退休福利等未来的各种保障。因为人们不仅希望自己的身体和情感免受外界因素的伤害，已得到利益不再丧失；同时也希望减少未来生活的不确定性，使未来的生活有所保障。

③社交需要。社交需要也称友爱或归属需要，包括友谊、爱情、归属及接纳等方面。人是一种社会动物，人们的生活和工作不是孤立地进行的，是在一定的社会环境中，在与其他社会成员发生一定关系中进行的。因此，人们希望在社会生活中与他人交流、沟通、形成群体，在与人交往中受到别人的注意、接纳、关心、友爱和同情，在感情上有所归属，而不希望在社会或组织中成为离群的孤雁。社交需要相比生理需要和安全需要来说细致得多，不同的人差别较大，因个人的性格、经历、受教育程度、所处的社会环境和宗教信仰不同而不同。

④尊重需要。尊重需要包括自尊和受别人尊重两个方面。自尊是指自己在取得成功时有一种自豪感；受别人尊重是指当自己作出贡献时能得到别人的承认，如上司和同事的较好评价和赞扬等。当人成为群体的一员，社交需要得到一定的满足后，便希望得到他人的承认和赏识，希望他人对自己的品德、才能给予较高的评价。自尊心是驱使人们奋发向上的驱动力，人人皆有。因此，领导者要注意研究下属在自尊方面的需要和特点，设法满足他们的自尊需要，更不能伤害其自尊心。只有这样，才能激发他们在工作中的积极性和主动性。

⑤自我实现需要。自我实现需要是更高层次的需要。这种需要就是希望在工作上有所成就，在事业上有所建树，实现自己的理想或抱负，最大限度地发挥自身的所有潜能。当上述各种需要基本得到满足后，自我实现需要就变得突出起来。对于有这种需要的人来说，他们往往更喜欢挑战性的工作和创造性的活动，挑战和自我的成功是他们最大的乐趣。

1954 年，马斯洛在其著作《动机与个性》一书中，又补充了求知和求美需要，将人的需要分为七个层次，即：生理需要、安全需要、社交需要、尊重需要、求知需要、求美需要和自我实现需要。其中求知需要指人对周围环境充满好奇心，有知道、了解和探索事物的需要。求美需要指人都有追求匀称、整齐和美丽的需要，并在由丑向美的转化过程中获得满足。

马斯洛还给出了各种需要之间的相互关系：

①五种需要像阶梯一样具有等级关系。马斯洛认为，人是有需要的动物，对于一般人来说，这些需要由低到高排成一个阶梯，生理需要和安全需要称为较低级需要，而社交需要、尊重需要和和自我实现需要称为较高级需要。当低层次的需要基本得到满足后，就会产生高一层次的需要。

②同一时期人的行为由主导需要决定。对特定的人来说,各种需要并非等量齐观,在不同时期其重要性、强烈程度不同,形成需要的层次结构。其中,最迫切的需要形成主导需要,对人的行为起决定作用的是主导需要。

③满足的需要不再产生激励作用,只有未满足的需要才能影响人的行为,换言之,已经得到满足的需要不再起激励作用。

(2)对需要层次理论的评价。马斯洛需要层次理论有其科学性的一面,在一定程度上反映了人类行为和心理活动的共同规律,具体体现在以下几个方面:

①马斯洛从需要来研究人的行为,抓住了问题的关键。事实上,正是在各种物质和精神需要强有力的推动下,人们才会发展生产力,变革生产关系,使人类社会不断地进步。

②马斯洛的需要层次理论为组织管理指出了调动积极性的工作方向和内容。任何组织都应从物质和精神两个方面去满足职工的需要。此外,人的需要按不同情况,因人、因时、因地而有所不同。为此要根据不同人的不同需要,有针对性地采取不同的激励措施才能取得良好的效果。

但是,马斯洛的需要层次理论也有其局限性,具体体现在以下几个方面:

①该理论是以个人的价值、利益为出发点,强调个人需要。这是由马斯洛的人本主义理论基础所决定的必然局限,与我国社会主义制度的基本原则是相背离的。在我国当前的条件下,固然要顾及个人利益,但是根本原则是国家、组织和个人利益的一致性,并以个人利益服从国家利益为前提。而马斯洛的几个需要层次都是以个人利益为中心展开的,没有考虑个人对社会的责任。因此,在借鉴马斯洛需要层次理论时,必须根据我国国情加以正确引导。

②对人的需要层次的阐述不尽完善。在马斯洛需要层次中,自我实现是最高需要层次。但是,许多英雄模范如雷锋的思想境界和行为实际上超过了自我实现,因此,还应增加革命理想或超越自我的需要。

③对需求层次递进关系的阐述过于机械。马斯洛提出的各种需要是由低到高逐级递升的,事实上,当低级需要未满足时,高级的需要也可以发展。例如中国古代流传至今的名句"富贵不能淫,贫贱不能移,威武不能屈"、"不为五斗米折腰"等等,都是递进规律所不能解释的。

2. 奥尔德佛的 EGR 理论

美国耶鲁大学的克雷顿·奥尔德佛在马斯洛提出的需要层次理论的基础上,进行了更接近实际经验的研究,提出了一种新的人本主义需要理论。奥尔德佛认为,人们共存在三种核心的需要,即生存(existence)的需要、相互关系(relatedness)的需要和成长发展(growth)的需要,因而这一理论被称为 ERG 理论。

生存的需要与人们基本的物质生存需要有关,它包括马斯洛提出的生理和安全需要。第二种需要是相互关系的需要,即指人们对于保持重要的人际关系的要求。这种社会和地位的需要的满足是在与其他需要相互作用中达成的,它与马斯洛的社交需要和尊重需要分类中的外在部分是相对应的。最后,奥尔德佛把成长发展的需要独立出来,它表示个人谋求发展的内在愿望,包括马斯洛的尊重需要分类中的内在部分和自我实现层次中所包含的特征。

除了用三种需要替代了五种需要以外,与马斯洛的需要层次理论不同的是,奥尔德佛的ERG 理论还表明了:人在同一时间可能有不止一种需要起作用;如果较高层次需要的满足受到抑制的话,那么人们对较低层次的需要的渴望会变得更加强烈。

马斯洛的需要层次是一种刚性的阶梯式上升结构,即认为较低层次的需要必须在较高层次的需要满足之前得到充分的满足,二者具有不可逆性。而相反的是,ERG 理论并不认为各类需要层次是刚性结构,比如说,即使一个人的生存和相互关系需要尚未得到完全满足,他仍然可以为成长发展的需要工作,而且这三种需要可以同时起作用。

此外,ERG 理论还提出了一种叫做"受挫—回归"的思想。马斯洛认为当一个人的某一层次需要尚未得到满足时,他可能会停留在这一需要层次上,直到获得满足为止。相反地,ERG 理论则认为,当一个人在某一更高等级的需要层次受挫时,那么作为替代,他的某一较低层次的需要可能会有所增加。例如,如果一个人社会交往需要得不到满足,可能会增强他对得到更多金钱或更好的工作条件的愿望。与马斯洛需要层次理论相类似的是,ERG 理论认为较低层次的需要满足之后,会引发出对更高层次需要的愿望。不同于需要层次理论的是,ERG 理论认为多种需要可以同时作为激励因素而起作用,并且当满足较高层次需要的企图受挫时,会导致人们向较低层次需要的回归。因此,管理措施应该随着人的需要结构的变化而作出相应的改变,并根据每个人不同的需要制定出相应的管理策略。

奥尔德佛的 ERG 理论在需要的分类上并不比马斯洛的理论更完善,对需要的解释也并未超出马斯洛需要理论的范围。如果认为马斯洛的需要层次理论是带有普遍意义的一般规律,那么,ERG 理论则偏重于带有特殊性的个体差异,这表现在 ERG 理论对不同需要之间联系的限制较少。

ERG 理论有以下特点:①ERG 理论并不强调需要层次的顺序,认为某种需要在一定时间内对行为起作用,而当这种需要的得到满足后,可能去追求更高层次的需要,也可能没有这种上升趋势。②ERG 理论认为,当较高级需要受到挫折时,可能会降而求其次。③ERG 理论还认为,某种需要在得到基本满足后,其强烈程度不仅不会减弱,还可能会增强,这就与马斯洛的观点不一致了。

3.赫茨伯格的双因素理论

(1)双因素理论的主要内容。双因素理论是由美国心理学家弗雷德里克·赫茨伯格于 20 世纪 50 年代后期提出的一种激励理论。

赫茨伯格对美国匹兹堡地区的 11 个工商业机构中 200 多名工程师、会计师等白领工作者进行了关于个人与工作关系的调查,调查的主要内容是员工认为对工作最满意的方面和最不满意的方面。赫茨伯格将调查结果进行了分类归纳,结果如表 7-1 所示。

表 7-1 员工满意和不满意的因素

员工不满意的方面	员工满意的方面
公司政策	工作的成就感
工作条件	工作成绩的认可
人际关系	工作内容和性质
工资、福利待遇	责任感
地位	晋升
个人生活	个人发展
监督、管理方式	
其他保障	

基于以上分析结果,赫茨伯格提出了双因素理论,主要有以下两个要点:

①保健因素与激励因素。导致工作满意的因素与导致工作不满意的因素是有区别的,人们感到不满意的因素往往是与外界环境相联系的,例如公司政策、工作条件、人际关系、工资、福利待遇等,这些因素改善了,只能消除不满意,但不能使员工变得非常满意,也不一定对员工有激励作用。赫茨伯格把这一类因素称为保健因素。而使人们感到满意的因素往往是与工作本身相关联的,例如工作的成就感、工作成绩的认可、工作内容和性质具有挑战性,等等。这些因素改善了,能够提高满意度,激励员工的工作热情,从而提高生产率。赫茨伯格把这一类因素称为激励因素。

②满意与不满意。赫茨伯格的这种学说打破了传统的满意与不满意的观点。通常我们认为"满意"的对立面是"不满意",但赫茨伯格认为"满意"的对立面是"没有满意"而不是"不满意";"不满意"的对立面是"没有不满意",而不是"满意",如图7-3所示。

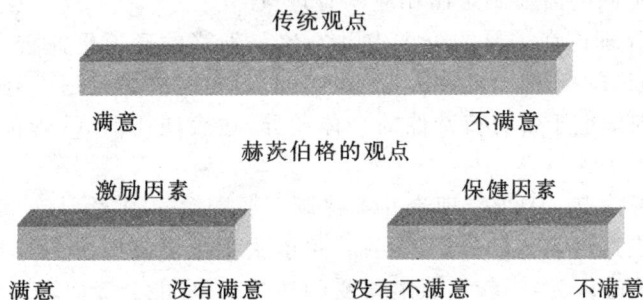

图7-3 满意—不满意观点的对比

(2)对双因素理论的评价。

双因素理论在各国产生了很大影响,其主要贡献可以总结如下:

①将影响人的动机与行为的因素分为激励因素和保健因素两种。激励因素是指内部因素,是从工作本身得到的某种满意,如对工作的兴趣、成就感、责任感等;保健因素是指外部因素,即工作以外的因素,如报酬、工作环境等。

②激励与保健因素对人行为的影响是不同的。要调动和维持员工的积极性,首先要注意保健因素,做好与之有关的工作,以防止不满情绪的产生。但是要想真正激励员工工作,必须注意激励因素,只有激励因素才会增加员工的工作满意度,激发他们工作的积极性。

双因素理论也存在一些不足,主要表现在以下几个方面:

①赫茨伯格调查取样的数量和对象缺乏代表性。样本仅有203人,数量较少,而且对象是工程师、会计师,他们在工资、安全、工作条件等方面的状况都比较好。因此,有些因素对这些人不起激励作用并不能代表对一般员工也不起作用。

②赫茨伯格所采用的研究方法具有一定的局限性。人们容易将满意的原因归为自己,即内部因素,而将不满意的原因归为外部因素。这种心理特征在他的研究方法中是无法克服的。

③赫茨伯格没有使用满意尺度的概念。赫茨伯格的研究认为只有满意与没有满意,或者不满意与没有满意两种绝对的情况。实际上,人们对任何事物不可能要么满意,要么不满意,很可能对工作的一部分满意一部分不满意,或者比较满意,这在他的研究中也是无法反映的。

④对满意度和生产率之间关系的认识是不妥的。赫茨伯格认为,满意度与生产率的提高

存在必然的联系。但实际上满意度的提高并不等于生产率的提高,这两者之间没有必然的联系。

⑤赫茨伯格将保健因素和激励因素截然分开是不妥的。实际上保健因素和激励因素不是绝对的,它们相互联系并可以互相转化,保健因素也能够产生满意,激励因素也能够产生不满意。例如奖金既可以成为保健因素,也可以成为激励因素,工作成绩得不到承认也可以使人闹情绪,以致消极怠工。

知识链接

双因素理论的应用

1.管理者在实施激励时,应注意区别保健因素和激励因素,前者的满足可以消除不满,后者的满足可以产生满意。

2.管理者在管理中不应忽视保健因素,如果保健性的管理措施做得很差,就会导致职工产生不满情绪,影响劳动效率的提高。另外,也没有必要过分地改善保健因素,因为这样做只能消除职工对工作的不满情绪,不能直接提高工作积极性和工作效率。

3.管理者若想持久而高效地激励职工,必须改进职工的工作内容进行工作任务再设计,注意对人进行精神激励,给予表扬和认可,注意给人以成长、发展、晋升的机会。用这些内在因素来调动人的积极性,才能起更大的激励作用并维持更长的时间。

4.麦克莱兰的成就需要激励理论

成就需要激励理论是由美国哈佛大学教授戴维·麦克莱兰等人在 20 世纪 40—50 年代通过对人的需求和动机的研究而提出来的。

麦克莱兰认为个体在工作情境中有三种主要的动机或需要:

(1)成就需要(need for achievement):达到标准、追求卓越、争取成功的需要。

(2)权力需要(need for power):影响或控制他人且不受他人控制的欲望。

(3)归属需要(need for affiliation):建立友好亲密的人际关系的愿望。

麦克莱兰认为,具有强烈的成就需要的人渴望将事情做得更为完美,提高工作效率,获得更大的成功,他们追求的是在争取成功的过程中克服困难、解决难题、努力奋斗的乐趣,以及成功之后的个人的成就感,他们并不看重成功所带来的物质奖励。个体的成就需要与他们所处的经济、文化、社会、政府的发展程度有关;社会风气也制约着人们的成就需要。麦克莱兰发现高成就需要者的特点是:他们希望得到有关工作绩效的及时明确的反馈信息,从而了解自己是否有所进步;他们喜欢设立具有适度挑战性的目标,不喜欢凭运气获得成功,不喜欢接受那些在他们看来特别容易或特别困难的工作任务。高成就需要者事业心强,有进取心,敢冒一定的风险,比较实际,大多是进取的现实主义者。

高成就需要者对于自己感到成败机会各半的工作,表现得最为出色。他们不喜欢成功的可能性非常低的工作,这种工作碰运气的成分非常大,那种带有偶然性的成功机会无法满足他们的成功需要;同样,他们也不喜欢成功的可能性很大的工作,因为这种轻而易举就取得的成功对于他们的自身能力不具有挑战性。他们喜欢设定通过自身努力才能达到的奋斗目标。对他们而言,当成败可能性均等时,才是一种能从自身的奋斗中体验成功的喜悦与满足的最佳机会。

权力需要是指影响和控制别人的一种愿望或驱动力。不同人对权力的渴望程度也有所不同。权力需要较高的人喜欢支配、影响他人,喜欢对别人"发号施令",注重争取地位和影响力。他们喜欢具有竞争性和能体现较高地位的场合和情境,他们也会追求出色的成绩,但他们这样做并不像高成就需要的人那样是为了个人的成就感,而是为了获得地位和权力或与自己已具有的权力和地位相称。权力需要是管理成功的基本要素之一。

麦克莱兰提出的第三种需要是归属需要,也就是寻求被他人喜爱和接纳的一种愿望。高归属需要者渴望友谊,喜欢合作而不是竞争的工作环境,希望彼此之间的沟通与理解,他们对环境中的人际关系更为敏感。有时,归属需要也表现为对失去某些亲密关系的恐惧和对人际冲突的回避。归属需要是保持社会交往和人际关系和谐的重要条件。

在如何辨别一个人是高成就需要者还是其他类型这个问题上,麦克莱兰主要通过投射测验进行测量。他给每位被试者一系列图片,让他们根据每张图片写一个故事,而后麦克莱兰和他的同事分析故事,对被试者的三种需要程度作出评估。

在大量的研究基础上,麦克莱兰对成就需要与工作绩效的关系进行了十分有说服力的推断。

第一,高成就需要者喜欢能独立负责、可以获得信息反馈和中度冒险的工作环境。他们会从这种环境中获得高度的激励。麦克莱兰发现,在小企业的经理人员和在企业中独立负责一个部门的管理者中,高成就需要者往往会取得成功。

第二,在大型企业或其他组织中,高成就需要者并不一定就是一个优秀的管理者,原因是高成就需要者往往只对自己的工作绩效感兴趣,并不关心如何影响别人去做好工作。

第三,归属需要与权力需要和管理的成功密切相关。麦克莱兰发现,最优秀的管理者往往是权力需要很高而归属需要很低的人。如果一个大企业的经理的权力需要与责任感和自我控制相结合,那么他很有可能成功。

第四,可以对员工进行训练来激发他们的成就需要。如果某项工作要求高成就需要者,那么,管理者可以通过直接选拔的方式找到一名高成就需要者,或者通过培训的方式培养自己原有的下属。

麦克莱兰的动机理论在企业管理中很有应用价值。首先在人员的选拔和安置上,通过测量和评价一个人动机体系的特征对于如何分派工作和安排职位有重要的意义。其次由于具有不同需要的人需要不同的激励方式,了解员工的需要与动机有利于合理建立激励机制。再次麦克莱兰认为动机是可以训练和激发的,因此可以训练和提高员工的成就动机,以提高生产率。

7.2.2 过程型激励理论

过程型激励理论则研究"激励是怎样产生的"问题,解释人的行为是怎样被激发、引导、维持和阻止的,着重分析人们怎样面对各种满足需要的机会以及如何选择正确的激励方法。过程型激励理论解释的是"为什么员工会努力工作"和"怎样才会使员工努力工作"这两个问题。如弗鲁姆的期望理论、亚当斯的公平理论和斯金纳的强化理论等。

1. 期望理论

期望理论是美国心理学家威克特·弗鲁姆在其 1964 年出版的著作《工作与激励》中提出的。由于期望理论对于组织的激励工作具有较强的指导作用,因此,受到管理学家和实际管理工作者的普遍重视。

(1)期望理论的主要内容。

通常,当人们预期他们的行动会带来既定的结果,并且这种结果对他们具有吸引力时,才会被激励起来去做某些事情以达到组织设置的目标。因此,期望理论认为,某一活动对人的激发力量取决于他所能得到结果的全部预期价值乘以他认为达成该结果的期望概率。用公式可表示为

$$M = V \cdot E$$

式中:M——激发力量,是指调动一个人的积极性,激发出人的内部潜力的强度;

V——目标效价,是指一个人对某项工作及其结果能够给自己带来满足程度的评价,即指达成目标后对于满足个人需要的价值大小的评价;

E——期望值,是指根据以往的经验进行的主观判断,对自己能够顺利完成这项工作可能性的估计,即对工作目标能够实现的概率的估计。

从期望理论的公式可以看出,V 和 E 之间是相乘的关系,同时 E 是员工对自己完成某项任务的概率的主观估计,也就是说 $0 \leqslant E \leqslant 1$。因此,要想获得较大的激励效果 M,仅有较高的目标效价 V 是不够的,必须同时使员工对完成工作可能性的估计概率 E 也是一个接近于 1 的值,这样两方面综合作用的结果,才可以使得某项激励措施获得较大的激发力量。因此,期望理论表明,当员工对某项活动及其结果的效用评价很高,而且估计自己获得这种结果的可能性很大时,那么领导者用这种活动和结果来激励他就可收到很好的效果。

期望理论的公式同时提出了在进行激励时要处理好以下四个方面的关系,这些也是调动人们工作积极性的四个条件。

①努力与绩效的关系。人总是希望通过一定的努力能够达到预期的目标,如果个人主观认为通过自己的努力达到预期目标的概率较高,就会有信心,就可能被激发出很强的工作力量。但是如果他认为目标太高,通过努力也不会有很好的绩效时,就会失去内在的动力,导致工作消极。这种关系可通过期望理论公式中期望值 E 这个变量反映出来。

②绩效与奖励的关系。人总是希望取得成绩后能够得到奖励,这种奖励是广义的,既包括提高工资、多发奖金等物质方面的奖励,也包括表扬、自我成就感、得到同事们的信赖、提高个人威望等精神方面的奖励,还包括诸如提拔到较重要的工作岗位上去等物质与精神兼而有之的奖励。如果他认为取得绩效后能够获得合理的奖励,就有可能产生工作热情,否则就可能没有积极性。这种关系可以通过期望理论公式中目标效价 V 这个变量体现出来。

③奖励与满足个人需要的关系。人总是希望自己所获得的奖励能满足自己某方面的需要,然而由于人们在年龄、性别、资历、社会地位和经济条件等方面都存在着差异,他们对各种需要要求得到满足的程度就不同。因而对于不同的人,采用同一种办法给予奖励能满足的需要程度不同,能激发出来的工作动力也就不同。这种关系也可以通过期望理论公式激发力量 M 这一变量反映出来。

④上一轮激励与下一轮激励的关系。在一轮激励活动实施过后,经过个人努力所产生的绩效以及这种绩效是否获得活动所规定的奖励和这种奖励满足个人需要的程度,会影响个人对奖励机制的评价,从而影响对奖励的综合效价的评价,进而影响人以后工作的努力程度,也就是下一轮激励活动所激发的力量 M。上述四个方面的关系可以由图 7-4 表示。

(2)期望理论的启示。

①目标效价和期望概率共同决定激励效果。要达到预期的激励效果,不仅要使激励手段

$$\text{I} \quad\quad\quad \text{II} \quad\quad\quad \text{III}$$

个人努力 → 取得成绩 → 组织奖励 → 需要满足程度

IV

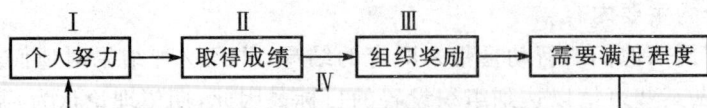

图 7 - 4 期望理论四方面关系图

的目标效价,即激励对象带来的满足程度足够高,而且要使激励对象有足够的信心去获得这种满意。只要目标效价和期望概率中有一项的值较低,就难以使激励对象在工作中表现出足够的积极性。

②组织激励机制的设置必须以员工的需要为基础。要尽量抓大多数组织成员认为效价最大的期望值,不能泛泛抓一般的激励措施。

③激励内容的设置应是综合性的。激励的内容不仅要包括物质激励,也要包括精神激励;不仅要注意激励内容的绝对值,也要注意激励内容的相对值。并且随着社会环境的变化和发展,员工的需要结构必然也会发生变化,对激励内容也有必要进行相应的调整。

④目标效价 V 的大小会受到个人能力的影响。因为大多数人都希望获得挑战性的工作,以满足尊重和自我实现的需要。因此,在安排员工工作时不仅应考虑员工的能力和兴趣,同时要使工作的要求和目标富有挑战性,以激起员工最大的工作积极性。

2. 公平理论

公平理论,又称社会比较理论,是美国的心理学家亚当斯于 20 世纪 60 年代首先提出来的,侧重于研究报酬对人们工作积极性的影响。

(1)公平理论的主要内容。公平理论的基本观点是,当一个人作出了成绩并取得了报酬以后,他不仅关心自己所得报酬的绝对量,而且关心自己所得报酬的相对量。因此,他要进行种种比较来确定自己所得报酬是否合理,比较的结果将直接影响今后工作的积极性。

①横向比较。横向比较是指将自己获得的报酬和付出与组织中他人的报酬和付出作比较,只有相等时,人们才认为公平。比较公式为:

$$\frac{O_P}{I_P} = \frac{O_O}{I_O}$$

式中:O_p——自己对个人所得报酬的感觉;

O_o——自己对他人所得报酬的感觉;

I_p——自己对个人所作投入的感觉;

I_o——自己对他人所作投入的感觉。

这个等式表明,如果人们认为自己从组织中所得报酬与自己对组织的贡献之比同组织中其他成员的这一比值基本相等,则组织的分配是公正的,否则就存在着不公平。

当上式为不等式时可能存在以下两种情况:

$$\frac{O_P}{I_P} < \frac{O_O}{I_P}$$

或

$$\frac{O_P}{I_P} > \frac{O_O}{I_P}$$

这两种情况作用于人的心理,都会产生不公平的心理。第一种情况下比较者可能要求增加自己的收入或降低自己以后的努力程度,以便使不等式左边增大,使不等式两边趋于相等;第二种办法是比较者可能要求组织减少比较对象的收入或者让其今后提高努力程度以便使不等式右边减小,使不等式两边趋于相等。此外,比较者还可能另外找人作为比较对象,以便达到心理上的平衡。第二种情况下,比较者在开始时可能自觉多做些工作,但久而久之,他会重新估计自己的技术和工作情况,终于觉得他确实应当得到那么高的待遇,于是努力程度便又会回到过去的水平。

②纵向比较。除了横向比较之外,人们也经常作纵向比较,即把自己目前的报酬与付出同自己过去的报酬与付出进行比较,只有相等时,人们才认为公平。比较公式如下:

$$\frac{O_{\text{PP}}}{I_{\text{PP}}} = \frac{O_{\text{PL}}}{I_{\text{PL}}}$$

式中:O_{PP}——自己对个人现在所得报酬的感觉;

O_{PL}——自己对个人过去所得报酬的感觉;

I_{PP}——自己对个人现在投入的感觉;

I_{PL}——自己对个人过去投入的感觉;

当上式为不等式时可能存在以下两种情况:

$$\frac{O_{\text{PP}}}{I_{\text{PP}}} < \frac{O_{\text{PL}}}{I_{\text{PL}}} \qquad \frac{O_{\text{PP}}}{I_{\text{PP}}} > \frac{O_{\text{PL}}}{I_{\text{PL}}}$$

出现第一种情况时,人们会有不公平的感觉,并有可能对组织的经营状况产生质疑,导致人心不稳及积极性下降。出现第二种情况时,人们不会产生不公平的感觉,因为社会总是在向前发展的,人们感觉这是理所当然的,并不是多拿了报酬,因此,也不会主动多做些工作。

(2)公平理论的启示。公平理论认为每个人不仅关心自己工作的绝对报酬,而且还关心自己的报酬与他人报酬之间的关系。如果发现自己的报酬和付出同他人相比不平衡,就会产生紧张感,这种紧张又会成为他们追求公平和平等的动机基础。具体地讲,公平理论对分配提出了以下四点建议:

①按时间付酬条件下收入超过应得报酬的情况。按时间付酬时,收入超过应得报酬的员工,其生产率水平将高于收入公平的员工。按时间付酬能够使收入超过应得报酬的员工生产出高质量与高产量的产品,以增加自己的投入付出比,从而保持公平感。

②按时间付酬条件下收入低于应得报酬的情况。按时间付酬时,收入低于应得报酬的员工,相对于收入公平的员工,其生产的产品数量和质量都将下降,其努力程度也将降低。

③按产量付酬条件下收入超过应得报酬的情况。按产量付酬时,收入超过应得报酬的员工,相对于收入公平的员工,其产品的数量增加不多,而主要表现为产品质量的提高。因为在按产量付酬的方式下,员工为了实现公平努力,可表现为产品数量和质量的提高,但是数量上的提高只会导致更高的不公平,理想的努力方向应是提高产品质量。

④按产量付酬条件下收入低于应得报酬的情况。按产量付酬时,收入低于应得报酬的员工,相对于收入公平的员工,其生产的产品数量会增多,但是质量会降低。因此,在按产量付酬的条件下,应对那些只求产品数量不管产品质量的员工,不给予任何奖励,这样才能产生公平。

3. 强化理论

强化理论是由美国心理学家斯金纳提出的。该理论同期望理论一样主要研究员工的行为与其结果之间的关系,但期望理论较多地涉及主观判断等内部心理过程,而强化理论只讨论刺激和行为的关系。

(1)强化理论的主要内容。强化理论认为,人的行为是对刺激物的一种反应,因而人的行为是由外部因素控制的,当刺激对他有利时,这种行为就会重复出现,例如,如果员工工作努力得到了认可,因此获得奖励,那么员工就会进一步努力工作;当刺激对他不利时,这种行为就会减弱或消失。例如,如果员工迟到被扣发奖金,那么员工今后就会减少迟到行为。控制行为的因素称为强化物。

强化的具体方式有四种,包括正强化、负强化、惩罚和忽视。

①正强化。正强化就是奖励那些符合组织目标的行为,从而加强这种行为。这里的奖励不仅包括经济方面的,如提薪、给予奖金等;还可以是非经济的,如对成绩的认可、表扬、改善工作条件、提升、安排担任挑战性工作、给予学习和成长的机会等。

②负强化。负强化强调的是一种事前规避,制定对与组织不相容的行为予以惩罚的规定,使员工对自己的行为进行约束。值得注意的是规定本身不一定就是负强化,只有当规定使员工对自己的行为形成约束作用时,才形成负强化。负强化与惩罚是相关联但不同的两个概念。俗语"杀鸡给猴看",形象地说明了两者之间的联系与区别:对出现违规行为的"鸡"加以惩罚,意欲"猴"能从中深刻意识到组织规定的存在,从而加强对自己行为的约束。

③惩罚。惩罚是指当员工出现一些不符合组织目标的行为时,采取惩罚的办法以约束这些行为少发生和不发生。惩罚的手段可以是经济的,如降薪、扣发奖金、罚款等;也可以是非经济的,如批评、处分、降级、撤职等。惩罚的方式可以因发生行为的性质和程度不同,选择间隔性或连续性方式。间隔性惩罚是间隔一段固定或不固定的时间进行惩罚。连续性惩罚是指每次发生不希望的行为都及时予以惩罚,直到完全消除这种行为重复出现的可能性。

④忽视。忽视就是对已出现的不符合组织目标要求的行为进行"冷处理",具体有两种方式:一种是对某种行为不予理睬,以表示对该行为的轻视或某种程度上的否定,从而使这种行为自然消失;另一种是对原来采用正强化手段鼓励的有利行为,由于疏忽或情况改变,不再给予正强化,使其逐渐消失。

(2)强化理论的启示。强化理论较多地强调外部因素对行为的影响,忽视人的内在因素和主观能动性对环境的作用,具有机械化的色彩。但是强化理论对实际管理工作也具有一定的作用,具体讲,可以归纳为以下几点:

①依据需要采用不同的强化措施。强化理论告诉我们,人的行为可以被逐步强化。所以管理者可以根据组织的需要和个人行为在工作中的反应,及时适当运用奖惩手段,加强组织需要的行为,改变、修正与组织不相容的行为,使组织朝着既定的方向发展。

②强化的目标要分阶段。采用强化理论时,设置的目标应分阶段、分步骤,不仅要设立鼓舞人心的总目标,而且要将总目标分成许多小目标,这样每完成一个小目标,都给予一定的强化,从而使总目标得以实现。

③正确选择强化方式。强化方式有四种,应根据具体情况选择合适的强化方式,但要以正强化方式为主,这样才能收到较好的效果。

以上各种激励理论从不同角度分析了组织工作中影响员工积极性的各项因素,为组织的激励工作提供了可靠的理论依据,但在具体运用时,必须结合所在组织的实际情况区别对待,在不断摸索中找出适合的激励方式。

7.3　激励方式

　　不论是个体,还是群体,都有其行为规律,个体和群体都遵循其行为规律而行为。在企业管理中,要研究如何使个体和群体的自发行为变成组织行为。管理中常常使用组织的规章制度和规范去约束个体和群体的行为,而这种约束带有很明显的强制性,强迫人们去遵守规章制度和规范。人们的行为并非出自本身的意愿,轻则人们消极、被动接受组织规范,但效率低下,重则产生对抗。所以,单纯用组织的规章制度和规范去约束个体和群体的行为是不够的,同时还必须把它与激励方式结合起来,只有激励,才能产生高效率,才能产生凝聚力,组织才能求得长期的生存和发展。

7.3.1　激励的基本方法

　　只有满足人的需要,才能激发人的动机,调动人的积极性。那么,如何满足人的需要呢?其基本方法有直接满足和间接满足两种。

1. 直接满足

　　直接满足又叫"职务内"满足或"岗位上"满足。这就是工作本身和工作中与其他人的正常关系使他得到满足。一般来说,直接满足的内容有如下几种:①工作本身有利于自我成长,专业对口,满足兴趣,符合志愿,适应特长等。②工作本身能获得社会认可,评价较高。③工作具有挑战性,干起来有奔头,能获得成就感。④在工作中,同事间和谐、友爱、安全、团结,对劳动者有内吸力。

2. 间接满足

　　间接满足又叫"职务外"满足或"岗位外"满足。这是工作以外,即工作过程以后获得的满足,把工作当成以后得到满足的手段。间接满足的内容有如下两种:

　　①工资。工作一定时期后,人们从工作和工资本身并未获得实际需要的满足,而是用所得工资去购买食物、衣服、用品等后,才满足了多方面的实际需要。所以,工资是间接满足的一种重要形式。

　　②津贴、奖励、福利费、医疗费、养老金、休假,也是间接满足的重要形式。间接满足是满足人们需要的重要方面,是人们工作动力的基本来源,它能保持人们的积极性,增加同心力,增强归属感,因而,必须予以足够的重视。但是,间接满足也有一定的局限性,主要是工作与满足需要之间缺乏直接联系,因而可能出现对工作满不在乎,只有物质利益就行的态度。所以,间接满足除尽量与工作、成果相联系外,还必须同思想政治工作结合起来,才能充分发挥激励的作用。

◤ 相关案例

成功源于科学的激励方法——巴斯夫公司激励员工的五项原则

　　如何有效地生产粮食是人类一直面临的重大问题。据估计,全世界每年竟有 1/3 的粮食因受到病虫和杂草危害而遭受损失。120 年前,于德国路德维希港创立的巴斯夫公司,就是一直为发现和生产各种农业化学品而孜孜不倦地工作的。目前,巴斯夫公司经营着世界最大的化工厂,并在 35 个国家中拥有 300 多家分公司和合资经营企业及各种工厂,拥有雇员 13 万人。

巴斯夫公司之所以能够在百年经营中兴旺不衰,在很大程度上归功于它在长期的发展中确立的激励员工的五项基本原则。具体地讲,这五项基本原则是:

1.职工分配的工作要适合他们的工作能力和工作量

不同的人有不同的工作能力,不同的工作也同样要求有不同工作能力的人。企业家的任务在于尽可能地保证所分配的工作适合每一位职员的兴趣和工作能力。巴斯夫公司采取四种方法做好这方面的工作。一、数名高级经理人员共同接见每一位新雇员,以对他的兴趣、工作能力有确切的了解;二、除公司定期评价工作表现外,公司内部应有正确的工作说明和要求规范;三、利用电子数据库贮存了有关工作要求和职工能力的资料和数据;四、利用"委任状",由高级经理人员小组向董事会推荐提升到领导职务的候选人。

2.论功行赏

每位职工都对公司的一切成就作出了自己的贡献,这些贡献与许多因素有关,如和职工的教育水平、工作经验、工作成绩等有关,但最主要的因素是职工的个人表现。

巴斯夫公司的原则是:职工的工资收入必须看他的工作表现而定。他们认为,一个公平的薪酬制度是高度刺激劳动力的先决条件,工作表现得越好,报酬也就越高。因此,为了激发个人的工作表现,工资差异是必要的。另外,公司还根据职工表现提供不同的福利,例如膳食补助金、住房、公司股票等等。

3.通过基本和高级的训练计划,提高职工的工作能力,并且从公司内部选拔有资格担任领导工作的人才

除了适当的工资和薪酬之外,巴斯夫公司还提供广泛的训练计划,由专门的部门负责管理,为公司内人员提供本公司和其他公司的课程。公司的组织结构十分明确,职工们可以获得关于升职的可能途径的资料,而且每个人都了解自己在哪个岗位。该公司习惯于从公司内部选拔经理人员,这就保护了有才能的职工,因此,他们保持很高的积极性,而且明白有真正的升职机会。

4.不断改善工作环境和安全条件

一个适宜的工作环境,对刺激劳动力十分重要。如果工作环境适宜,职工们感到舒适,就会有更佳的工作表现。因此,巴斯夫公司在工厂附近设立各种专用汽车设施,并设立弹性的工作时间。公司内有 11 家食堂和饭店,每年提供 400 万顿膳食。每个工作地点都保持清洁,并为体力劳动者设盥洗室。这些深得公司雇员的好感。

巴斯夫公司建立了一大批保证安全的标准设施,由专门的部门负责,例如,医务部、消防队、工厂高级警卫等。他们都明白预防胜于补救。因此,全部劳动力都要定时给与安全指导,还提供必要的防护设施。公司经常提供各种安全设施,并日夜测量环境污染和噪声。各大楼中每一层都有一名经过专门安全训练的职工轮流值班,负责安全。意外事故发生率最低的那些车间,会得到安全奖。所有这些措施,使公司内意外事故发生率降到很低的水平,使职工有一种安全感。1984 年,巴斯夫公司在环境保护方面耗费了 7 亿马克的资金,相当于公司销售净额的 3.5%。

5.实行抱合作态度的领导方法

巴斯夫公司领导认为,在处理人事关系中,激励劳动力的最主要原则之一是抱合作态度的领导方法。上级领导应像自己也被领导一样,积极投入工作,并在相互尊重的气氛中合作。巴斯夫公司给领导者规定的任务是商定工作指标、委派工作、收集情报、检查工作、解决矛盾、评定下属职工和提高他们的工作水平。

在巴斯夫公司,如果上级领导人委派了工作,就亲自检查,职工本身也自行检查中期工作和最终工作结果。在解决矛盾和纠纷时,只有当各单位自行解决矛盾的尝试失败后,才由更上一级的领导人解决。

巴斯夫公司要求每一位领导人的主要任务就是根据所交付的工作任务、工作能力和表现评价下属职工,同时应让职员都感觉到自己在为企业完成任务的过程中所起的作用。如果巴斯夫公司刺激劳动力的整个范畴简单地表达出来,那就是"多赞扬,少责备"。他们认为,一个人工作做得越多,犯错误的机会也就越多,如果不允许别人犯错误,甚至惩罚犯错误人,那么雇员就会尽量少做工作,避免犯错误。在这种情况下,最"优秀"的雇员当然是什么事情也不做的人了。

巴斯夫公司的多年经验表明,抱合作态度的领导方法,由于能使雇员更积极地投入工作和参与决策,因此,这是一个为达到更高生产率而刺激劳动力的优越途径。该公司由于贯彻了上述五项基本原则,近 10 年来销售额增长了 5 倍。目前,巴斯夫公司生产的产品品种达 6 000 种之多,每年还有数以万计的新产品投入市场出售。

思考题

1. 请运用激励理论分析巴斯夫公司的五项激励原则的作用。

2. 请分析巴斯夫公司的"抱合作态度的领导方法",对中国企业的适合性。

(本案例转引自:http://www.beidabiz.com/)

7.3.2 常见的激励方式

1. 目标激励

通过给予人们一定的目标,以目标为诱因促使人们采取适当的行动去实现目标。任何企业都有自己的经营目标,每一个人也都有需要驱使下产生的个人目标,只要把企业经营目标与个人目标结合起来,一方面在目标实现中满足个人需要;另一方面,通过企业经营目标与个人目标的结合,体现出个人在企业中的地位和作用,使个人的价值充分体现出来;再一方面,目标代表自己从未达到过的状态,目标的实现反映自身的升华,这些都能对个人产生巨大的激励。

2. 参与激励

参与激励,是指让员工参与企业管理,使员工产生主人翁责任感,从而激励员工的积极性。让员工经常参与企业重大问题的决策和管理,让员工多提出合理化建议,并对企业的各项活动进行监督,那么,员工就会亲身感受到自己是企业的主人,企业的前途和命运就是个人的前途和命运,个人只有依附或归属于企业才能发展自我,这样就会激励员工全身心地投入到企业的事务中来。

3. 领导者激励

领导者激励,主要是指领导者的品行给员工带来的激励效果。企业领导者是企业的中心,是员工的表率,是员工行为的指示器。如果领导者清正廉洁,对物质的诱惑不动心;吃苦在前,享乐在后;严于律己,要员工做的,自己先做;有困难,自己先上;虚怀若谷,谦虚、民主,不计前嫌,这样的领导者本身就能鼓舞员工的士气。如果领导者再具有较强的能力,能使企业获得较高的效益,有助于人们价值的实现,则更能产生巨大激励。

4. 关心激励

关心激励,是指企业领导者通过对员工的关心而产生的对员工的激励。企业员工以企业为其生存的主要空间,把企业当做自己的归属。如果企业领导人时时关心员工疾苦,了解员工的具体困难,并帮助其解决,就会使员工产生很强的归属感,就能对员工产生激励。现在,很多企业给员工赠送生日礼品,举行生日派对,都是用关心来激励员工的方式。

5. 公平激励

公平激励,是指在企业中的各种待遇上,对每一位员工都公平对待所产生的激励作用。只要员工付出等量的劳动就给予等量待遇,多劳多得,少劳少得,这就能使企业形成一个公平合理的环境,员工要获得更多的待遇(包括工资、奖金、福利、职位、工作环境等),不能通过人情、后门等不正当的手段,只有扎扎实实地劳动。因此,可以利用员工追求高待遇的心理,激励员工更有效地工作。

6. 认同激励

认同激励,是指领导者认同员工的成绩而产生的对员工的激励作用。虽然有一些人愿做无名英雄,但是那毕竟是少数人,而绝大多数人都不愿意默默无闻。当他取得了一定成绩后,需要得到大家的承认,尤其是要得到领导者的承认。所以,当某个人取得了一定成绩以后,就可以对其产生很大的激励。这种激励既没有花费,效果又好,只是需要领导者及时发现员工的成绩,并及时表示认同。不及时的认同产生不了激励。

7. 奖励激励

奖励激励是以奖励作为诱因,使人们采取合理行动的激励作用。奖励激励通常是从正面进行引导,规定人们的行为符合一定的规范就可获得一定的奖励。人们对奖励的追求,促使他的行动符合一定的行为规范。奖励激励手段包括物质激励和精神激励两个方面。物质激励就是以物质利益(包括工资、奖金、晋级、各种实物等)为诱因对人们产生的激励。精神激励是以精神鼓励为诱因对人们产生的激励。它包括评选劳模、先进工作者等各种荣誉称号。人们通过对物质利益和荣誉称号的追求而产生最合理的行为,创造佳绩。

8. 惩罚激励

惩罚激励是利用惩罚这一手段,诱导人们采取合理化行为的一种激励。在惩罚激励中,要制定一系列的职工行为规范,逾越了行为规范,根据不同的逾越程度,确定惩罚的不同标准。要拟定惩罚的手段,惩罚手段包括:物质手段,如罚款、赔偿等;精神手段,如批评、降职、降级、各种处分以及刑事惩罚等。人们避免惩罚的需求和愿望促使其行为符合特定的规范。再者,通过对犯规人员的处罚,激励未犯规的人们自觉、积极地去遵守规范。

9. 知识产权激励

现代市场竞争,归根到底是人才的竞争。特别是在知识经济条件下,知识及其知识资本成为组织的核心资源,创新成为组织生存与发展的关键,这使得拥有知识和创新能力的知识员工在组织中的地位越来越高。如何吸引人才,如何激发知识员工的工作热情,如何挖掘员工的工作潜能,如何增强组织的凝聚力,以使知识员工能将其拥有的知识与才华奉献给组织,就成为每个组织需要首先考虑的问题。

既然知识成为组织创造财富的首要资源要素,则知识和土地、资金、劳动力一样理应拥有参与分配的权利,即知识劳动的创造价值应在分配中得到体现,否则,知识员工不会将自己的知识奉献于组织。

10. 自主管理法

在现代社会里,组织员工的知识水平和业务素质越来越高,自我表现的欲望和对工作成就感的追求越来越强。因此,采用工作小组的形式,通过充分授权于员工,就可以大大激发员工的工作自主性和能动性,充分挖掘员工的潜力和创新积极性。

总之,激励的方式多种多样,每一种方式既适应于个体,又适应于群体,关键在于企业管理人员要灵活运用,恰当地用好每一种方式,以有效地激励员工的行为。

知识链接

如何激励员工努力工作

1. 合理设计,分配工作

(1)工作内容要考虑到员工的爱好和特长。(首先,要事先对每一个员工的才能结构有一个比较清楚的认识,这是合理利用人力资源的前提,为此,管理者要注意观察各个人的工作情况,通过工作轮换,了解各个人的才能结构,其次,要从"这位员工能做什么"的角度来考虑问题,合理利用扬长避短。)

(2)工作的目标应具有一定的挑战性。(要使工作的要求和目标具有挑战性,这样才能真正激发员工奋发向上的精神,根据"成就激励论——三种需要理论"人们的成就需要只有在完成了具有一定难度的任务时才会得到满足,如果把一项任务交给以为能力远远高于任务要求的员工做,他会对该工作越来越不感兴趣,越来越不满意,积极性下降;与之相反,则经过几次努力尚没有结果的话,员工会灰心丧气,正确的方法是把这项任务交给一个能力略低于工作要求的员工,让他可以通过思考努力,得到目标。)

2. 针对员工的需求,给予合理的报酬

(1)奖品必须能在一定程度上满足员工的需求。(管理者要了解员工希望从工作中得到什么,一种方法是根据前人的或组织内部进行的研究结果,另一种方法是直接询问员工或者通过与员工一起工作生活体验员工的需求。)

(2)奖励的多少应于员工的工作业绩相互挂钩。(管理者奖励员工的目的是为了使员工的行为有助于组织目标的实现,如果奖励不与员工的的工作绩效挂钩,那么奖励就失去了意义。可以通过按绩分配,效益分享,按劳分配,目标考核法等。)

3. 通过教育培训,增强员工自我激励的能力(一般而言,自身素质好的人,自信心和进取心就强并比较注重高层次的追求,因此,相对来说比较容易自我激励,表现出高昂的士气和工作的热情)

(1)通过思想教育,树立崇高的理想和职业道德。(可以帮助员工正确地认识自身的价值,树立正确的职业道德观,形成崇高的理想和抱负,从而积极工作,勇于进取。)

(2)通过专业技能培训,提高员工的工作能力。(进取心和个人业务素质相互促进,强烈的进取心会促使员工努力地掌握新的工作技能,而良好的工作素质使一个人有较多的成功机会,成功及由此而带来的心理满足的体验又会促使其在事业上攀登新的高峰。)

7.3.3 激励的艺术

激励原则和激励方法为开展激励工作提供了指导思想和必要手段,但是现实世界是复杂多变的,僵化地照搬激励原则和激励方法难以取得理想的激励效果,因此,如何灵活有效地运用激励的原则与方法实现激励效能最大化,是一门值得研究的艺术。

1. 对不同成员采取不同的激励方法

激励的起点是满足组织成员的需要,但组织成员的需要存在着个体差异性和动态性,因人而异,因时而异,并且只有满足最迫切需要的激励措施效果最好,强度也最大。因此,在管理实践中,对组织中个人实施有效的激励,首先要建立在以对人的认识的基础之上。通过对不同类型的组织成员进行分析,找到对他们的激励因素,有针对性地进行激励,才能取得最佳的激励效果。

(1)合理激励先进、后进和中间层。根据组织成员的工作绩效,可以把组织成员分为先进、后进和中间层三类。

对工作先进成员的激励除了授予荣誉称号等精神奖励外,还要给予必要的物质奖励,并且在一定时期内,在其他方面也根据先进者贡献的大小给予一定的照顾。与此同时,还必须对先进者严格要求,对他们的缺点和不足,要及时予以批评和帮助。此外,管理者要实事求是地评选"先进",这样才能增强评选先进的吸引力,在组织中形成你追我赶、齐争上游的局面。

对中间层成员的激励,必须根据他们各自不同的特点采取适宜的办法。一是对那些与先进者差距不大的中间层成员,要帮助他们分析落伍的原因,找出改进的措施,使其加入先进者行列。二是对业务技术较强的中间层成员,要为他们提供有充分施展自己才干的机会与场所,激发他们的荣誉感与责任心。三是对那些求知欲望强烈的中间层成员,应充分鼓励,为他们提供培训机会。四是对于那些能力稍差的中间层成员,可考虑为他们分配适宜的工作,让他们也有表现自己特长的机会。

对工作后进成员的激励就是要发现挖掘他们身上的闪光点,使之发扬光大。管理者要从尊重、爱护后进者的角度出发,努力观察和发掘他们身上的优点和长处,采用正强化为主、负强化为辅的激励方法。后进者一般自控能力较弱,管理者要注意对他们的行为进行超前引导,对于他们的每一点进步都要及时肯定,给予适当的鼓励。这样,才能促使他们不断成长进步,逐渐把他们的积极性调动起来。

(2)重视对知识型人才的激励。根据彼得·德鲁克的观点,知识型人才是"那些掌握和运用符号和概念,利用知识或信息工作的人"。现实中,知识型人才一般泛指大多数"白领"工作者。在知识经济的今天,组织之间的竞争,知识的创造、利用与增值,资源的合理配置,最终都要靠知识的载体——知识型人才——来实现。因此,激发知识型人才的工作积极性是极端重要的。

根据知识管理专家玛汉·坦姆仆的研究发现,知识型人才比其他类型的组织成员更重视能够促进他们发展的、有挑战性的工作,他们对知识、对个体和事业的成长有着持续不断的追求;他们要求给予自主权,使之能够以自己认为有效的方式进行工作,并完成组织交给他们的任务;获得一份与自己贡献相称的报酬并使得自己能够分享自己创造的财富。因此,对知识型人才激励,不能以金钱刺激为主,而应以其发展、成就和成长为主;在激励方式上,应强调个人激励、团队激励和组织激励的有机结合;在激励的时间效应上,应把对知识型人才的短期激励和长期激励结合起来,强调激励手段的长期效应;在激励报酬设计上,应突破传统的事后奖酬模式,转变为从价值创造、价值评价、价值分配的事前、事中、事后三个环节出发设计奖酬机制。

2.分配恰当工作,使组织成员实现自我激励

自我激励基于这样一个事实,即每个人都对归属感、成就感及驾驭工作的权力充满渴望;每个人都希望自己能够自主,希望自己的能力得以施展,希望自己受到人们认可,希望自己的工作富有意义。随着科学技术进步和信息时代的到来,人们的工作方式、价值观念和需求层次都在发生变化,人们对工作满意度的追求变得更加强烈。因此,工作作为一种强力的自我激励因素,被国内外管理者广泛用于激励活动中。

(1)工作岗位动态设计。工作岗位动态设计是指为了改变工作枯燥乏味的状况,对工作内容进行再设计,使工作具有更高的挑战性,组织成员完成工作能够获得更高的成就感,工作本身成为一种乐趣,从而激励组织成员的工作积极性。工作岗位动态设计主要包括工作轮换、工作扩大化和工作丰富化。

工作轮换是组织成员可以按照一定规定轮换岗位。工作扩大化是横向增加任务范围,使工作多样化。工作丰富化是从纵向上赋予组织成员更复杂的工作,授予组织成员更大的控制权和自主权,扩大组织成员工作自由度,使工作具有挑战性和成就感。

(2)合理设计、分配工作。实践证明,当一个人对某件事情感兴趣、爱上这项工作时,他会千方百计去钻研、去克服困难,努力做好工作。这就要求管理者在设计和安排工作时,要事先对每一个组织成员的才能结构和兴趣爱好有比较清楚的认识,这是合理利用人才的前提。然后,从"这位组织成员能做什么"的角度出发考虑问题,尽量做到"把适当的人员安排到适当的位置上"。由于一个人的工作业绩与动机强度有关,所以,设计和分析工作时,还要求在条件允许的情况下,尽可能地把一个人所从事的工作与其兴趣爱好结合起来。

3.表扬和批评的艺术

表扬和批评是管理者对组织成员进行激励工作的两项重要手段。如何使用好表扬和批评,关系到激励作用的成效以及成效的大小。

(1)表扬的艺术。

①表扬要明确具体,切忌含糊其辞。因为含糊性的表扬,常给人一种敷衍的感觉。而具体化的表扬,则说明管理者对被表扬者的长处和成就很了解,很敬重,会使被表扬者感到表扬是真心实意的,从而使表扬的有效性提高。

②选择合适的时机。表扬的效果在很大程度上取决于能否把握住表扬的有利时机。一是"开头"表扬。"开头"表扬的侧重点是被表扬者的优良动机,以促进或激励他把这种优良动机转化为行动,并贯彻到底。二是"中间"表扬。"中间"表扬是为了激励被表扬者前进。一般地说,当组织成员的优良行为处在进行过程中刚刚取得一点成绩的时候,要抓紧时机给予表扬。"中间"表扬是"加油站",有益于被表扬者趁热打铁,再接再厉。三是"结尾"表扬。当组织成员的优良行为告一段落,并取得一定成绩时,要给以总结性的表扬,来具体总结其整个成就,进一步指出继续努力的方向。"结尾"表扬尤为重要,因此在表扬时,切勿虎头蛇尾。

③选择合适的方式。表扬要根据不同对象的个性特征而选择不同的表扬方式。例如,对年轻人的表扬,在语气上应稍带夸奖的意味;对德高望重的长者的表扬,在语气上应带有尊重

的意味;对思维敏捷的人,表扬可以抓住重点,三言两语;对于有疑虑心理的人,表扬应注意明显准确,避免曲解和误会。

④选择合适的方法。表扬也要针对不同对象选择不同的表扬方法。表扬的方法主要有:一是当面个别表扬法。这种方法适用于被表扬者不愿让更多人知道的"秘密"的东西,这样表扬能使对方感到表扬者对他的关心,很亲切。二是当众表扬法。心理学调查研究表明,如有必要或有条件时,当众表扬他人,其作用比个别表扬的作用更大。它使被表扬者的荣誉感更强,更能促使他巩固成绩并继续前进,同时也能起到教育和激励大家的作用。三是间接表扬法。这种方法就是当事人不在场,背后进行赞扬。运用这一方法有时比当面表扬能起更大的作用。一般来说,背后表扬无论在会议上或在个别场合进行,都能传达到本人。这除了能起到表扬的激励作用外,还能使被表扬者感觉到对其表扬是真诚的,从而更能增强表扬效果。所以,如果想表扬一个人,不便当面提出或没有机会向他提出时,就可采用间接表扬法。四是集体表扬法。一般来说,就对个人的激励作用而言,集体表扬容易使荣誉分散,所以这种表扬往往不如表扬个人有效。但是,如果集体作出了值得表扬的成绩,也应予表扬。因为表扬集体除了能起到表扬的作用外,还能增强集体的凝聚力。

(2)批评的艺术。

①分清是否批评的界限。批评他人前,首先应分清是否批评的界限,斟酌一下是否必须运用批评这一手段。在现实生活中,往往有这样一些情况,例如,有些缺点和错误不运用批评的手段,而采取讨论、参观、教育等方式也能克服和纠正;本人无法防止的问题,诸如外人造成的人身事故,没有完成超出个人能力的任务等;或批评也解决不了问题,需要采取其他措施解决的。在这些场合,都不应给予批评。批评他人一定要有意义,不能随随便便地任意批评一个人。

②选择合适的时机。批评他人的时机有以下几种:一是及时批评。即在问题发生后马上向他提出所存在的不足或所犯的错误,切不可等问题成了堆,去"算总账"。二是冷静后批评。有些比较严重的问题发生后,当事人情绪可能不冷静,等他激动的心情平静下来,对问题仍然记忆犹新的时候提出批评,对方就容易接受。因为,这时提出批评,有利于他冷静地反思问题的经过,寻找问题出现的原因,权衡行为的后果。三是在他人主动征求意见时批评。一般来说,一个人只有当他反思自身,感到自己有某些不理想的地方时,才会去主动征求别人的意见。由于此时他已有思想准备,能够接受批评,因此是批评的合适时机。

③选择合适方式。人的个性对人的需求和行为的影响很大。每个人由于气质、性格、知识、经历等条件不同,对批评的承受力也有很大差异。所以,在批评他人时,应该根据不同人员的个性特征,选择其易于接受的、收效最大的批评方式和方法。

④选择合适的方法。批评他人,也要根据每个人的个性差异来选择不同的批评方法。批评的方法主要有:一是过渡法,即用称赞或真诚的欣赏开始,先表扬,后批评,这样,被批评者会觉得批评者是善意的,对问题的分析是全面的,不会有委屈感,批评意见也容易听进去。二是暗示法,即间接指出被批评者的错误。例如,在与被批评者谈话时,并不指出他的错误而是告诉他正确的做法。三是引申法,即不仅要指出错误,还要帮助被批评者分析错误原因和寻找改正错误的办法。四是认同法,即在批评被批评者之前,先谈自己相似的错误。这样可以使批评者和被批评者之间产生"有共同之处"的认同,从而使批评容易被接受。

本章思考题

1. 简述需要、动机与行为之间的关系。
2. 激励工作的原则是什么?
3. 简述马斯洛层次需要理论的基本内容。
4. 简述赫茨伯格双因素理论的主要内容。
5. 举例说明激发力量和目标效价与期望值之间是什么关系。
6. 平均分配公平吗? 你认为如何才能有效地避免和消除员工的不公平感?
7. 在管理上如何利用期望理论激发员工的工作动力?
8. 强化理论的主要内容是什么?
9. 试论述激励的方法。

案例分析

达纳公司:一个非凡的红录

美国达纳公司主要生产螺旋桨叶片和齿轮箱之类的普通产品,这些产品多数是满足汽车和拖拉机业普通二级市场需要的,该公司是一个拥有30亿美元资产的企业。20世纪70年代初期,该公司的雇员人均销售额与全行业企业的平均数相等。到了70年代末,在并无大规模资本投入的情况下,公司雇员人均销售额已猛增3倍,一跃成为《财富》杂志按投资总收益排列的500家公司中的第2位。这对于一个身处如此乏味行业的大企业来说,的确是一个非凡纪录。

1973年,麦斐逊接任公司总经理。他做的第一件事就是废除原来厚达22英寸半的政策指南,代之而用的是只有一页篇幅的宗旨陈述。其大意是:

(1)面对面的交流是联系员工、保持信任和激发热情的最有效手段。关键是要让员工知道并与之讨论企业的全部经营状况。

(2)我们有义务向希望提高技术水平、扩展业务能力或进一步深造的生产人员提供培训和发展的机会。

(3)向员工提供职业保险至为重要。

(4)制订各种对设想、建议和艰苦工作加以鼓励的计划,设立奖励基金。

麦斐逊很快把公司班子从500人裁减到100人,机构层次也从11个减到5个。大约90人以下的工厂经理都成了"商店经理"。因为这些人有责任学会做厂里的一切工作,并且享有工作的自主权。麦斐逊说:"我的意思是放手让员工们去做。"

他指出:"任何一项具体工作的专家就是干这项工作的人,不相信这一点,我们就会一直压制这些人对企业作出贡献及其个人发展的潜力。可以设想,在一个制造部门,在方圆2.32平方米的天地里,还有谁能比机床工人、材料管理员和维修人员更懂得如何操作机床、如何使其产出最大化、如何改进质量、如何使原材料流量最优化并有效地使用呢?没有。"

他又说:"我们不把时间浪费在愚蠢的举动上。我们办事没有种种程序和手续,也没有大批的行政人员。我们根据每个人的需要、每个人的志愿和每个人的成绩,让每个人都有所作为,让每个人都有足够时间去尽其所能……我们最好还是承认,在一个企业中,最重要的人就是那些提供服务、创造和增加产品价值的人,而不是管理这些活动的人……这就是说,当我处在你们那 2.32 平方米的空间里时,我还是得听你们的!"

达纳公司和惠普公司一样,不搞什么上下班时钟。对此,麦斐逊说:"大伙都抱怨说:'没有钟怎么行呢?'我说:'你该怎么去管 10 个人呢? 要是你亲眼看到他们老是迟到,你就去找他们谈谈嘛。何必非要靠钟表才能知道人们是否迟到呢?'我的下属说:'你不能摆脱计时钟,因为政府要了解工人的出勤率和工作时间。'我说:'此话不假。像现在这样,每个人都准时上下班,这就是纪录嘛! 如果有什么例外,我们自会实事求是地加以处理的'。"

麦斐逊非常注意面对面的交流,强调同一切人讨论一切问题。他要求各部门的管理人员和本部门的所有成员之间每月举行一次面对面的会议,直接而具体地讨论公司每一项工作的细节情况。

麦斐逊非常注重培训工作,以此来不断地进行自我完善。仅达纳大学,就有数千名雇员在那里学习,他们的课程都是务实方面的,但同时也强调人的信念,许多课程都由老资格的公司副总经理讲授。

达纳公司从不强人所难。麦斐逊说:"没有一个部门经理会屈于压力而被迫接受些什么。"在这里,人们受到的压力是同事间的压力。大约 100 名经理人员每年要举行两次为期 5 天的经验交流会,同事间的压力就是前进的动力。他说:"你能一直欺骗你的头头,我也能。但是你没法逃过同行的眼睛,他们可是一清二楚的。"

麦斐逊强调说:"切忌高高在上、闭目塞听和不察下情的不良作风,这是青春不老的秘方。"

思考题

1. 在上述案例中,麦斐逊采取的激励方法有哪些?

2. 试用学过的激励理论分析麦斐逊的激励措施及其作用。

第8章

沟通

学习要点

1. 理解沟通的基本内涵
2. 领会沟通的过程及构成要素
3. 掌握沟通的主要类别
4. 了解沟通的渠道网络
5. 掌握有效沟通的障碍及克服方式
6. 了解冲突的起源及处理策略

案例导入

企业成功源于沟通

美国沃尔玛公司总裁萨姆·沃尔顿曾说过:"如果你必须将沃尔玛管理体制浓缩成一种思想,那可能就是沟通。因为它是我们成功的真正关键之一。"沟通就是为了达成共识,而实现沟通的前提就是让所有员工一起面对现实。沃尔玛决心要做的,就是通过信息共享、责任分担实现良好的沟通交流。

沃尔玛公司总部设在美国阿肯色州本顿维尔市,公司的行政管理人员每周花费大部分时间飞往各地的商店,通报公司所有业务情况,让所有员工共同掌握沃尔玛公司的业务指标。在任何一个沃尔玛商店里,都定时公布该店的利润、进货、销售和减价的情况,并且不只是向经理及其助理们公布,也向每个员工、计时工和兼职雇员公布各种信息,鼓励他们争取更好的成绩。

沃尔玛公司的股东大会是全美最大的股东大会,每次大会公司都尽可能让更多的商店经理和员工参加,让他们看到公司全貌,做到心中有数。萨姆·沃尔顿在每次股东大会结束后,都和妻子邀请所有出席会议的员工约2500人到自己的家里举办野餐会,在野餐会上与众多员工聊天,大家一起畅所欲言,讨论公司的现在和未来。为保持整个组织信息渠道的通畅,他们还与各工作团队成员全面注重收集大家的想法和意见,通常还带领所有人参加"沃尔玛公司联欢会"等。

萨姆·沃尔顿认为让员工们了解公司业务进展情况,与员工共享信息,是让员工最大限度地干好其本职工作的重要途径,是与员工沟通和联络感情的核心。而沃尔玛也正是借用共享信息和分担责任,适应了员工的沟通与交流需求,达到了自己的目的:使员工产生责任感和参与感,意识到自己的工作在公司的重要性,感觉自己得到了公司的尊重和信任,积极主动地努力争取更好的成绩。

思考题

1. 从沃尔玛的成功经验中得到了哪些启发?

2.从上面案例中体会沟通对于企业来说意味着什么？

（资料来源：http://blog.sina.con.cn/s/blog_92do487dolooyyi6.html）

8.1 沟通概述

沟通的管理意义是显而易见的。如同激励员工的每一个因素都必须与沟通结合起来一样，企业发展的整个过程也必须依靠沟通。可以说，没有沟通企业管理者的领导就难以发挥积极作用，没有顺畅的沟通，企业就谈不上机敏的应变。

从某种意义上讲，沟通已成为现在员工潜意识的重要部分，是员工激励的重要源泉。重视每一次沟通所产生的激励作用，企业管理者会发现对员工的最大帮助就是心存感激。"士为知己者死"，企业管理者的"理解、认同"的"知遇之恩"也必将换来员工的"涌泉回报"。

作为一名企业管理者，要尽可能地与员工们进行交流，使员工能够及时了解管理者的所思所想，领会上级意图，明确责权赏罚。避免推卸责任，彻底放弃"混日子"的想法。而且，员工们知道得越多，理解就越深，对企业也就越关心。一旦他们开始关心，他们就会爆发出数倍于平时的热情和积极性，形成势不可挡的力量，任何困难也不能阻挡他们。这正是沟通的精髓所在。

如果企业管理者不信任自己的员工，不让他们知道公司的进展，员工就会感觉自己被当做"外人"，轻则会打击员工士气，造成部门效率低落；重则使企业管理者与员工之间，形成如阿猫阿狗样的相互不信任的敌意，产生严重隔阂，无法达成共识。当然，管理中的沟通误会，并非都出自企业管理者与员工之间的隔阂，缺乏共同的沟通平台，往往也会造成沟通误会。由此可见，理解、认同、适应对方的语言方式和行为习惯，是强化管理沟通最基本的内在条件。

对于一个组织来说，沟通是一个十分重要的问题。组织中的相互了解、反馈、衡量成果、进行决策、部门之间的协调等，无不依赖于信息沟通。曾经有心理学家说过："沟通对于组织的重要性，如同血液循环对于人体。"通过沟通，组织的目标和实现目标途径能为人们所理解，不同部门、岗位的职责才能明确，计划实施过程中的偏差才能反映给相关的人员。领导者要施加影响力，就更离不开有效沟通。

管理的本质是协调，协调组织内部的各种资源和因素，协调组织的外部环境，实现组织内外协调发展。协调是管理的基本工作，也是组织健康运行的必备条件和手段。协调需要沟通，通过沟通才能实现协调。沟通既是协调的重要手段，也是协调的重要过程。国外有专家做过调查，在管理工作中，管理者约有 70％的时间用在与他人沟通，30％左右的时间用于分析问题和处理相关事务。显然，管理者的大部分时间花费在与他人进行沟通上。

8.1.1 沟通及其过程

1.沟通的含义

日本经营之神、松下电器集团创始人松下幸之助有句名言："企业管理过去是沟通，现在是沟通，未来还是沟通。"管理者的真正工作就是沟通，任何时候企业管理都离不开沟通。

一般来讲，人们常常认为沟通是在两个或多个人之间进行的思想、意见和情感等方面的交流，并通过交流达成一致的认识和理解的一种方法。《大英百科全书》中的解释是，沟通就是"用任何方法，彼此交换信息，也就是指一个人与另外一个人之间用视觉、符号、电话、电报、收音机、电视或其他工具为媒介,所从事的交换信息的方法"。在这里,从管理的角度,我们把沟通定义为:沟通是为了特定的目标,把信息、思想和情感在个人或群体间传递,并且达成相互理解的过程。它包括以下四个方面的含义:

(1)沟通是双方的行为,必须有信息的发送者和接收者。其中双方既可以是个人,也可以是群体或组织。

(2)沟通是信息交流的过程。如果信息没有传递到接收者,那么,也就没有沟通的发生。沟通中传递交流的信息包罗万象,包括思想、情感、价值观、意见和观点等。沟通过程中,信息的传递也可以通过一些符号来实现,例如语言、身体动作和表情等,这些符号经过传递,往往都附加了发送者和接收者一定的态度、思想和情感。

(3)沟通是一个传递和理解的过程。如果信息没有被传递到对方,则意味着沟通没有发生。而信息在被传递之后还应该被理解,一般来说,信息经过传递之后,接收者接收到的信息与发送者发出的信息完全一致,并能理解信息发送者所要表达的含义,这才是一个有效的沟通过程。有效的沟通,意味着信息不仅被传递,而且还要被理解。实际上,沟通并不一定要使对方完全接受自己的观点,但一定要使对方完全明白你的观点。也就是说,你可以明确地理解对方所说的意思,但不一定同意对方的看法。沟通双方能否达成一致意见,对方是否接受你的观点,并不仅仅取决于沟通是否有效,它还涉及双方根本利益是否一致、价值观念是否相似等其他关键因素。但是,只有沟通过程中双方能准确理解彼此的意图,才能为有效沟通奠定坚实的基础。

(4)沟通是一个双向互动的反馈过程。每天我们都在与他人进行各种各样的沟通,但不能说每次都是成功的沟通。这是因为沟通不是一个纯粹单向的活动。有时你已经告诉对方你所要表达的信息,但这并不意味着对方已经与你沟通了。经常会出现所说的与所理解的并不完全一致的情况。如果预期结果并未出现,接收者并未对你发出的信息作出反馈,那么也没有形成沟通。所以,有效的沟通必然是一个双向的反馈过程,这种反馈并非一定要通过对话表现出来,也可能是接收者以其表情或目光、身体姿势这些信息反馈给传递者,从而使发送者得知对方是否接收与理解其所发出的信息,并理解对方的感觉。

知识链接

画图游戏

规则:

(1)图形贴于写字板后。

(2)人只能站在板后,不可走出来,有30秒思考时间。

(3)描述第1图时,台下学员只允许听,不许提问。(单向沟通)

(4)描述第2图时,学员可以发问。(双向沟通)

(5)每次描述完,统计自认为对的人数和实际对的人数。

感受:

对于听者而言:

(1)自认为自己来做会做得更好——单向沟通时,听的比说的着急。

(2)自以为是——认为自己做对了的人,比实际做对了的人多。

(3)想当然——没有提问,就认为是(可根据学员出现的问题举例)。

（4）仅对对方提要求，不反求诸自己——同样情况下，为什么有人做对了，有人做错了？我们为什么不能成为做对了的人？

（5）不善于从别人的提问中接收信息。

对说者而言：

（1）要注意听众的兴趣所在。

（2）要对所表达的内容有充分的理解与了解。

（3）存在信息遗漏现象，要有很强的沟通表达技巧。

（4）要先描述整体概念，然后逻辑清晰地讲解。

结论：双向沟通比单向沟通更有效，双向沟通可以了解到更多信息。

2. 沟通的作用

沟通不仅与人们的日常生活密切相关，它在管理的各个方面也得到了广泛的运用。良好的管理沟通首先表现在它与管理者的工作密切相关，并随着管理层次的递增，管理者用于沟通上的时间也就越多。一项研究表明，一个基层管理人员工作时间的 20%～50%用于言语沟通；而中、高层管理人员工作时间的 66%～87%用于面对面和电话形式的沟通。沟通体现在不同的管理职能方面，如计划的制订与安排、部门之间的协调、人与人之间的交往、领导者与下属的联络、控制中的纠偏矫正工作、企业间的交流等。

（1）沟通是实现组织目标的重要手段。组织中的个体、群体为了实现特定的目标，在完成各种具体工作的时候都需要相互交流、自觉地协调。信息沟通使组织成员团结起来，把抽象的组织目标转化为组织中每个成员的具体行动。没有沟通，一个群体的活动就无法进行，特别是管理者通过与下属的沟通使员工们了解和明确自己的工作任务，以保证目标的实现。

（2）沟通是企业科学决策的前提和基础。在激烈的市场竞争环境中，决定企业经营成败的关键往往不是企业内部一般性的生产管理，而在于重大经营方针的决策。为使组织决策科学合理和更加有效，需要准确可靠而又迅速地收集、处理、传递和使用情报信息。这里情报信息包括组织内外经济环境、市场、资源、文化等内容。事实证明，许多决策的失误是由于信息资料不全、沟通不畅造成的。因此，没有沟通就不可能有科学有效的决策。

（3）沟通能有效激励员工。著名管理顾问尼尔森提出，未来企业经营的重要趋势之一是企业经营管理者不再像过去那样扮演权威角色，而是要设法以更有效的方法，激发员工士气，引发员工潜力，创造企业最高效益。管理人员如果掌握了良好的沟通技巧，会有效激发员工的工作积极性，提高员工士气，增强组织内部的凝聚力。

（4）沟通是增进理解的工具。沟通是领导者和被领导者、企业与"相关利益者"之间增进了解和理解的工具。通过沟通可以增强领导工作的透明度，帮助下级和员工明确工作任务、理解组织目标、了解具体要求和工作中存在的困难，便于大家集中力量，齐心协力共同实现组织目标。通过沟通，领导者也能及时了解员工的意见要求与情感状况，这样上情下达、下情上传、信息沟通、畅行无阻，这是高效团体的重要特征之一。如果沟通受阻，领导者与被领导者之间可能发生隔阂、误解、矛盾、纠纷、互不信任的状况，这样必将影响各项工作正常运转。

（5）沟通是调节人际关系、增强凝聚力、加强企业文化建设的重要手段。人类有社会交往的需要，而团体成员之间的沟通，彼此诉说个人的意见，表达喜怒哀乐的感情，可以增进相互之间的交往与友谊，产生亲密感，加强团结，改善调节人际关系，调动团队积极性，增强团队精神。如果一个团体的沟通受阻，团体成员互不了解，互不理解，则团队的凝聚力差、士气低落，人际关系紧张。沟通能满足人的社会交往与友谊的需要,不仅有利于人际关系的和谐,而且能解除人内心的烦恼、孤独、压抑与紧张,使人心情愉快、舒畅,有益于身心健康。

3. 沟通的过程

沟通过程是指信息的传送者通过选定的渠道把信息传递给接收者的过程。在这个过程中,信息发送者将信息按一定的程序进行编码后,通过一定的渠道传递给信息的接收者,信息的接收者将接收的信息进行译码处理,再反馈给发送者。沟通的过程包括信息发送者、信息、编码、渠道、信息接收者、译码、反馈、噪音八个要素,如图 8-1 所示。

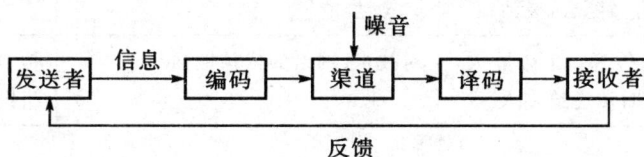

图 8-1　沟通的过程

(1)信息发送者:持有信息、意图、观点的人。作为信息的发送者,最重要的是要确立概念、明确自己要传递的信息。

(2)信息:表达观点、意图的语言或非语言符号。

(3)编码:信息发送者采取的某种形式或符号来传递信息。

(4)渠道:传递信息的媒介。信息传递渠道有多种,如书面的备忘录、计算机、电话、电报、电视、互联网等。选择什么样的信息传递渠道,既要考虑沟通的场合、沟通双方互相同意和方便性以及所处环境、拥有的条件等,也要考虑选择所用渠道的成本。

(5)译码:信息的接收者根据自己的知识、经验和思维方式,将传递的符号译成可理解的形式。

(6)信息接收者:接收并理解信息的人。

(7)反馈:信息接收者把对所接收到的信息的处理结果返还给发送者。通过反馈可使发送者知道信息是否被接收,或及时作出正确的解释。

(8)噪音:会对有效沟通产生障碍的因素。例如,对发送者来说,嘈杂的环境可能会妨碍意念的形成,由于所用的符号不清也可能造成编码错误;对信息传递来说,由于渠道不畅可能造成信息传递中断;对接收者来说,因注意力不集中可能造成接收不准确,因误解信息符号的含义可能造成解码错误,等等。噪音不仅会阻止信息的传递,也可能会在传递过程中扭曲信息。

4. 沟通的类型

沟通的类型多种多样,按照不同标准,有不同的分类。

(1)按沟通方法划分,沟通可分为口头沟通、书面沟通、非语言沟通、电子媒介沟通,如表8-1所示。

(2)按组织系统划分,沟通可分为正式沟通和非正式沟通。

①正式沟通。正式沟通是指在组织系统内,依据一定组织原则所进行的信息传递与交流。例如组织与组织之间的公函来往,组织内部的文件传达、会议召开,上、下级之间定期的情报交换等。另外,团体所组织的参观访问、技术交流、市场调查等也在此列。

表 8-1　不同沟通方法的比较

沟通方式	优点	缺点	举例
口头沟通	传递速度快,反馈速度快,信息量大	传递中经历的层次越多,信息失真的可能性越大,核实越困难	交谈、讲座、讨论、电话
书面沟通	持久,有形,可以核实	效率低,缺乏反馈	报告、备忘录、信件、文件、布告
非语言沟通	信息意义明确,内涵丰富,含义隐含,灵活	传递距离有限,只可意会不可言传	声、光、体态、语调
电子媒介	快速传递,信息量大,可同时传递给多人	对技术、网络的依赖性强	传真、闭路电视、计算机网络、电子邮件

正式沟通的优点是沟通效果好,比较严肃,约束力强,易于保密,可以使信息沟通保持权威性。重要的信息和文件的传达、组织的决策等,一般采取这种方式。其缺点是由于依靠组织系统层层传递,所以较刻板,沟通速度慢。

②非正式沟通。非正式沟通是指正式沟通渠道以外的信息交流和传递,它不受组织监督,自由选择沟通渠道。例如团体成员私下交换看法,朋友聚会,传播谣言和小道消息等都属于非正式沟通。非正式沟通是正式沟通的有机补充。在许多组织中,决策时利用的情报大部分是由非正式信息系统传递的。同正式沟通相比,非正式沟通往往能更灵活迅速地适应事态的变化,省略许多繁琐的程序;并且常常能提供大量的通过正式沟通渠道难以获得的信息,真实地反映员工的思想、态度和动机。因此,这种沟通往往能够对管理决策起重要作用。

非正式沟通的优点是沟通形式灵活,直接明了,速度很快,容易及时了解到正式沟通难以提供的"内幕新闻"。非正式沟通能够发挥作用的基础,是团体中良好的人际关系。其缺点表现在,非正式沟通难以控制,传递的信息不确切,易于失真、曲解,而且,它可能影响人心稳定和团体的凝聚力。

(3)按沟通的信息流动方向划分,沟通可分为上行沟通、下行沟通、横向沟通、斜向沟通。

①上行沟通。上行沟通主要是指团体成员和基层管理人员通过一定的渠道与管理决策层所进行的信息交流。它有两种表达形式:一是层层传递,即依据一定的组织原则和组织程序逐级向上反映;二是越级反映,这指的是减少中间层次,让决策者和团体成员直接对话。

上行沟通的优点:员工可以直接把自己的意见向领导反映,获得一定程度的心理满足,管理者也可以利用这种方式了解企业的经营状况,与下属形成良好的关系。

上行沟通的缺点:在沟通过程中,下属因级别不同造成心理距离,形成心理障碍;害怕"穿小鞋",受打击报复,不愿反映意见;同时,上行沟通常常效率不佳;有时,由于特殊的心理因素,经过层层过滤,导致信息失真,出现适得其反的效果。

②下行沟通。下行沟通主要是指组织较高层管理人员通过一定渠道把信息传递给较低层次管理人员或员工的过程。

相比而言,下行沟通比较容易,居高临下,甚至可以利用广播、电视等通信设施;上行沟通则困难一些,它要求基层领导深入实际,及时反映情况,做细致的工作。一般来说,传统的管理方式偏重于上行沟通,管理风格趋于专制;而现代管理方式则是下行沟通与上行沟通并用,强调信息反馈,增加员工参与管理的机会。

下行沟通的优点:可以使下级主管部门和团体成员及时了解组织的目标和领导意图,增加员工对所在团体的向心力与归属感;可以协调组织内部各个层次的活动,加强组织原则和纪律性。

下行沟通的缺点:如果这种渠道使用过多,会在下属中造成高高在上、独裁专横的印象,使下属产生心理抵触情绪,影响团体的士气。此外,由于来自最高决策层的信息需要经过层层传逐,容易被耽误、搁置,有可能出现事后信息曲解、失真的情况。

③横向沟通。横向沟通是指在组织系统中层次相当的个人及团体之间所进行的信息传递和交流。在企业管理中,横向沟通又可具体地划分为四种类型:一是企业决策层与工会系统之间的信息沟通;二是高层管理人员之间的信息沟通;三是企业内部各部门之间的信息沟通与中层管理人员之间的信息沟通;四是一般员工在工作和思想上的信息沟通。横向沟通可以采取正式沟通的形式,也可以采取非正式沟通的形式。通常以后一种方式居多,尤其在正式的或事先拟订的沟通计划难以实现时,非正式沟通往往是一种极为有效的补救方式。

横向沟通具有很多优点:第一,它可以使办事程序、手续简化,节省时间,提高工作效率;第二,它可以使企业各个部门之间相互了解,有助于培养整体观念和合作精神,克服本位主义倾向;第三,它可以增加员工之间的互谅互让,培养员工之间的友谊,满足员工的社会需要,使员工提高工作兴趣,改善工作态度。

其缺点表现在:横向沟通的头绪过多,信息量大,易造成混乱;此外,横向沟通尤其是个体之间的沟通也可能成为员工发牢骚、传播小道消息的途径,会造成团体士气涣散。

④斜向沟通。斜向沟通是一种特殊形式的沟通,是指群体内部非同一组织层次上的单位或个人之间的信息沟通和不同群体的非同一组织层次之间的沟通。斜向沟通的目的是为了加快信息的传递。

斜向沟通信息传递环节少,质量高,成本低,具有快速、便捷和高效的优点。此外,还为企业减少管理层次,弱化中层管理人员职能,提高管理效率起到积极作用。

由于斜向沟通脱离了正式的指挥系统,因此很容易造成部门之间的矛盾。因此在采取斜向沟通之前,要事先得到直接领导者的允许,并在沟通后把结果及时向直接领导汇报。

(4)按沟通渠道所形成的网络分类,沟通可分为单向沟通与双向沟通。

①单向沟通。单向沟通,也就是上级管理者只用指令和训话向下属员工表达自己的意志意愿,不听也不管下属员工有何种反馈。单向沟通具有以下五个方面特征:

A.无论是要做的工作还是做好的标准与要求,都只是由管理者向被管理者以指令的形式下达,根本不听取下属员工的意见。

B.凭自己的主观感觉,对问题不询问、不核实,就对下属员工进行呵斥和责骂。

C.不与被管理者进行沟通,也不考虑和了解被管理者在承担工作过程中有什么困难,发生了不满意的结果就下达指令。

D.朝令夕改,给下属员工下达的工作指令和作出的激励承诺,随心所欲地更改调整,根本不考虑下属员工的接受程度和意愿。

E.在拟定、形成约束下属员工的规章制度时从不与下属员工进行沟通,也不征求下属员工的意见,强制性地把约束强加于下属员工。

单向沟通,首先会受到被管理者的意志、意愿的抵制。任何人做任何事,都会有自己的判断。他认为不应该做的事,如果是迫不得已去做,他总可以找到抵制的办法和理由。本来完全可以成为被管理者自我约束的要求,并能轻易做好的工作,往往因为没有考虑到下属员工的意志、意愿,最终被下属员工抵制反对,导致无法落实。其次,不沟通也就不可能确切地知晓下属员工是否具备做好工作的能力、是否明了工作做好的标准要求、是否知道承担工作的具体方法程序等一系列的问题。再次,不问青红皂白地对下属员工进行呵斥和责骂,不仅会造成员工工作情绪低落,而且会导致人心涣散。

②双向沟通。与单向沟通相对应的是双向沟通,即为形成共同的约定而在互动的基础上,进行充分有效的沟通。也就是说,要被管理者履行约束,无论其内涵是否与被管理者的意志相违背,都必须与被管理者进行充分的沟通,以获得被管理者的理解和认同。只有被管理者理解和认同了的约定,才能对被管理者具有充分的约束力,被管理者才会把这种约束当成一种自我约束而严格遵守。

◢ 相关案例

小孙是一家公司的人力资源部经理,最近他准备举办一个培训班,需要从各个车间抽调员工参加,为了争取车间的支持,他到各车间里去找车间主任。第一位车间主任是他师兄,见面后小孙上去就是一拳:"我告诉你啊,下礼拜给我派两个人参加培训班,如若不派,从今晚开始我就到你家吃、到你家住、到你家闹去,你派不派人?"旁观者皆大乐,车间主任哭笑不得,赶快答应。第二位车间主任是他师傅,他换了个说法:"师傅,您不能把我扶上墙之后就撤梯子,您一定得帮我这个忙,派俩人在下周参加培训班,帮我圆上这个场。"师傅只好同意。第三、四、五、六车间他均随机应变取得了各位主任的支持。第七个部门是设计科室:"张工,这是今年上半年职工培训计划,您看看,第四次课还得麻烦您上。"张工表示坚决支持。"这第一次还得再派俩人参加,您看派谁去?"张工也答应了并当场定下人选。小孙顺利地获得了各车间的支持。

问题:小孙为什么能够获得车间主任们的支持?

8.1.2 沟通渠道和网络

1.沟通渠道

所谓沟通渠道,就是信息在传递和交流时所经过的通道。当人们为解决某个问题或协调人际关系进行沟通时,必然要有相应的沟通渠道。沟通渠道的结构形式不同,对沟通的效率和效果会产生不同的影响。一般来说,按照沟通渠道的性质划分,可以把沟通渠道分为正式渠道与非正式渠道。在正式渠道中进行的沟通称为正式沟通,在非正式渠道内的沟通叫非正式沟通。

(1)正式沟通渠道。正式沟通渠道是指按组织内部明文规定的途径进行信息传递和交流,它和组织的结构息息相关,主要包括:组织系统发布的命令、指示、文件,组织召开的正式会议,组织内部上下级之间或同事之间因工作需要而进行的正式接触等。正式沟通渠道传播的信息又称"官方消息"。

正式沟通渠道是组织管理中的沟通主渠道,大量的沟通工作有赖于正式沟通渠道。由于正式沟通带有强制性,比较规范、井然有序、约束力强、沟通效果较好,因此,在企业管理中一般的信息都要通过正式沟通渠道下达并反馈。

(2)非正式沟通渠道。非正式沟通渠道是指以社会关系为基础,与组织内部规章制度无关系的沟通渠道。这种沟通不受组织监督,也没有层次结构上的限制,是由员工自行选择进行的,如员工之间的交谈,议论某人某事,传播消息、流言,等等。非正式沟通传播的信息又称"小道消息"。

非正式沟通渠道虽不是由组织明文规定建立的,但其不仅能真实地表露或反映人们的思想动机,而且往往提供给正式沟通难以获得或不便获得的信息。同时,非正式沟通的速度也是正式沟通所无法比拟的。如打一个电话向另外一个部门请教一个问题,只需 5 分钟就可以解决,但若依照正式沟通的程序来进行,需要层层批准,则可能要花上一整天的时间。

非正式沟通渠道存在于组织之中,并不是总起消极作用。实际上,只要对非正式渠道运用得当,它能够对正式渠道起到非常重要的积极作用。

2. 沟通网络

人们通过一定的沟通渠道交流信息,各沟通渠道按一定规则组合在一起的形态,就叫做沟通网络。在企业中,员工与员工之间、员工与管理者之间、管理者与管理者之间由于种种原因,都要建立并保持联系。管理者在沟通网络中起重要的作用,同时网络也会给管理者的管理带来许多影响。沟通网络有助于管理者获得许多信息,也有助于管理者和员工改善人际关系。与沟通渠道相对应,沟通网络也可以分成两大类型:正式沟通网络和非正式沟通网络。

(1)正式沟通网络。正式沟通网络是通过正式沟通渠道建立起来的网络,它反映了一个组织的内部结构。正式沟通网络通常与组织的职权系统和指挥系统相一致。具体说,正式沟通网络主要分为链式沟通网络、环式沟通网络、Y 式沟通网络、轮式沟通网络和全通道式沟通网络,如图 8-2 所示。

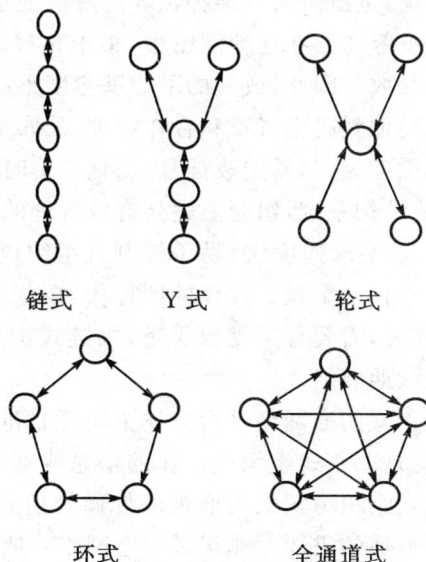

链式　　　Y 式　　　轮式

环式　　　全通道式

图 8-2　正式沟通网络

①链式沟通网络。这是一个线性网络。其中居于两端的人只能与内侧的一个成员联系,居中的人则可以分别与两端的人沟通信息。在组织系统中,它相当于一个纵向沟通网络,代表组织的各级层次,自上而下或自下而上传递信息。在这个网络中,信息经层层传递、层层筛选,容易失真,各个信息传递者所接受的信息差异很大,平均满意程度有较大差距。

②环式沟通网络。此网络可看成是链式网络的一个封闭式控制结构,表示五个人之间依次联络和沟通。其中,每个人都可以同时与两侧的人沟通信息。在这个网络中,组织的集中化程度较低,畅通渠道不多,组织中成员具有比较一致的满意度,士气较高。在组织中,如果欲创造出一种高昂的士气来实现组织目标,可采取环式沟通网络。这种网络适合于分散小组,经常用于突击队、智囊咨询机构或特别委员会等组织形式之间的沟通。

③Y式沟通网络。这是一个纵向沟通网络,其中只有一个成员位于沟通的中心,成为沟通的媒介。在组织中,这一网络大体相当于组织领导通过秘书再到下级主管人员或一般成员之间的纵向关系。在Y的分叉点是秘书、助理或基层主管所处位置。这种网络集中化程度较高,除中心人员外,组织成员平均满意度较低。Y式沟通网络适用于主管人员在工作任务繁重时,需要有人选择信息,提供决策依据,节省时间,而又要对组织实行有效的控制。但此网络易导致信息失真或曲解,影响组织中成员的士气,阻碍组织提高工作效率。

④轮式沟通网络。这种网络属于控制型网络,其中只有一个成员是各种信息的汇集点与传递中心。在组织中,大体相当于一个主管领导直接管理几个部门的权威控制系统。此网络集中化程度很高,解决问题的速度快,管理者满意程度很高。因此,这种网络是加强组织控制、争时间、抢速度的有效方式。如果某一组织接受了紧急攻关任务,要求进行严密控制,就可采用这种网络。但是,在这种网络中,只有处于核心地位的主管领导才了解全面情况,其他成员之间消息闭塞,平行沟通少,很难达到彼此的协调与合作,心理满足程度低,影响士气,特别阻碍下属主观能动性的发挥。

⑤全通道式沟通网络。这是一个开放式的网络系统,这种网络允许所有的成员之间彼此进行沟通,是一种没有正式机构,也没有人以某种领导的身份处于网络中心的沟通。这种沟通不受任何限制,所有成员都是平等的。在这种网络中,集中化程度很低,可能采取的沟通渠道很多,各个沟通渠道之间全面开放。因此,成员的平均满意度很高,团体民主气氛浓厚,士气高昂,合作精神强。如果组织需要加强民主气氛和合作精神,采取全通道式沟通网络是行之有效的方法。但是,这种网络沟通渠道太多,易造成混乱,而且又费时,影响工作效率。

沟通网络代表一个组织的结构系统,组织要达到有效管理的目的,需要采取哪一种沟通网络,应视不同的情况确定。如果要求速度快、易于控制且组织成员具有较大的自主权与责任感,则轮式沟通网络较好。如果在一个较大规模的团体中,要创造高昂的士气,则可以运用环式沟通网络。如果组织非常庞大,需要分层授权管理,则链式沟通比较有效。总之,应具体情况具体分析,从而确定适当的沟通网络。

(2)非正式沟通网络。非正式沟通网络是指群体中未经批准的消息的自由传播渠道所形成的沟通结构形式。实际上就是非正式组织中存在的信息沟通,这种沟通一方面是正式组织成员之间的需要,另一方面也是组织中正式沟通难以传递的信息私下传递的需要。从组织的角度看,就是所谓的小道消息传递的需要。非正式沟通网络一般有四种形式,如图8-3所示。

①单线式沟通网络,是指个体之间的相互转告,即一个人告诉另一个人,另一个人再转告第三人,如此一个人传递给另一个人。通过一长串的人际关系来传递信息,而这一长串的人之间并不一定存在着正规的组织体系。

②流言式沟通网络,又称饶舌型或闲谈式,是指信息发送者主动寻找机会,通过闲聊等方式向其他人散布信息。它表示一个人主动把小道消息传播给其他一些人。

③随机式沟通网络,又称偶发式或概率型,即碰到什么人就转告什么人,并无一定中心人

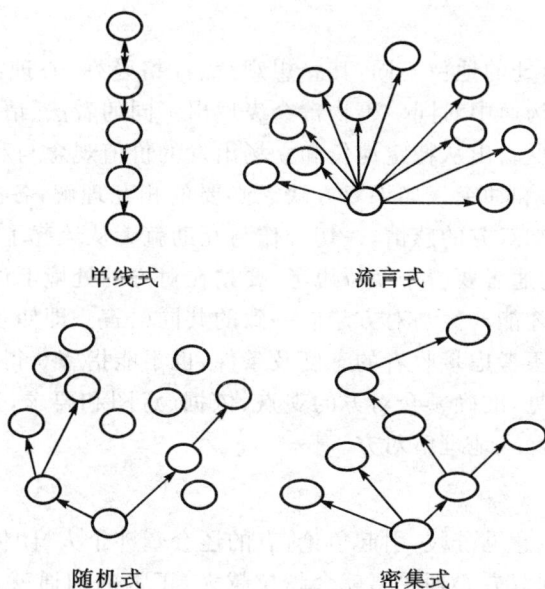

图 8 - 3　非正式沟通网络

物或选择性。这种方式通常每个人都是随机地传递给其他人。信息通过一种随机的方式传播。

④密集式沟通网络，指信息发送者有选择地寻找一批对象传播信息。这些对象大多是一些与其亲近的人，而这些对象在获得信息后又传递给自己的亲近者。

8.1.3　沟通的原则

1. 尊重原则

心理学家马斯洛把人的需要划分为五个层次，即生理需要、安全需要、社交需要、尊重需要以及自我实现需要。其中，尊重需要的满足，会增强人的自信心和上进心；反之则会使人产生自卑，影响其人际交往。因此，在沟通中首先要遵循相互尊重的原则。

尊重原则要求沟通者在沟通过程中尊重对方的人格和自尊心，尊重对方的思想感情和言行方式。这里既包括要善于运用相应的礼貌用语，如称呼语、迎候语、致谢语、致歉语、告别语、介绍语等；也包括遣词造句的谦恭得体、恰如其分，如多用委婉征询的语气；还包括平易近人、亲切自然的态度。当然，对对方的尊重不仅仅表现在沟通形式上，更表现在沟通中所交流的信息和思想观念上，要把对方放在平等的地位上，以诚相待。

2. 简洁原则

良好的沟通追求简洁，即用最少的文字传递大量的信息。无论对谁，沟通简洁都是一个基本点。每一个人的时间精力都是有限的，没有人喜欢不必要的繁琐交谈，没完没了、毫无结果的会议。如宝洁公司对简洁作了规定，高级经理审阅的文件不得超过两页。当然，简洁并不意味着绝对地采用短句子，或者为简洁而省略重要信息，它是指沟通者的语言运用要重点突出，字字有力。

3. 理解原则

由于人们在社会上所处的地位不同,其思想观念、性格爱好、心理需要、行为方式、利益关系等也各有差异,所以在沟通中对同一事物常会表现出不同的看法、情感和态度。尤其在涉及自身利益的问题上,更会反映出从特定地位和立场出发的价值观念与利益追求,因而必定会给沟通带来许多复杂的矛盾和冲突。如果双方缺乏必要的相互理解,各执一端,互不相让,不仅会导致沟通失败,还会影响双方的感情,一切合作与互助就无从谈起了。

理解原则就是要求沟通者要善于换位思考,要站在对方的处境上设身处地考虑、体会对方的心理状态与感受,这样才能产生与对方趋向一致的共同语言。即使是最有效的发送者,传播最有效的信息内容,如果不考虑接收者的态度及条件,也不能指望获得最大效果。同时还要耐心、仔细地倾听对方的意见,准确领会对方的观点、依据、意图和要求,这既可以表现出对对方的尊重和重视,也能更加深入地理解对方。

4. 包容性原则

在沟通中难免会发生意见分歧,引起争论,有的还会牵涉个人、团体或组织的利益,如果事无大小,动辄勃然大怒,则双方心理距离就会越拉越大,正常的沟通就会转化为失去理智的口角,这种后果显然是与沟通的目的背道而驰的。因此,沟通双方要心胸开阔、宽宏大量,把原则性和灵活性结合起来,只要不是原则性的重大问题,应力求以谦恭容忍的态度来对待各种分歧、误会和矛盾,以诙谐幽默、委婉劝导等与人为善的方式,来缓解紧张气氛,消除隔阂。事实证明,沟通中得理让人、态度宽容、谦让得体、诱导得法会使沟通更加顺畅并赢得对方的配合与尊重。

5. 准确性原则

沟通中的任何一个错误都有可能使对方失去对你的信任。当信息沟通所用的话言和传递方式能被接收者所理解时,才是准确的信息。在企业里,典型的不准确信息有:数据不足、资料解释错误、对关键因素无知、没有意识到的偏见以及对信息的夸张等。如果传递的信息不准确、不真实,不仅会给沟通双方带来极大的障碍或伤害,而且还会失去他人的信任和理解。因此,为了保证沟通的准确性,要求在信息收集过程中,注意选择可靠的信息来源,用准确的语言或精确的数字客观地记录原始信息。

6. 及时性原则

任何信息都是在一定的时空背景下产生的,都有其特定的使用范围,离开特定的时间和控制限制,一个非常重要的信息可能变得毫无价值。坚持沟通的及时性原则,就是要求在信息传递和交流过程中,一定要注意信息的时效性,既要注重传递信息的主要内容,又要注意传递信息产生与发挥作用的时间范围及条件,做到信息及时传递及时反馈,这样才能使信息不因时间问题而失真。

知识链接

沟通技能自我评价

测试问题:

1. 我能根据不同对象的特点提供合适的建议或指导。

2. 当我劝告他人时,更注重帮助他们反思自身存在的问题。

3. 当我给他人提供反馈意见甚至是逆耳的意见时,能坚持诚实的态度。

4. 当我与他人讨论问题时,始终能就事论事,而非针对个人。

5. 当我批评或指出他人的不足时,能以客观的标准和预先期望为基础。

6. 当我纠正某人的行为后,我们的关系常能得到加强。

7. 在我与他人沟通时,我会激发出对方的自我价值和自尊意识。

8. 即使我并不赞同,我也能对他人观点表现出诚挚的兴趣。

9. 我不会对比我权力小或拥有信息少的人表现出高人一等的姿态。

10. 在与自己有不同观点的人讨论时,我将努力找出双方的某些共同点。

11. 我的反馈是明确而直接指向问题关键的,避免泛泛而谈或含糊不清。

12. 我能以平等的方式与对方沟通,避免在交谈中让对方感到被动。

13. 我以"我认为"而不是"他们认为"的方式表示对自己的观点负责。

14. 讨论问题时,我通常更关注自己对问题的理解,而不是直接提建议。

15. 我有意识地与同事和朋友进行定期或不定期的、私人的会谈。

评价标准:

非常不同意/不符合(1 分)　　不同意/不符合(2 分)　　比较不同意/不符合(3 分)

比较同意/符合(4 分)　　同意/符合(5 分)　　非常同意/非常符合(6 分)

自我评价:

如果你的总分是:

80～90　你具有优秀的沟通技能。

70～79　你略高于平均水平,有些地方尚需要提高。

70 以下　你需要严格地训练你的沟通技能,选择得分最低的 6 项,作为技能学习提高的重点。

8.2　沟通的障碍及其克服

8.2.1　有效沟通的障碍

在信息沟通的过程中,由于存在着外界干扰以及其他种种原因,信息往往被丢失或曲解,使得信息传递不能发挥正常的作用。影响信息沟通的主要有个人因素、人际因素、结构因素及技术因素。

1. 个人因素

个人因素主要包括两大类:信息发送者障碍和信息接收者障碍。

(1)信息发送者障碍。存在于信息发送者方面的障碍也就是存在于信息编码过程中的障碍。这类障碍主要是由于对信息的理解不同、表达不同、编码失误等造成的。

①发送者对沟通缺乏计划性。没有计划的沟通往往是混乱而缺乏逻辑的,因而效果不佳。信息发送者对自己要传递的信息内容、交流的目的不明确,不知道自己到底要向对方说些什么,怎么去说,也不知道接收者想听些什么。那么,信息沟通便会遇到无法逾越的障碍。一位销售冠军曾经说过每一次他去拜访顾客前总是事先做好了充分的准备,包括对方的喜好、专业、收入等都作了详尽的调查和思考,然后才选择合适的时间和地点进行拜访。所以,要想实

现有效的沟通必须对沟通的目的有所计划,明确"我要通过什么通道、向谁传递什么信息并达到什么目的。"

②发送者的表达含糊不清。发送者的表达如果含糊不清将直接导致编码的失败,造成用词不当、思路混乱、句式复杂、缺乏条理、晦涩难懂等现象。例如,管理者说"该部门增加了向企业实体发放数据采集表格的时间间隔,以获得客观的经济效果"时人们可能很茫然,按他的实际意思只不过是"该部门减少向供应商发出的问卷以节省开支"。因此,无论是口头交流或书面沟通,都要求发送者必须用清晰的语言和词汇来表达自己的意思或意图。

③发送者使用了引起误解的非语言沟通形式。当人们进行交谈时,常常伴随着一系列有含义的动作,这些无言的信号强化了所表述的含义。但是,当发送者使用了矛盾的非语言沟通形式就会导致接收者的误解,例如当一个管理者非常希望通过沟通与对手达成谅解,但却采取了非常强硬的语气,就可能会使对方怀疑他的诚意。

④发送者沟通的不良态度。通常发送者存在的不良态度有主观、漠视、筛选等形式。其中,筛选通常是指有意曲解或片面选择信息,使信息让接收者更易接受。例如,经常有人告诉上司一些他爱听的东西,而将其不爱听的信息隐藏起来。

⑤发送者未经核实的假设。这是一个通常被人忽略但时时存在的沟通障碍,人们总是想当然地认为对方已经知道了自己信息的假设。例如,江苏某公司的采购主管通知其供货厂家销售部,他在下周会前往该公司厂区参观。他想当然地认为对方会到机场接他、安排好客房、做好参观计划,但是对方可能由于该城市正好举办该行业的展会而误以为他只是顺便来参观一下而已。这些未经核实的假设造成了信息沟通的失败。

(2)信息接收者障碍。存在于信息接收者方面的障碍也就是存在于信息解码过程中的障碍,主要是由于以下因素造成:

①接收者与发送者在经验水平、知识结构上相差过大。人与人之间由于性别、年龄、智力、社会地位、兴趣、价值观、能力等方面的不同造成了经验水平和知识结构的巨大差异,形成了沟通的障碍。一般来说,如果接收者和发送者很相近,那么他将比较容易接受对方的意见,并且达成共识。相反,如果接收者和发送者的差别过大,那么信息的传递将很难进行下去。

②接收者对信息的选择接收。选择性接收是指人们从一组信息中会按照自己的主观意愿对信息进行"过滤"和"添加",倾向性地接收其中一部分,以强化或显得与自己的信仰、价值观或需要一致。研究表明,人们往往听或看他们感情上有所准备的东西,或他们想听到或看到的东西,甚至只愿意接受好听的,拒绝不中听的。在组织中,经常可以看到,在下属向上级进行的上行沟通中,某些下属"投其所好",报喜不报忧,所传递的信息往往经过层层"过滤"后或变得支离破碎,或变得完美无缺,使上级难以了解到实际情况。又如上级向下级进行的下行沟通,经过逐级领会而"添枝加叶",使得所传递的信息或断章取义,或面目全非,从而导致信息的模糊或失真。

③接收者与发送者的文化差异较大。这里所指的文化差异主要是指在国际环境中,由于人们语言、文化、风俗、习惯的不同而造成的沟通困难。例如,在中国文化中,语言有时并不是人们的真实想法,因为他们想通过这些表示自己的谦逊。在一个新的高级职位面前,往往会说自己没有完全的把握做好这个工作。如果恰好这个信息的接收者是一个美国上司,那么就有可能出现问题。在英国,邀请别人晚上8点赴宴,但大多数客人约8点15分才能到;而在德国,准时赴约是极其重要的;在希腊,9点至9点30分才是标准的约会时间;而在印度,如有必

要,约会时间甚至更晚。在世界上的大部分国家里,点头表示"同意",摇头表示"不同意",而在印度的一些地区,意思却截然相反,点头表示"不同意",摇头表示"同意"。

④接收者对发送者的不良态度。接收者对发送者的不良态度主要包括不够信任、抵触等形式。由于接收者在人际沟通或信息交流过程中曾经受到过伤害和不良的情感体验,造成"一朝被蛇咬,十年怕井绳"的思维惯性和心理定势,对发送者心存疑惑、怀有敌意,或由于内心恐惧,就会拒绝接收所传递的信息甚至抵制参与信息交流,从而影响沟通效果。

⑤忽视反馈,导致信息传递受阻。反馈的实质是接收者给发送者一个信息,告知信息已收到以及理解信息的程度。在沟通过程中,如果沟通双方不能及时反馈信息,则可能产生问题:一是导致发送者再次发出信息。由于发送者没有收到反馈信息,不知道接收者是否接受或理解了信息,因此,会导致信息的重复发送,影响信息传递的时效性。二是导致接收者不确定的信息行动。如果接收者对信息的理解正确,那么不会产生严重后果;一旦接收者对信息的理解错误,后果有可能不堪设想。

2. 人际因素

人际因素主要包括沟通双方相互信任、信息来源的可靠程度和发送者与接收者之间的相似程度。

信息传递不是单方面,而是双方的事情,因此沟通双方的诚意和相互信任至关重要。上下级之间的猜疑只会增加抵触情绪,减少坦率交谈的机会,就不能进行有效的沟通。

信息来源的可靠性主要由诚实、能力、热情和客观四个因素所决定。信息来源的可靠性实际上是由接收者主观决定的,不一定要求发送者同时具备四个因素,只要接收者认为具备其中的因素即可。例如,当面对来源不同的同一问题的信息时,员工可能相信他们认为的最诚实、最有能力、最热情、最客观的那个来源的信息。

沟通的准确性与沟通双方的相似性有直接的关系。沟通双方的特征(如性别、年龄、智力、种族、社会地位、兴趣、价值观、能力等)的相似性会影响沟通的难易程度和坦率性。沟通一方如果认为对方与自己很相近,那么他比较容易接受对方的意见,并且达成共识。相反,如果沟通一方视对方为异己,那么信息的传递将很难进行下去。如"代沟"在沟通中就是一个常见的现象。

3. 结构因素

结构因素包括地位差别、信息传递链、团体规模和空间约束四个方面。

地位的高低对沟通的方向和频率有很大的影响。地位悬殊越大,信息趋向于从地位高的流向地位低的。因此,地位是沟通中的一个重要障碍因素。

一般来说,信息通过的等级越多,到达目的地的时间也越长,信息失真的可能性越大。连续地从一个等级到另一个等级时所发生的变化,称为信息链传递现象。当组织结构过于庞大、组织层级过于繁多,信息从最高层决策层到下级基层单位时就更容易产生失真、遗忘、迟缓等现象,所以沟通渠道越长就越容易造成沟通障碍。研究表明,企业最高管理层的决定通过五个层级后,信息损失平均达到 80%。其中,第一级的保真率为 63%,第二级为 56%,第三级为 40%,第四级为 30%,到了具体执行者员工这一层则仅为 20%。

当工作团体规模较大时,人与人之间的沟通也相应变得较为困难。部分原因是信息量的增长大大超过人数的增长。

　　企业中的工作常常要求员工只能在某一特定地点进行操作。这种空间约束的影响往往在员工单独在某位置工作时或在数台机器之间往返运动时尤为突出。空间约束不利于员工之间的交流,限制了他们的沟通。一般来说,两人之间的距离越短,他们交往的频率也越高。

4. 技术因素

　　技术因素主要包括语言、非语言暗示、媒介的有效性及信息过量等。

　　大多数沟通的准确性依赖于沟通者赋予字和词的含义。语言只是个符号系统,本身并没有任何意义,它仅仅作为我们描述和表达个人观点的符号或标签。每个人表述的内容常常是由他独特的经历、个人需要、社会背景等决定的。因此,语言和文字常对发送者和接收者不具有相同的含义。

　　当人们进行交谈时,常常伴随着一系列有含义的动作。这些动作包括身体姿势、头姿、手势、面部表情、移动、触摸和眼神等。这些无言的信号表达或强化所表述的含义。例如,沟通者双方的眼神交流,可能会表明相互感兴趣、喜爱、躲避或敌视;面部表情会表露出惊讶、恐惧、兴奋、悲伤、愤怒或憎恨等情绪;身体动作也能传送渴望、愤恨和松弛等情感。研究表明,在面对面的沟通中,仅有 7% 的内容通过语言文字来表达,另外 93% 的内容则是通过语调(38%)和面部表情(55%)来表达的。由此可见,字词、语言与非语言暗示共同构成了全部信息。

　　在组织环境下进行沟通,可以利用不同的媒介。沟通的有效性依赖于信息发送者根据自己的情况选择恰当的媒介。如何选择沟通媒介,应考虑信息的种类和目的,还要考虑外界环境和沟通双方的条件。比如,当我们传递一些十万火急的信息,若不采用电话、传真或网络等现代化的快速通道,而是通过邮递寄信的方式,那么接收者收到的信息往往会由于时过境迁而成为一纸空文。又比如,当管理者要公布一项令员工难以接受或容易产生疑惑的决定时,采用口头语言形式胜过任何书面语言的形式;当管理者要邀请重要客户来参加企业盛典时,正规的书面请柬是必不可少的,这时如果仅仅是早早地发一封电子邮件会使对方感到被轻视。

　　另外,我们生活在一个信息爆炸的时代,组织的管理者面临着"信息过量"的问题。据调查,管理人员只能利用他们所获得信息的 1/1000 到 1/100 进行决策。信息过量不仅使决策人员没有时间去处理,而且,也使他们难于向其他相关人员提供有效的、必要的信息。这样,就使沟通变得更加困难。

▨ 相关案例

　　美国知名主持人林克莱特一天采访一名小朋友,问他说:"你长大后想要当什么呀?"小朋友天真地回答:"我要当飞机的驾驶员!"林克莱特接着问:"如果有一天,你的飞机飞到太平洋上空所有引擎都熄火了,你会怎么办?"小朋友想了说:"我会先告诉坐在飞机上的人绑好安全带,然后我穿上我的降落伞跳出去。"当在现场的观众笑得东倒西歪时,林克莱特继续注视这孩子,想看他是不是自作聪明的家伙。没想到,接着孩子的两行热泪夺眶而出,这才使得林克莱特发觉这孩子的悲伤之情远非笔墨所能形容。于是林克莱特问他说:"为什么要这么做?"小孩的答案透露出一个孩子真挚的想法:"我要去拿燃料,我还要回来。"

　　管理心得:

　　你真的听懂了手下的话了吗?你是不是也习惯性地用自己的权威打断手下的语言?我们经常犯这样的错误:在手下还没有来得及讲完自己的事情前,就按照自己的经验大加评论和指挥。反过头来想一下,如果你不是领导,你还会这么做吗?打断手下的语言,一方面容易作出片面的决策,另一方面使员工缺乏被尊重的感觉。时间久了,手下将再也没有兴趣向上级反馈真实的信息。反馈信息系统被切断,领导就成了"孤家寡人",在决策上就成了"睁眼瞎"。与手下保持畅通的信息交流,将会使你的管理如鱼得水,以便及时纠正管理中的错误,制定更加切实可行的方案和制度。

(资料来源:http://xiaohu-yin.blog.163.com/blog/static/147658142009630241451.)

8.2.2　有效沟通的实现

在沟通过程中可能会遇到各种各样的障碍,但是,只要树立正确的沟通理念,采取科学的沟通渠道和方法,仍然能够克服沟通中的障碍,实现有效沟通。

良好的沟通常常被错误地理解为沟通双方达成协议,而不是准确理解信息的意义。如有人与我们意见不同,不少人认为此人没有完全领会我们的看法。换句话说,很多人认为良好的沟通是使他人接受我们的观点。但事实上,对方可能很明白你的意思却不同意你的看法。当一场争论持续了相当长的时间,旁观者往往断言这是由于缺乏沟通导致的,然而,调查表明恰恰此时正进行着大量有效的沟通,他们中的每一个人都充分理解了对方的观点和见解。存在的问题是把有效的沟通与意见一致混为一谈了。

具体来说,克服沟通障碍,形成有效沟通主要从以下两个方面考虑:

1. 个人方面

(1)锻炼主动倾听的技巧。对我们来说,别人说话的时候我们通常在听,但往往是漫不经心地在听,而不是主动认真地倾听。"听"绝不是件轻而易举的事情,积极地倾听常常比说话更容易引起疲劳,因为它要求脑力的投入,要求集中全部注意力。有研究表明说话的速度是平均每分钟 150 个词汇,而倾听的能力则是每分钟可接受将近 1000 个词汇。两者之间的差值显然留给了大脑充足的时间,使其有机会神游四方。如何才能较好地"听"呢?有专家提出了改善聆听的几条建议:①自己不再说话;②让谈话者放松;③向谈话者表示你很想听下去的愿望;④不要心不在焉;⑤与谈话者心领神会;⑥要有耐心;⑦不要发火;⑧在争辩和批评时要和蔼宽容;⑨适当及时地提出相关的问题;⑩自己不再说话。

(2)培养表达的技能。要达成有效的沟通还必须提高自己的表达能力,这种表达能力即人们通常所况的"说"与"写"的能力。训练自己表达能力时应注意:①多使用对方容易接受的语言文字,避免批评性、挑战性的文字;②语言文字应朴实,避免使用华而不实的语言;③用词要准确,避免含糊不清、模棱两可;④在一般交谈中,应尽量少用晦涩难懂的学术语言;⑤加强逻辑思考能力,避免文理不通、逻辑混乱;等等。

(3)明确沟通的目的。在沟通之前必须弄清楚沟通的真正目的是什么,动机是什么,要对方理解什么。确定沟通的目标,沟通的内容就容易规划。因为从本质上讲,沟通意味着目标、价值、态度和兴趣的共识,如果缺乏共同的目标和感受,而只是一味去尝试沟通,不仅失去了沟通的意义,更无法实现有效沟通。因此,在沟通前必须确定沟通的目标,然后对要沟通的信息进行详尽的准备,并根据具体的情景选择合适的沟通形式来实现这个目标,不仅要分析听众或读者,学会"换位思考",而且还要善于激发接收者的兴趣,这样,才能达到有效沟通的目的。

(4)考虑沟通对象的差异。发送者必须充分考虑接收者的心理特征、知识背景等状况,以此调整自己的谈话方式、措辞或是服饰仪态,要避免以自己的职务、地位、身份为基础去进行沟通。如上级在车间与一线工人沟通,如果他西装革履,且又咬文嚼字,势必会使沟通的双方造成心理鸿沟。技术人员在与其他员工沟通时,也要尽量避免使用过多的专业术语,否则不仅达不到应有的沟通效果,反而可能会弄巧成拙。

(5)选择恰当的沟通渠道。人们应选择恰当的信息沟通渠道。复杂信息可以通过能够建立双向沟通的途径来发送,比如面对面的讨论或者电话交谈;常规信息和数据可以通过书面沟通的途径来传递,比如备忘录、信件、公告等。因为这些渠道产生误解的概率较小。日常的例行工作可以采取正式的沟通渠道,私人的想法可以通过非正式的沟通渠道来传递。

(6)积极地换位思考。真诚地从别人角度看事情、理解别人是有效沟通的关键要素。研究表明,我们对别人行为的理解都是高度依赖于自己的直接经验。由于直接经验的限制,我们在很多时候不能很好地理解别人。学会换位思考,当你将自己的眼光移到对方的角度,用对方的心体验世界时,会获得许多从来没有的理解,对别人看来荒唐的念头和做法,也会觉得是自然的事情。

(7)进行建设性的反馈。反馈是告诉对方你对其言行或某种情况的感受。特别是对于必须定期对别人的表现给予反馈的人来说,给予建设性反馈是非常重要的。这种建设性反馈即使是批评也不会引起怨恨,而且容易为信息接收者所接受,并发挥有利的作用。给予建设性反馈的技巧有:①与接收者建立相互信任的关系;②进行带有真实感情的直接反馈;③尽量使用近期的实例说明来使反馈显得更加具体;④在接收者最愿意接受的时机进行;⑤确保反馈信息是正确的、客观的;⑥给予接收者能够把握的范围内的反馈。

(8)积极利用新技术。日前已进入沟通的新技术时代,管理者已开始学习并在逐步习惯于运用改进沟通的各种新型电子设备。这些设备包括大型计算机、微机、个人电脑、互联网、电子打印机、移动电话等。这些设备的逐步推广,使人们有了更多、更便捷的沟通方式,如电子邮件、声讯邮件、在线讨论、视频会议、虚拟会议等。管理者应积极了解这些新沟通方式的优缺点,掌握其应用技术,并积极地加以使用。

知识链接

倾听自我评估

题目:

1.我有先入为主的行为

2.我常曲解别人的语言

3.不等别人说完,便考虑如何回答

4.不耐烦,心烦意乱,急躁

5.不顾周围嘈杂的环境对交谈的影响

6.有碍倾听的习惯

7.我经常替别人把话说完

8.在不想听的部分,我会想自己的东西

9.我听话容易走神

10.我听别人说话常常感到无聊

11.我经常打断别人的表达

12.我存在自己的看法听别人的话

13.经常无端改变话题

14. 经常使用感情色彩过重的语言

15. 我经常喜欢高谈阔论

评估标准：

非常不同意/不符合(1分)　　　不同意/不符合(2分)　　　比较不同意/不符合(3分)

比较同意/符合(4分)　　　　　同意/符合(5分)　　　　　非常同意/非常符合(6分)

给自己累计下总分，对照下面的分级状况进行评估：

分数级别状况：

60～75　倾听习惯迫切需要改变

45～59　倾听习惯有很多需要改善的方面

30～44　倾听习惯一般，需要在某些方面改进

15～29　倾听习惯优秀

（资料来源：http://blog.sina.com.cn/s/blog_60e045ce010123ao.html.）

2. 组织方面

(1)营造坦诚的组织气氛。坦诚沟通的组织气氛可以鼓励人们开诚布公地与他人沟通。上级可以坦诚地向下属表达自己对其工作的建议和批评，而不必担心下属心存芥蒂；下属也可以像汇报好消息一样地汇报坏消息，而不必担心受到惩罚。企业可以通过培训的方式来培养公开、诚实与信任的气氛。

(2)保持通畅的沟通渠道。当企业保持全方位的、通畅的正式沟通渠道时，将有利于公司和员工了解所有的最新信息、减少流言蜚语的产生、提高员工的参与度等。例如，通用汽车公司将财务、未来发展计划、质量及绩效等信息都予以公布，这些信息使员工们做到心中有数；再如公司开展了"思想专栏"专门搜集员工的想法和反馈，收到了非常好的效果；还有一些公司开辟了直接邮件、公告牌和员工调查等多种形式的正式沟通渠道，都取得了很大收获。

(3)采取巡回管理的方式。巡回管理认为，管理者可以跟员工直接交流并建立某种良好的工作关系，并通过他们了解有关他们所在的部门、事业部或组织的情况。这种管理适合所有层级的管理人员。在这种沟通中管理者可以直接了解到员工最迫切的需求，同时也有机会向员工说明企业的重要想法和价值观念。例如，沃尔玛的高级经理们办公室总是空的，原因是他们的大部分时间是在该公司的服务区现场度过的。

(4)加强横向交流。一般说来，企业内部的沟通以与命令链相符的垂直沟通居多，部门之间、车间之间、工作小组间的横向交流较少，而平行沟通却能加强横向的合作。具体说来，组织可以进行设计，使用团队、任务小组、项目经理或矩阵结构促进信息的横向交流，以达到协调和解决问题的目的。例如，春兰公司就通过加强横向沟通建立起矩阵管理结构，这种结构减少了管理层次，消除了信息阻隔，在加强统一规划和法规管理的基础上提高了运行部门的积极性和创造性，较好地解决了大型企业管理的统分矛盾。

(5)建立双向沟通机制。传统的组织主要依靠单向沟通，即在组织内从上到下传递信息和命令，下级无法表达自己的感觉、意见和建议。而以建议系统或申诉系统为形式的双向沟通渠道对下级表达想法和建议有很大帮助，能增进管理沟通的效果。

知识链接

怎样与人沟通

1.明确沟通的重要性,正确对待沟通

首先要充分认识到沟通的重要性,深刻体会沟通对管理活动的作用,不应该只注重领导者其他的职能,这样有利于在解决矛盾时有更多的手段,在使用沟通解决问题时不会手足无措。

2.沟通必须目的明确、思路清晰

有效的沟通应该是有的放矢的,沟通最好是先征求对方的意见,使沟通的双方都清楚需要沟通的内容。在沟通的过程中尽量保持思路清晰,不向对方提供模棱两可的信息,并恰当的运用谈话方式和说话语气,力求措辞清晰、明确,还要注意些感情上的微小差别。比如安排工作时,就应该对该项工作的工作要求、工作内容进行详细的介绍,这样才能让员工真正了解这次沟通的意图。

3.相互尊重、赢得信任

沟通的效果不仅取决于沟通的内容,还受沟通双方的人际关系影响。因此,在沟通过程中必须设身处地地为对方着想,像尊重自己一样尊重对方,这不仅能够得到对方的尊重,有利于双方有效沟通的实现。

4.培养"听"的艺术

沟通要讲究"听"的艺术,通过积极的倾听可以了解谈话者的真正意图,可以获取对方想要传递的信息。耐心的倾听能够激发对方的倾诉欲,有利于从对方的谈话中找出说服对方的关键,增加沟通的有效性。善于倾听对方的谈话内容,要全神贯注而不能从事与谈话内容无关的活动,比如说看报、看时间、思想不集中等,这样容易让对方认为你对他的谈话内容不关心,从而打击了对方沟通的积极性;谈话时尽量不要打断对方,不要过快地作出判断,草率地给出结论,这不但能体现你对谈话者的尊重,也可以给对方留下稳重含蓄的印象,在提高对你的信任度的同时也提高了沟通的效率。

5.掌握说话的技巧

彼得·德鲁克说:"一个基本的技能,就是以书面或口头的形式组织和表达思想,你的成功依赖于你通过口头或书面文字对别人的影响程度,这种将自己的思想表达清楚的能力可能是一个人应拥有的最重要的技能。"在大多数的沟通中,谈话是最主要的方式,与人沟通是不但要会听,还要会说,会表达自己的观点。作为一名管理者同下属讲话时不应该颐指气使,不能故意表达身份地位上的不平等;在同他人沟通时不宜以强加的语气来表达自己的观点,否则就会让对方产生反感,哪怕你的意见是正确的;谈话时要力求简练,用简单明了的语言来表达自己的思想,"要知道浪费别人的时间就是在谋财害命";谈话时如果发现对方有不耐烦的表情,就应该适可而止或转换话题,以此来改善沟通的气氛,在谈话时切忌自己滔滔不绝而忽略了对方,应在传达自己的信息后适当的停顿,以征求别人的意见,这样就避免了对方有意见而又不愿插话的尴尬,这样对他人尊重的同时也体现了自己的素质;巧用恰当的眼神、身体动作、体态、语气语调、手势等肢体语言对有效沟通的实现也相当重要。

6.把握沟通的时机和场合

沟通的效果不仅受到以上各种因素的影响,还受到沟通时的环境条件的制约,影响沟通的环境因素有很多,如约定俗成的沟通方式、沟通双方的关系、社会风气以及沟通时对方的心情等。沟通需要抓住最合适的时机,时机不成熟不能仓促行事,贻误时机就使沟通失去了意义;沟通时要考虑对方的心情、对方说话的态度、谈话的地点等,合理地利用这些能够让对方消除心里阻碍的场合进行沟通,如酒会、高尔夫球场、朋友聚会等,能够收到不错的效果。

管理游戏

撕纸

形式:20 人左右最为合适

时间:15 分钟

材料:准备总人数两倍的 A4 纸(废纸亦可)

活动目的:

为了说明平时的沟通过程中,经常使用单向的沟通方式,结果听者总是见仁见智,个人按照自己的理解来执行,通常都会出现很大的差异。但使用了双向沟通之后,又会怎样呢,差异依然存在,虽然有改善,但增加了沟通过程的复杂性。所以什么方法是最好的?这要依据实际情况而定。作为沟通的最佳方式要根据不同的场合及环境而定。

操作程序:

1.给每位学生发一张纸。

2.老师发出单项指令:大家闭上眼睛;全过程不许问问题;把纸对折;再对折;再对折;把右上角撕下来,转 180°,把左上角也撕下来;睁开眼睛,把纸打开。

3.这时老师可以请一位学生上来,重复上述的指令,全过程可以提问,看看效果如何。

8.3　冲突

8.3.1　冲突的产生

冲突广泛存在于日常的生活、工作和学习之中,冲突管理已经成为现代组织管理中一项不可缺少的重要内容。处理冲突的能力已经成为管理者的重要素质。

美国管理学会对企业中、高层管理者进行了一项调查,管理者平均要花费 20% 的时间处理冲突。另据调查,大多数成功的管理者认为管理者必备的基本素质中,冲突管理排在决策、领导、沟通技能之前。由此可见,冲突管理已经成为现代企业管理中不可缺少的重要内容。

1.冲突的概念

冲突是指在沟通中由于某种差异而引起的抵触、争执或争斗的对立状态。在社会生活的许多方面都涉及冲突,如社会分歧、利益冲突,以及个人、团体、企业或组织之间的争斗。

目前对组织中存在的冲突有三种不同的观点:

第一种为传统的冲突观点,认为冲突是有害的,会给组织造成不利影响,冲突成为组织机能失调、非理性、暴力和破坏的同义词。因此,传统观点强调管理者应尽可能避免冲突。

第二种是冲突的人际关系观点,认为冲突是与生俱来的,不一定给组织带来不利的影响,反而有可能成为有利于组织工作的积极动力,管理者应该接纳冲突,并将其维持在较低水平。

第三种是冲突的互动作用观点。与人际关系观点只是被动地接纳冲突不同,互动作用观点强调管理者要鼓励有益的冲突,一定水平的有益冲突会使组织保持旺盛的生命力。只要处理得当,冲突能够给组织带来更多革新,帮助巩固组织内部的关系,帮助组建有效的团队。

2. 冲突的原因

冲突产生的原因有多个方面,但大体有以下几个方面:

(1)沟通差异。文化和历史背景不同、表达困难、误解及沟通过程中噪声的干扰都可能造成人们之间意见不一致。有效的信息沟通是企业赖以存在和发展的基础,而企业组织信息沟通过程中的误解或传递的无效,极易引起个人或群体之间产生隔阂,引起冲突。沟通不良是产生冲突的重要原因,但不是主要原因。

(2)结构差异。管理中经常发生的冲突绝大多数是由组织结构的差异引起的。由于分工造成组织结构中垂直方向和水平方向各系统、各层次、各部门、各单位、各不同岗位的分化。组织愈庞大、愈复杂,组织分化愈细密、组织整合愈困难。由于信息不对称和利益不一致,人们之间在计划目标、实施方法、绩效评价、资源分配、劳动报酬、奖惩等许多问题上都会产生不同看法,这种差异是由组织结构本身造成的。为了本单位的利益和荣誉许多人都会理直气壮地与其他单位甚至上级组织发生冲突。不少管理者,甚至把挑起这种冲突看做是自己的职责,或作为建立自己威望的手段。几乎每个管理者都会经常面临因与同事或下属之间的冲突引起的组织沟通不畅而带来的问题。

(3)个体差异。个体差异是指主体之间背景特征的不同。每个人的社会背景、教育程度、阅历、修养,塑造了每个人各不相同的性格、价值观和作风。个性差异越大,共性就会越少,主体间合作的可能性就越小,存在的分歧、矛盾就越普遍,工作和交往中的阻碍、争执和冲突也就越频繁。人与人之间的个体差异往往造成了合作和沟通的困难,从而成为冲突的根源。

案例分析

如何处理冲突

一位业绩一直第一的员工,认为一项具体的工作流程是应该改进的,她也和主管包括部门经理提出过,但没有的受到重视,领导反而认为她多管闲事。

一天,她就私自违反工作流程进行改变,主管发现了就带着情绪批评了她。而她不但不改,反而认为主管有私心,于是就和主管吵翻了,并退出了工作岗位。主管反映到部门经理那里,经理也带着情绪严肃批评了她,她置若罔闻。

于是经理和主管就决定严惩,认为开除她的也有,扣三个月奖金的也有。这位员工拒不接受。于是部门经理就把问题报告到老总那里。老总于是就把这位早有耳闻的业务尖子叫到办公室谈话。没有一上来就批评她,而是让她先叙述事情的经过,通过和她交谈,交换意见和看法。老总发现这位员工确实很有思路,她违反的那项工作流程确实应该改进,而且还谈出了许多现行的工作流程和管理制度中存在的不完善之处。

老总的这种朋友式的平等的交流,真诚地聆听她的意见,让她感觉受到了重视和尊重,反抗情绪渐渐平息下来,从而开始冷静地反思自己的行为,从开始的只认为主管有错,到最后承认自己做得也不对。在老总策略性地询问下,她也说出了她认为自己的错误应该受到的处罚程度。最后高兴地离开了办公室。

此后,老总与部门经理以及主管交换了意见和看法,经理和主管也都认同了"人才有用不好用,奴才好用没有用"的道理。大家讨论决定以该位员工自己认为应受的罚金减半罚款,让她在班前会上公开做了自我检讨,并补一个工作日。她十分愉快地甚至可以说是怀着感激之情接受了处罚,而且公司还以最快的速度把那项工作流程给改进了。

事情过后,发现这位员工一下子改变了原来的傲气和不服的情绪,并积极配合主管的工作,工作热情大增,大家说她好像像变了个人似的。

（资料来源:http://www.bokee.net/dailymodule/blog_view.do? id＝342787.）

8.3.2　冲突的处理策略

从组织对冲突的不同观点可以看到,传统的冲突观点认为,冲突是不良的、消极的,应该避免冲突。而现代的冲突观点认为,冲突会对企业的绩效产生较好的影响,适当鼓励冲突,并将其维持在较低水平,能够保持企业旺盛的生命力。

1. 冲突的作用

作为企业的管理者应该尽量避免冲突还是适当鼓励冲突？ 在决策之前,有必要先具体分析冲突的积极作用和消极作用。冲突在管理中对组织带来的影响如表 8-2 所示。

表 8-2　冲突在组织管理中的积极作用和消极作用

	积极作用	消极作用
对员工心理影响	从竞争中振奋精神,发现自己的不足,更加努力	造成员工的敌意、紧张、焦虑
对人际关系的影响	更加关注对方,一旦发现对方的能力、智慧等令人敬佩的品质,就会增强相互之间的吸引力,促进团结,抑制内部冲突,增强凝聚力	导致人与人之间的对立、排斥,使组织涣散,降低凝聚力
对工作的影响	工作动机强烈,竞争中振奋精神,发挥创造力	成员情绪消极,不愿与冲突的同事配合,不愿服从产生冲突的领导,消弱工作动机,降低工作积极性
对工作协调的影响	注意到以前没有注意的问题,发现对方存在的价值和必要性,采取措施,加以协调,促进工作的展开	冲突双方不配合,破坏组织的协调统一,降低工作效率
对组织效率的影响	认识到方案的不完善,全面考虑问题,决策更周密	分散资源,降低决策和工作效率,造成浪费
对组织生存和发展的影响	冲突本身是利益分配不平衡的表现,迫使双方通过相互妥协和让步,调节利益关系,使各方面在可能的条件下维持均衡,使组织得到发展	冲突达到一定程度,双方互不关心对方的整体利益,很可能造成组织的解体

2. 冲突的处理办法

冲突可能是多种原因共同作用的结果。根据冲突产生的不同原因,在进行冲突处理时需

管|理|学|基|础

采取不同的方法。通常处理的策略有五种:回避、迁就、强制、妥协和合作。表8-3列出了五种策略的表现。

表8-3 五种策略的表现

策略	表现
回避	忽略冲突并希望冲突消失 将问题列入不考虑对象或束之高阁 要求放慢节奏以抑制冲突 采取保密手段以避免冲突 求助于正式规则,将其作为采用某种解决方法的理由
妥协	谈判 期望成交和达成协议 寻求满足或可以接受的解决方法
强制	创造胜败局势 运用对抗 运用权力达到某人的目的 迫其认输
迁就	退让 屈服和服从
合作	解决问题的姿态 正视分歧并进行思想和信息上的交流 寻求整合性的方式 找到大家都能取胜的局势 视问题和冲突为挑战

当冲突无关紧要时,或当冲突双方情绪激动、需要时间平复时,可采取回避策略;当维持和谐关系十分重要时,可采取迁就策略;当必须对重大事件或紧急事件进行迅速处理时,可采取强制策略,用行政命令牺牲某一方的利益进行处理,事后再做安抚工作;当冲突双方势均力敌、争执不下,需采取权宜之计时,只好双方都作出让步,实现妥协;当事件重大,双方不可能妥协,经过谈判,走向对双方均有利的合作。表8-4列举了何时运用五种策略进行冲突管理。

表8-4 何时运用五种策略进行冲突管理

冲突模式	场合
回避	当问题很平常,或有更重要的问题刻不容缓时 当认识到满足你的愿望无望时 当冲突解决的害大于利时 为了使人们冷静和恢复理智 当收集信息比立即决定更迫切时 当其他人能更加有效解决冲突时 当问题不相干或不总是出现时

冲突模式	场合
妥协	目标重要,但不值得努力去做或继续坚持己见会弊大于利时 彼此旗鼓相当,从而导致互相排斥他方的目标 暂时化解冲突,防止问题复杂化 因时间紧迫采取的权宜之计 合作或竞争未成功时
强制	当迅速果断的行动至关重要时 有关需实施行动的重大问题 有关公司福利的重大问题,且当你知道你是正确的时候 反对那些利用非竞争性行为的人们
迁就	若发现自己错了,就要允许更改,从而显示你的通情达理 若问题对别人比对自己更加重要,就要满足他人从而维持合作 危机后的问题建立社会信誉 当你要被战胜和面临失败时使损失最小化 当和谐与稳定特别重要时 为了使下属吃一堑长一智
合作	当双方意愿无法达成妥协时,寻找一种整合性解决方法 当你的目标明确时 听取不同意见 将关心变成意见一致以达到齐心协力 因感到有损于彼此关系而精诚合作

❓ 本章思考题

1. 简述沟通的含义。
2. 简述沟通的过程。
3. 常见的沟通障碍有哪些?
4. 如何形成有效的沟通?
5. 什么是冲突? 冲突是如何产生的?
6. 作为组织的管理者应如何处理冲突?

▸ 案例分析

　　马陆今年 34 岁,在一家保险公司工作,由于工作出色,不久前,他被公司任命为索赔部经理,那是一个受到高度重视的部门。走马上任后,马陆了解到在自己谋求索赔部经理这一职位的同时,另外还有两名业务能力很强的同事(吴豪和苏丽)也曾申请过这个职位,他确信公司之所以任命他到这个位置部分原因也是为了避免在两个有同等能力的员工中作出选择。

　　马陆在索赔部的第一个月的业绩很不错,他因此对部门员工的素质及能力感到十分满意。即使是吴豪和苏丽也表现得很合作。于是马陆信心百倍地决定用培训员工及安装新计算机系统的计划来推动部门快速发展。

然而当马陆提出实施这一计划时，苏丽却埋怨说他在还没有完全了解部门运作程序前就这样干，显然有些操之过急。马陆认为苏丽可能还没有完全地接受他得到她想要的职位的事实，当吴豪来找马陆的时候这一点似乎得到了证实。吴豪说，在面对所有即将到来的变革时要关注一下员工的士气，他甚至对马陆暗示说某些人正考虑要提出调任。尽管吴豪没有指名道姓，马陆确信苏丽是问题的根源。

因此，马陆一方面谨慎地推出新计划，另一方面对苏丽的言行保持一定的警觉。在日后的工作中，苏丽隐约地觉察到这位新上任的马经理正在与她疏远，这使她陷入苦恼之中。

思考题

1.马陆和苏丽的冲突在哪里？这是员工问题还是纯业务问题？马陆的到来是争论点吗？吴豪是如何卷进去的？

2.如果你是马陆或是苏丽或是吴豪，你将如何做？

3.你能帮助马陆作出决定吗？作为一个索赔部门的经理，需要了解些什么呢？

第9章

控制

学习要点

1. 了解控制的含义和作用
2. 了解管理控制的过程及要素
3. 了解控制的类型
4. 掌握控制的技术和方法

案例导入

全面绩效管理如何控制企业经营过程

某大型家电集团下属的某洗衣机厂,1996—2000 年一直占据洗衣机市场全国销量第五位。但 2001 年,据全国大商场统计数字表明,其洗衣机市场占有率下降了 20%,跌落至全国前七位之后。厂领导班子经过调研发现消费者反映的问题集中表现在对产品的售后服务不满意。售后服务由各地经销商负责,但这也由于公司各地办事处工作消极。

起因是 1998 年公司采取了绩效管理体系,重新用考评办法刺激销量增长,对销售公司高额奖励使得营销人员全力实现当年目标,但与此同时重量轻质也导致了对渠道管理与控制的疏漏,短期的突击使得 2000 年底销售额增长较快,由此公司也提高了指标设置的基数。

2001 年,由于洗衣机市场竞争变化以及渠道基础管理工作不扎实,各地销售额大幅度滑坡,销售公司内部对企业绩效考核的标准不满,置疑标准的合理性,普遍认为营销公司的绩效标准高于生产部门与职能部门,其他职能部门上下级之间的考核却形同虚设。而制造部门也开始埋怨营销部门根本没有预测到市场的变化,导致制成品大量积压,造成资金周转困难、设备闲置率较高。

公司的高管层领导班子研究认为,企业之所以出现这种局面,与前几年片面追求增长,忽视企业的战略规划与制定均衡发展的绩效管理机制有直接关系。于是公司接受咨询公司的建议决定在内部试行全面绩效管理制度的改革,在强调业绩增长的前提下,更重视企业的战略规划的贯彻与均衡发展的实现。

具体方法如下:

第一步:企业内部由总部高层牵头,协调采购、生产、营销、人力资源、财务等部门的负责人成立绩效管理的专门部门,独立负责制订与落实全厂绩效管理方案,并报送集团公司备案。

第二步:由总经理与各主要部门负责人规划本企业 3 年内进入全国市场占有率三强这一战略目标的具体规划与各年度的推进步骤,逐层分解企业的战略目标与实施手段,将企业各层级的控制指标分为两大类:利润绩效管理类、均衡发展考评类,实施平衡记分卡体系。

第三步:将所有考量指标分解到各个部门或利润中心,由其负责人按时(月度)报送绩效报告,包括完成两类绩效目标的具体推进手段、目标完成进度图,并及时反馈上期末达到基础目标的原因与超越优秀目标的经验总结,确定纠偏措施。

第四步:各部门、利润中心根据各自特色制订流程改进方案,衔接整个作业链的上下环节,在报送计划中要明确对内部小组与个人给予明确扶持的方案。

第五步:作业链的下一环节即上一环节的"客户",对上一环节部门的评价由下一环节给出。如采购部门的客户得分由制造部门给出,职能部门的客户得分由各直线部门给出。

第六步:根据市场变化情况,及时调整企业的战略推进步骤,如在 2002 年底,厂部在高端洗衣机市场采用新型材料,走低价位差异化产品的战略后,绩效管理部门及时进行市场价格倒算的成本核算,并将成本控制指标赋予采购、制造、营销各部门的日常考评中。

第七步:特殊的市场以及行业出现的情况导致指标的异常变动,与绩效管理部门协商,确定修正当期评价指标。

应用全面绩效管理的控制方式,主要是帮助企业的各层管理人员统一战略思想甚至全员参与战略制定与实施,通过控制绩效实施全部流程,实现对企业战略推进过程的监控与灵活调整,使整个企业稳步发展。

(资料来源:http://finance.sina.com.cn/leadership/jygl/20051121/15532135219.shtml.)

思考题

1. 结合上面案例浅谈控制对于企业的重要性。

2. 除了以上七个步骤,你对该厂尽快走出低迷还有什么建议?

9.1 控制的基本内容

9.1.1 控制的含义与作用

1. 控制的含义

组织的一切活动都是围绕组织目标展开的。作为组织的管理者,必须制订严密的计划,采取严格控制手段进行监督检查,发现偏差,及时纠正,以使组织目标顺利实现。

在管理的各项职能活动中,计划职能明确了组织的目标和实现途径,组织职能建立了分工合作的结构并使其正常运转,领导职能建立起了能促进人们全力以赴的氛围,而控制职能确保组织在正确的轨道上按照正确的目标前进。

在管理过程中,由于各种环境因素的影响,实际执行的结果往往与预期目标存在差异。作为管理者,重要的问题不是是否存在偏差,而在于能够及时发现偏差,并采取措施预防或纠正偏差,以确保组织各项活动能够正常进行,组织目标能顺利实现。

所谓控制,是指按照既定的标准对组织进行衡量、监督和检查,发现偏差及时纠正,以确保组织目标顺利实现的过程。

2. 控制与计划的关系

控制与计划既互相区别,又紧密相连。计划为控制工作提供标准,没有计划,控制也就没有依据。但如果只编制计划,不对其执行情况进行控制,计划目标就很难得到圆满实现。

控制与计划两个职能之间的关系不仅体现在计划提供控制标准,控制确保计划实现这一

"前提"与"手段"的关系上,有些计划本身的作用就已具有控制的意义。如政策、程序和规则,它们在规定人们行动准则的同时,也对人的行为产生极大的制约作用。又如,预算和进度表等形式的计划,它们既是作为计划工作的一个重要组成部分而得到编制的,同时又可以直接作为一种有效的控制工具。可见,某些计划形式实际上涵盖了控制的内容。

另一方面,广义的控制职能实际上也包含了对计划的修改和调整。计划在执行过程中产生结果与目标之间的偏差,其原因除了执行不力外,还可能是计划之初对外部环境和内部条件估计出现失误,造成了目标设定过高或过低,或者是计划执行中所面临的内外环境条件出现了重大变化,导致目标脱离现实,这时,调整计划本身就是控制工作的一大任务。

3. 控制的作用

对企业来说,控制职能的作用可以归纳为两个方面:

(1)预防和纠正。偏差的发现,纠正偏差,使计划执行结果符合计划目标的要求,这是控制确保组织稳定运行的作用。

(2)修改原定计划或重新制订新的计划。通过积极调整计划目标来保证组织对内外环境的适应性,这是控制确保组织应变能力的作用。

9.1.2 控制的过程与要素

1. 控制的过程

控制的过程一般由三个步骤组成:一是建立控制标准,二是衡量实际工作,三是纠正偏差。这三个步骤相辅相成,构成了管理控制的完整过程。

(1)确定控制目标,建立控制标准。控制目标、控制标准是控制工作得以开展的前提,是检查和衡量实际工作的依据和尺度。如果没有控制目标、没有控制标准,就无法衡量实际工作,控制工作也就失去了自己的目标和依据。

①控制标准的要求。标准是作为规范而建立起来的衡量标尺或尺度。控制标准是控制目标的表现形式,是测定实际工作绩效的基础。对照控制标准,管理人员可以对工作绩效好坏作出判断。因此,标准的设立必须具有权威性。通常来说,行之有效的控制标准必须满足以下特性要求:简明性、适用性、一致性、可操作性、可行性、相对稳定性。

②制定控制标准的过程和方法。控制标准的制定是一个科学决策过程。首先要明确控制点,然后再确定具体的控制标准。

A. 确立控制对象。进行控制,遇到的第一个问题是"控制什么",这是确定控制标准前首先需要解决的问题。由于控制标准的具体内容取决于控制对象,因此在制定标准的时候应当首先选择控制对象,即明确组织的哪些事务、哪些环节需要加以控制,这是在制定标准的具体内容时需要认真分析的。其中,组织活动的成果应该优先作为管理控制工作必须考虑的重点对象。基于此,管理者需要明确分析组织活动想要实现什么样的目标,提出包含组织各个层次、各个部门应取得的工作成果的完整目标体系。按照该目标体系的要求,管理者就可以对有关成果指标的完成情况进行考核和控制。

然而,对活动成果的考核和评价是一种事后控制。为了使组织实现预期的活动成果具有可靠的保障,从理想的角度看,管理者必须对所有会对组织目标成果实现产生影响的因素都进行控制。但这种全面控制往往既不现实,也不经济。从组织有限资源的合理使用和管理人员的工作精力与能力等现状出发,管理控制中通常的做法是:选择那些对实现组织目标成果有重大影响的因素进行重点控制。这样,为了确保控制取得预期的成效,管理者在选择控制对象时就必须对影响组织目标成果实现的各种要素进行科学的分析研究,然后从中选择重点的要素作为控制对象。一般来说,影响组织目标实现的主要因素有:组织外部环境及条件的变化、资源的投入、组织成员的活动等。

B. 选择关键控制点。控制对象确定后,还必须确定控制的关键点,这样才能够确定出合适的控制标准。对组织所有活动、所有成员的控制是不现实的,即使勉强做到也会由于控制的成本过高而得不偿失。因此,必须在影响组织活动成果的若干因素或环节中选择几个关键因素或关键环节作为重点控制对象,作为控制的关键点。

关键点一般是计划实施过程中起决定作用的因素,或者是容易产生偏差的因素,或者是对全局有根本影响、决定组织活动成败的因素。控制住了关键点,就能够把握工作过程中起决定作用的核心因素,就能够避免工作偏差的产生。

对关键控制点的选择,一般考虑三个方面因素:一是影响组织整个工作运行过程的重要事项。这是管理人员应该予以充分关注的核心问题。二是在重大损失出现之前产生的事项。这些事项,能够提醒管理人员予以充分关注,警惕可能出现的损失。三是反映组织主要绩效水平事项。这些事项标志着组织主要绩效目标的完成状况。抓住这些关键控制点,就避免了组织整个工作运行的障碍,避免了组织可能出现的损失,保证了组织主要绩效目标的最终实现,那么整个组织根本目标也就得到了充分保证。

C. 制定控制标准。管理者实施控制的第一个步骤应该是以计划为基础制定出控制工作所需要的标准。控制标准可分为定量标准和定性标准两大类。定量标准便于度量和比较,是控制标准的主要表现形式。定量标准主要分为实物标准(如产品数量、合格品数量)、货币标准(如单位产品成本、销售收入、利润、业务人员每月的业务费用等)、时间标准(如工时、定额、交货期等)、综合标准(如市场占有率等)。

除了定量标准外,还有一些难以量化的定性标准,如员工的士气、管理人员的能力等。尽管定性标准具有非定量性质,但实际工作中为了便于列举这些方面的工作绩效,有时也尽可能地采用一些可度量的方法。例如,产品等级、合格率、顾客满意度等指标就是对产品质量的一种间接衡量。

了解了控制的标准,还需要了解标准的制定方法。常用的制定标准方法有统计法、工程标准法、经验估计法三种。

a. 统计法。这是利用统计方法来确定预期结果的方法。它是以组织各个历史时期活动的数据、记录为基础,或者依据同类组织的统计数据来设立的标准。最常用的有统计平均值、极大或极小值和指数等。这种由统计方法获得的标准称为统计标准,也称为历史性标准。

b. 工程标准法。工程标准法是指在对工作情况进行客观的定量分析的基础上制定标准的方法,也称为工作标准法。它以较为精确的技术参数和实测数据为基础,主要用来测量生产过程中生产者个人或群体的产出数额。它通过对作业进行专门的测量,经分析计算制定控制标准。通过时间研究和动作研究,企业的管理者为员工制定出标准生产定额,这种方法有利于基层管理人员恰当地安排工作、合理地评估员工的绩效、准确地预测企业生产经营活动所需的人工和成本等。这种方法的优点是标准的制定具有客观的依据,合理性、准确性高,但也存在着成本高、耗时长的缺点。

c.经验估计法。经验估计法是指根据专家的经验和判断确定控制标准的方法。这种控制标准,是由于缺乏相应的历史数据资料,无法应用统计、分析方法,或是由于有些工作重复性差,不值得制定专门标准组织人员进行测量,于是就根据相关管理人员、工程技术人员等的经验而作出估计的一种方法。这种方法的优点是可以打破统计法的局限性,在资料和数据缺乏的情况下仍然能够制定出控制的标准,使控制有章可循。但它只是一种粗略的估计,缺乏精确性、客观性和科学性。这种方法可以作为统计方法和工程方法的补充,尤其适合组织从事的活动是新生事物时控制标准的制定。

(2)衡量实际工作,获取偏差信息。偏差信息是实际工作情况或结果与控制标准要求之间发生偏离的程度的信息。了解和拿捏偏差信息,是控制工作的重要环节。如果无法得到这方面的信息,就无法知道是否应该采取纠正措施,无法知道应采取多大力度的纠正措施,控制工作也就无法正常开展。因此,采取纠正措施前,就首先需要了解工作出现的偏差情况,了解偏差的相关信息,这样才能针对出现的偏差,采取相应的应对措施。从这个意义上来说,偏差信息的收集和整理就成了控制的前提和基础。

①衡量实际工作成效。制定了衡量的标准后,对照标准来衡量实际工作,是控制过程的第二步。衡量实际工作的目的是为了取得控制对象的有关信息。在进行实际工作衡量前,应该对衡量什么、谁来衡量、如何衡量、多长时间衡量一次等问题作出明确的回答。

A.衡量什么。衡量什么是衡量工作中极为重要的方面。管理者应该针对能决定实际工作成效好坏的重要特征项进行衡量。在实际工作中,衡量的对象可以参照控制的对象加以确定。因此,在确定衡量什么时也需要对那些影响全局、关系全局的指标予以足够重视,以期发现问题、找出差距。

B.谁来衡量。衡量实绩的主体不一样,控制效果和控制方式就会有所不同。例如,目标管理之所以被称为是一种"自我控制"方法,就是因为工作的执行者同时成为了工作成果的衡量者和控制者。而由上级主管或职能人员进行的衡量和控制则是一种强加的、非自主的控制。衡量的主体不同,对控制效果和控制方式都会产生影响。

C.如何衡量。管理者可通过如下几种方法来获得实际工作绩效方面的资料和信息:一是来自观察。通过个人的亲自观察,管理者可亲眼看到工作现场的实际情况,也可以与工作人员现场交谈来了解工作进展及存在的问题,进而获得真实而全面的信息。采取这种方法来获得相关信息,尽管相对来说更加深刻、更有说服力,但由于时间和精力的限制,管理者不可能对所有工作活动都进行亲自观察。二是利用报表和报告。这是经由书面资料了解工作情况的常用方法。这种方法可节省管理者的时间,但所获取信息是否全面、准确则取决于这些报表和报告的质量。三是抽样调查。即从整批调查对象中抽取部分样本进行调查,并把结果看成是整批调查对象的近似代表,此法可节省调查的成本及时间。四是召开会议。让各部门主管汇报各自的工作近况及遇到的问题,这既有助于管理者了解各部门的工作情况,又有助于加强部门之间的沟通和协作。在衡量实际工作成绩过程中必须多种方法结合起来,综合考虑。

D.多长时间衡量一次。作为控制的一个阶段或步骤,衡量的频度也要适度。适度衡量不仅体现在衡量对象的数量选择上,还表现在对同一对象的衡量次数上。对工作结果的要素或活动进行衡量是必要的,但过于频繁的衡量,则是不适宜的。因为衡量次数过多不仅会增加控制的费用,而且可能引起组织有关成员的不满,影响他们的工作积极性。而衡量次数过少也是不可取的,因为次数过少不利于问题的发现和问题的纠正。一般来说,衡量的频度取决于被控制活动的性质。此外,被控制对象可能发生重大变化的时间间隔也是确定适宜衡量额度需要考虑的重要因素。例如,对产品质量的控制常常以件或小时、日等较小的单位来进行,而对新产品开发活动的成绩则可能需要以月或更长的时间单位来衡量。

②建立有效的信息反馈系统。由于衡量绩效的工作不都是由管理人员直接进行的,有时需要借助专职的检测人员,这样就有必要建立有效的信息反馈系统,使反映实际工作情况的信息既能迅速地收集下来,又能适当地传递给恰当的主管人员,并且能够将纠偏指令迅速地传达到有关人员,以便对问题作出处置。建立信息反馈系统,不仅有利于保证预定计划的实施,而且能防止组织成员把衡量视为上级对下级进行检查和惩罚的手段,从而避免产生对立情绪。

信息要能有效地服务于管理控制工作,需要符合以下三项基本要求:

A. 信息的及时性。首先,对信息的收集要及时。信息具有很强的时效性,对那些转瞬即逝的重要信息,如果没有及时记录和收集,过后便很难获取。这就要求从事信息传递工作的人员要有敏感性和责任感,及时对信息进行加工处理和检查,并迅速传递给管理层,以便管理者的衡量工作及时有效地进行。其次,信息的加工、检索和传递工作也要及时。如果信息不能及时提供给各级主管人员及相关人员,信息的使用价值就会丧失,更有甚者还会给组织带来有形或无形的损失。

B. 信息的准确性。管理人员必须依靠准确、可靠的信息才可能对工作中的问题作出正确的决策。信息的可靠性首先来源要准确,包括准确地收集信息、完善地传递等各个环节。在经济领域,完全可靠的信息是较难收集的,但高质量的决策又要求相对可靠的信息。为提高信息的可靠性,需要认真分析、研究事物的本质规律,同时要尽量多地收集相关信息。

C. 信息的适用性。收集信息的目的是为了利用信息。组织中的不同部门在不同的时期对信息种类、范围、内容、详细程度、准确性、使用频率的要求都可能不同。如果对这些管理部门不加区分地提供信息,不仅会造成信息的大量浪费,而且增加信息处理工作的难度,影响管理的效率。事实上,信息不足和信息过量同样都有害。因此,管理信息的适用性还要求信息必须经过有效的加工处理,要求专人对工作衡量中所获得的信息进行整理分析,并保证在管理者需要的时候能提供尽量精练而又满足控制要求的信息。

(3)通过衡量成效,检验标准的客观性和有效性。衡量工作成效是以预定的标准为依据来进行的,这往往会遇到一个问题:偏差到底是执行中出现的问题还是由于标准本身的原因造成的呢? 如果是前者,当然需要纠正,如果是后者,则要制定新的衡量标准。因此,利用预定标准检查部门人员工作的过程,同时也是标准客观性、有效性进行检验的过程。

在为控制对象确定衡量标准时,人们可能只考虑了一些次要的非本质因素,或只重视了一些表面的因素。因此,利用既定标准去检查人们的工作,并不能够达到有效控制的目的。衡量过程中的检验就是要剔除那些不能为有效控制提供信息及容易产生误导作用的标准,以便根据控制对象的本质特征制定出科学合理的标准。

任何控制行动都是针对问题及其产生的原因而采取相应的解决对策。控制措施、对策、办法的提出必须建立在对偏差原因进行正确分析的基础上。只有找到导致偏差发生的真正原因,才能针对引发偏差的原因采取有效的纠正措施,最终根除偏差产生的本质原因,从根本上纠正偏差,杜绝偏差的再次发生。

①找出偏差产生的主要原因。依据衡量的标准,利用科学方法,对工作绩效进行衡量之后,就可以将衡量的结果与标准进行比较,通过比较实际工作绩效与标准之间的偏差,分析偏

差产生的原因,从而制定相应的措施,对偏差作出反应。不是所有的偏差都会影响组织活动的最终成果,有些偏差可能反映了计划制定和执行中的严重问题,而有些偏差则可能是由一些偶然的、暂时的、局部的因素引起的,因而不一定会对组织活动的最终成果产生影响。因此,在采取纠偏措施以前,必须首先对反映偏差的信息进行评估和分析。

评估和分析偏差信息时,首先要判别偏差的性质和严重程度,判断其是否会对组织活动的效率和效果产生影响,其次要探讨导致偏差产生的主要原因。

一般来说,偏差的性质有两种:一是那些对组织有利的偏差,二是那些对组织有害的偏差。有害的偏差是指那些能够或可能会对组织最终成果的实现产生不利影响的偏差。如由于工期出现的延误,将会使公司无法按时交货,公司将面临对方起诉的风险等。有利的偏差是指那些符合组织发展趋势、将会有助于组织最终目标实现的偏差。如由于市场销售一片火爆,公司最终的销售完成情况将大大超出原先的销售目标,突破原先预定的年销售计划。

探讨导致偏差产生的主要原因首先要保证能够正确地分析出偏差产生的真正原因。现实中,同一偏差可能会由各种不同的原因所造成。这就需要认真了解偏差的信息并对影响因素进行深入、透彻的分析,从而能够通过表面现象找出造成偏差的真正原因,为制定纠偏措施提供根本保证。

偏差产生的原因主要表现为以下三个方面:

A. 外部环境的重大变化。由于外部环境的变化,使得组织原定目标和计划无法实现。对于这类因素,管理者一般无法控制,只能调整组织的目标和计划,并在认真分析的基础上采取一些补救措施,以消除不良影响。如由于政府紧缩银根,提高贷款利率,财务费用增加,影响了组织的利润。

B. 计划执行的不力。这是指由于计划执行过程中的原因导致的偏差。计划执行不力主要是由于工作责任心不强、工作能力不足、缺乏相应的监控造成的。

C. 计划本身制定的不合理。在计划制定过程中,由于决策者的想法与实际不符,或盲目乐观,把目标定得太高,如我国在建国初期制定的短时间内"超英赶美";或盲目悲观,制定出过于保守的计划。这时,需要对计划作出调整,以适应现实情况,确保组织根本目标得到真正实现。

②确定纠正措施的实施对象。确定纠正措施的实施对象时,也应该针对导致偏差的主要原因来展开。具体来说,当外部环境发生重大变化时,组织由于一般难以影响和改变外部环境的变化,因此,应该努力调整组织的策略和方针,趋利避害,应对挑战,尽力消除外部变化带来的不利影响。当计划执行不力时,组织应该加强内部管理工作,针对自身执行情况作出努力,确保圆满完成预期计划目标。当组织由于计划本身制定不合理、致使组织目标变得岌岌可危时,组织应该针对原先制定的计划,及时作出调整,制定新的计划,适应组织需要。综上所述,组织确定纠正措施的实施对象时,就要根据造成偏差的三个主要原因,分别予以对待,从而能够确保组织能够适应实际情况,实现组织的根本目标。

③采取适当的纠正措施。在采取纠正措施之前,有必要首先对偏差的性质和程度进行分析和评估,确定可以接受的偏差范围。应对偏差时,要根据偏差的性质和程度,采取适当的措施,或维持现状,或纠正偏差,或修改标准,以确保组织目标的实现。

如果偏差的性质是有利的偏差或偏差在可允许的范围内,管理者就不必采取任何行动,可以先维持现状,根据事态发展再制定相应措施;如果偏差是危害的偏差或偏差超过了可允许的范围,管理者就应该采取行动,实施适当的纠正措施。

在控制措施的选择与实施过程中,管理者还需要注意如下几个问题:

A. 确保纠正方案的双重优化。在选择纠正措施的方案时,不仅要根据纠正措施的实施对象进行选择,而且即使是针对同一对象,还应该根据具体情况,反复权衡,从众多可行方案中选择出合适的方案。判断纠正方案的合适性需要考虑两方面要求:一是纠正方案的经济性。如果纠正方案实施的成本要大于听任偏差发展可能带来的损失,那么,此时的优化选择应该是放弃纠正行动,听任偏差发展。在充分考虑了纠正方案成本和偏差损失的优化选择后,要考虑的另一个方面是,通过对各种可行纠正方案的分析比较,找出其中的最优方案,实现追加投入最少、成本最小、解决偏差效果最好的目的。

B. 注意消除组织成员对纠正措施的疑惑。应该看到,管理控制措施的实施都会在不同程度上引起组织结构、人员关系和活动方式的调整,从而会触及某些组织成员的利益。不同的组织成员会因此对纠正措施持有不相同甚至对抗的态度。特别是当纠正措施用于对原先计划安排的活动进行重大调整的时候,一些事先就反对原计划的人不仅会幸灾乐祸,还可能借此对原先决策的失误夸大其词,或者将事态发展引起的变化与原先决策的错误混为一谈,还有一些人则对纠正方案持怀疑、观望的态度。原先计划的制定者和支持者会害怕计划的改变意味着自己的失败,从而也公开或暗地里反对纠正措施的实施。因此,控制人员要充分考虑到组织成员对纠偏措施的不同态度,注意消除执行者的疑虑,争取更多的人理解、赞同、支持,尽量避免纠正措施实施过程中可能出现的障碍。

C. 充分考虑原有计划实施的影响。出于对客观环境的认识能力提高,或者出于客观环境本身发生重要变化而引起的纠偏需要,可能会导致原先计划与决策的局部甚至全局的否定,从而要求对组织活动的方向和内容进行重大的调整。这时要关注原有计划实施已经消耗的资源以及这种消耗对客观环境造成的种种影响。

2. 控制系统的构成要素

从控制过程的步骤分析中可以看出,有效地控制活动必须满足以下条件:

(1)具有明确的控制目的。控制工作的目的性,可以表现为使实际成绩与计划标准、目标相吻合,或者使计划标准、目标获得适时的调整。有效的控制系统不仅要能使偏差得到及时纠正,还应该能够促使管理者在现实情况发生较大变化时对原定目标或标准作出正确的修正和改变。

(2)具有及时、可靠、适用的信息。信息是控制的基础,只有掌握了有关执行标准或环境变化的足够信息,管理者才有可能作出有针对性的决策来。

(3)具有行之有效的行动措施。管理者应能够通过落实所拟订的措施方案,使执行中的偏差得到尽快纠正,或者形成新的控制标准和目标。

总之,控制系统是由控制的标准和目标、偏差或变化的信息,以及纠正偏差以调整标准和目标的行动措施这三个要素构成的。这三个构成要素共同决定了控制系统的效率和效能。因此,它们也是有效控制的基本条件。

知识链接

你愿意在多大程度上放弃控制

提示:通过下列问题,你会对是否放弃足够的控制而又保持有效性的问题有一个明确的认识。如果你没有工作经验,可根据你所知道的情况和你个人的信念来回答。对每一个问题指明你同意或不同意的程度,在相应的数字上面画圈,各选项的数字代表对该问题由极其赞同到极其反对的过渡级别。

1. 我会更多地授权,如果我授权的工作都能像我希望的那样完成。　　　　5　4　3　2　1

2. 我并不认为会有时间去合适地领导。　　　　　　　　　　　　　　　　5　4　3　2　1

3. 我仔细地检查下属的工作并不让他们察觉,这样在必要时,我可以在他们引起大的问题之前纠正他们的错误。　　　　　　　　　　　　　　　　　　　　　　　　　5　4　3　2　1

4. 我将我所管理的全部工作都交给下属去完成,我自己一点也不参与,然后我检查结果。

　　　　　　　　　　　　　　　　　　　　　　　　　　　　　　　　5　4　3　2　1

5. 如果我已经给出过明确的指令,但工作仍然没有做好时,我感到沮丧。　5　4　3　2　1

6. 我认为员工缺乏和我一样的责任心。所以只要是我不参与的工作就不会干好。

　　　　　　　　　　　　　　　　　　　　　　　　　　　　　　　　5　4　3　2　1

7. 我会更多地授权,除非我认为我会比现任的人做得更好。　　　　　　5　4　3　2　1

8. 我会更多地授权,除非我的下属非常有能力,否则我会受到指责。　　5　4　3　2　1

9. 如果我授权的话,我的工作就不会那么有意思啦。　　　　　　　　　5　4　3　2　1

10. 当我委任一项任务时,我常常发现最终总是我自己从头干一遍所有的工作。

　　　　　　　　　　　　　　　　　　　　　　　　　　　　　　　　5　4　3　2　1

11. 我并不认为授权会提高多少工作效率。　　　　　　　　　　　　　　5　4　3　2　1

12. 当我委任一项任务时,我会清楚而又简明地具体说明应该如何完成这项任务。

　　　　　　　　　　　　　　　　　　　　　　　　　　　　　　　　5　4　3　2　1

13. 由于下属缺乏必要的经验,我不能一相情愿地授权。　　　　　　　　5　4　3　2　1

14. 我发现当我授权时,我会失去控制。　　　　　　　　　　　　　　　5　4　3　2　1

15. 如果我不是一个完美主义者,我会更多地授权。　　　　　　　　　　5　4　3　2　1

16. 我常常加班工作。　　　　　　　　　　　　　　　　　　　　　　　5　4　3　2　1

17. 我会将常规工作交给下属去做,而非常规工作则必须由我亲自做。　　5　4　3　2　1

18. 我的上级希望我注意工作中的每一个细节。　　　　　　　　　　　　5　4　3　2　1

参考答案:

累加你的 18 项问题的全部得分,你的分数可以解释如下:

得分在 72～90 分＝无效的授权

得分在 54～71 分＝授权习惯需要大量改进

得分在 36～53 分＝你还有改进的余地

得分在 18～35 分＝优秀的授权

9.1.3　控制的类型

控制的类型,按照不同的标准可划分为不同的类型。如按照业务范围,控制分为生产控制、质量控制、成本控制和资金控制;按照控制对象的全面性,控制分为局部控制和全面控制;按照纠正措施的作用环节不同,控制分为前馈控制、现场控制和反馈控制。这里主要讲解按照纠正措施的作用环节不同分成的控制。

1. 前馈控制

前馈控制又称事前控制、预先控制,是在企业生产经营活动开始之前进行的控制。前馈控制在问题出现之前就预先告知管理人员,促使他们从一开始就采取各种预先防范措施,预防或尽可能地减少偏差和失误的出现,从而把偏差和失误可能带来的损失降到最低程度。

前馈控制的目的是在工作开始之前就对问题的隐患提前做好准备,未雨绸缪,做到"防患于未然"。例如,管理者得到过去和现在的销售情况,进行预测分析以后,了解到销售额将下降到较低的、背离期望的水平,管理者就制定新的技术改革和产品引进计划、新的广告宣传计划、新的推销策略,以改善销售的预期结果。关于前馈控制的实例很多,如企业为了保证产品质量而对进厂原材料进行检验、对员工进行上岗前培训、制定财务预算、管理部门制定规章制度及相关实施细则、为保证计划和战略的实施而在人才招聘之前拟定对应聘者的具体要求等,这些都属于前馈控制。前馈控制的效果取决于对情况的观察、规律的把握、信息的获得、趋势的分析和可能发生的问题的预测。

前馈控制的优点:在工作开始之前进行,避免了事后控制对已铸成差错无能为力的弊端,避免带来巨大的损失,节省了修正错误的成本。同时,由于前馈控制是在工作开始之前针对某项计划行动所依赖的条件进行控制,不针对具体人员,不易造成对立性的冲突,不易造成对立情绪,易被职工接受并付诸实施。而且,这一控制手段执行起来较为容易,容易赢得员工的支持和配合。

前馈控制的缺点:需要及时准确地获得相应的信息,要求管理人员充分了解控制的关键因素,提前预知计划执行中可能出现的问题。一般来说,要做到事先熟知容易出现的问题。想到可能出现的偏差,在某些情况下并非易事。因此,要充分发挥事前控制"防患于未然"的作用确实是有一定难度的。

前馈控制大大地改善控制系统的性能,但要进行切实可行的前馈控制,一般应满足以下几个必要条件:

①在对系统进行详细分析的基础上,确定重要的输入变量。

②建立前馈控制系统的模式。

③保持该模式的动态特性,即经常检查模式以了解所确定的输入变量及其相互关系是否仍然反映实际情况。

④定期地收集输入变量的数据,并把它们输入控制系统。

⑤定期地预计实际输入的数据与计划输入的数据之间的偏差,并评价其对预期的最终成果的影响。

⑥有措施来保证解决问题。

2. 现场控制

现场控制又称同步控制、事中控制、即时控制或过程控制,是指企业经营过程开始以后,对活动中的人和事进行指导和监督。主管人员越早了解业务活动与计划的不一致,就可以越快地采取纠偏措施,可以在发生重大问题之前及时纠正。

现场控制主要有监督和指导两项职能。监督是按照预定的标准检查正在进行的工作,以保证目标的实现。指导是管理者针对工作中出现的问题,根据自己的经验指导下属改进工作,或与下属共同商议纠正偏差的措施,以便使工作人员能正确地完成规定的任务。

现场控制常常是基层管理人员现场管理采用的一种方法,主管人员通过深入现场,亲自监督和检查,可以约束并指导下属人员的活动。例如,施工现场的指挥、总裁亲临现场视察指导,都属于现场控制。

现场控制的优点:现场控制能够及时发现偏差,及时纠正偏差,立竿见影,使损失控制在较低的程度,是一种积极有效的方法。

现场控制的缺点:容易受到管理者自身时间、精力、业务水平的制约。如果管理者无法保证充足的时间投入,无法对现场出现的问题及时发现并及时提出正确的解决办法,那么,现场控制就不会得到很好的贯彻执行。此外,现场控制的应用范围也相对有限,由于受到控制执行人员的数量、时间、精力的限制,成本过高,并且由于现场控制需要现场对出现的问题直接予以指明并马上作出改正,这容易造成员工心理上的对立,引起员工的对立和不满情绪。从这个意义上来说,现场控制很难成为日常性的控制办法,它只能是其他控制方法的一种补充。

3. 反馈控制

反馈控制,也称事后控制、成果控制,是指在一个时期的生产经营活动已经结束以后,对本期的资源利用状况及其结果进行总结。由于这种控制是在经营过程结束以后进行的,因此,不论其分析如何中肯,结论如何正确,对于已经形成的经营结果来说都是无济于事的,无法改变已经存在的事实。反馈控制的主要作用,甚至可以说是唯一的作用,是通过总结过去的经验和教训,为未来计划的制定和活动的安排提供借鉴。如企业发现不合格产品后追究当事人的责任,并且制定防范再次出现质量事故的新规章,发现产品销路不畅而相应作出减产、转产或加强促销的决定,以及学校对违纪学生进行处罚等,这些都属于反馈控制。

反馈控制主要包括财务分析、成本分析、质量分析以及员工成绩评定等内容。

反馈控制的优点:

①可行性强。对于许多计划,反馈控制常常是唯一能够采用的控制手段,因为许多事件只有在发生后才能看清结果。

②可以稳定系统。当系统不稳定时,加强反馈控制具有稳定系统的作用。例如,当员工对某些问题意见纷纷,情绪不稳定时,通过开辟对话渠道,加强领导与员工的对话,能够在一定程度上起到稳定员工情绪的作用。

③便于总结经验。许多事物的发展是循环往复、呈螺旋状推进的,反馈控制能给后面的工作提供信息和借鉴,以便改进工作。

反馈控制的缺点:无法避免的滞后性。从衡量结果、比较分析到制定纠偏措施及实施都需要时间,很容易贻误时机,所以当实施反馈控制时,偏差已经产生,损失已经造成,这都是管理者不愿看到的。

9.1.4 管理控制的基本原则

1. 反映计划要求原则

控制的最终目标是实现计划,控制是实现计划的保证。因此,在确定控制标准、搜集信息、确定控制关键点、选择控制对象及采取纠正措施方面都要符合计划工作的特点,控制才能真正有效。所以,在设计控制系统时,每个管理者都必须围绕计划进行,要根据计划的特点确定控制标准、衡量方法和纠偏措施。比如,人力资源控制系统和产品质量控制系统虽然处于同一组织系统,但二者的控制要求是截然不同的。

2. 组织适应性原则

有效的控制系统必须适应特定的组织结构和主管人员的特点。众所周知,计划需要人来执行,控制也需要人来执行,组织结构决定了组织成员的分工。因此,控制标准的设计必须符合组织结构的要求。只有组织结构的设计明确完善,控制系统符合组织的职责分工,控制的效用才能充分发挥。例如,如果产品成本不按照制造部门的组织结构进行核算,如果每个车间主任不知道该部门生产产品的成本目标,那么他们就不可能知道实际成本是否合理,也就不可能对成本负责,更不谈不上什么成本控制。

同时,控制系统还需要适合主管人员的个性和特点。也就是说,在设计控制系统时,要考虑到管理人员的知识水平和业务能力,提供给主管人员的信息和技术手段要让主管人员能够理解和有效运用。这样,控制系统才能更加有效。

3. 控制关键点原则

在控制过程中,管理人员只有抓住关键的控制点,才能真正把握住控制的关键,收到"牵一发而动全身"的良好功效。控制不可能面面俱到、事无巨细、同等对待,因此,在控制过程中,管理者必须选择关键点,以确保整个工作按照计划要求执行。比如啤酒酿造企业中,啤酒质量是控制的一个重点对象。尽管影响啤酒质量的因素很多,但只要抓住了水的质量、酿造温度和酿造时间,就能保证啤酒的质量。因此,企业就要对这些关键控制点制定出明确的控制标准。事实上,控制了关键点,就控制了全局。

4. 及时性原则

一个完善的控制系统实施有效控制,必须在一旦发生偏差时能够迅速发现,并根据实际情况,及时采取相应措施;在偏差未出现之前,尽量预测偏差的产生,防患于未然。组织活动中产生的偏差只有及时采取措施加以纠正,才能避免偏差的扩大。这是控制活动的核心。在控制中要做到及时性,需要依赖现代化的信息管理系统,随时传递信息,随时掌握工作进度,这样才能尽早发现偏差,及时采取措施进行控制。

5. 控制趋势原则

俗话说,"要做事,但更要做势"。对控制全局的主管人员来说,至关重要的是控制现状所预示的趋势,而不是现状本身。所谓趋势,是多种复杂的因素综合作用的结果,是在一段较长时间内逐渐形成的,并会长期影响管理工作的成效。就控制而言,重要的是及早发现偏差及失误的苗头,防范不良的发展趋势,防患于未然,把不良的表现扼杀在萌芽状态。例如,我国有一个生产机床的企业,连续两年的销售收入增长率在4%左右,而这几年国内同类企业的销售收入增长率为8%。相比之下,该企业的销售收入增长率不但不值得乐观,相反预示着企业在国内的竞争力正处于下降的不利态势,如果不采取及时有效的控制措施,后果将更为严重。企业经理意识到问题的严重性,一方面狠抓产品销售,另一方面大力开发新产品,并加强对老产品的技术改造和更新换代。经过一年多的努力,企业的销售额得到了较大增长,企业摆脱了不利的局面,步入了良性发展的轨道。企业的这种做法就是及时地控制了趋势,将问题扼杀在摇篮之中。

6. 例外原则

例外原则是指控制工作应着重于计划实施中的例外偏差。管理人员的精力是有限的,无法时时、事事都做到充分关注。因此,为进行有效的控制,对那些异常情况予以充分关注,反而会使得自己的管理更具针对性,使自己的努力具有更强的目的性,有助于提高工作效率,收到更好的效果。

值得注意的是,仅仅注意例外情况是不够的,并非所有的例外情况都是至关重要的,有时微不足道的偏差可能预示着更严峻的后果。在同一组织中,对于不同类别的工作,一定额度的偏差所反映的事态严重程度并不一样。例如,有时管理费用高于预算的 5% 可能无关紧要,而产品合格率下降 1% 却可能出现产品严重滞销的问题,也就是说,有时微不足道的偏差可能预示着更严重的后果。所以,在实际控制中,例外原则必须与控制关键点原则结合起来,注意关键问题的例外情况。控制关键点原则强调选择控制点,而例外原则强调观察控制点以外的异常偏差,应注意不要混淆这两个原则。

7. 直接控制原则

相对于间接控制的滞后性而言,直接控制更胜一筹。主管人员及其下属的素质越高,就越能进行科学的管理,就越有能力采取措施来预防偏差的发生,控制的效果就会越好。所以,控制系统应当重视直接控制,注重提高主管人员和下属的素质,使他们能熟练地应用管理的原理、技术和方法来改善他们的管理工作。

8. 经济性原则

控制是一项需要投入人力、物力、财力的事情,从经济的角度看必须是合理的。如果控制所付出的代价比得到的好处要大,那么就失去了意义。任何控制系统产生的效益都必须与其投入的成本进行比较。为了使成本最少,管理人员应该尝试使用能产生期望结果的最少量的控制。这个要求看起来简单,但做起来比较复杂。因为一个管理人员有时很难确定某个控制系统究竟能带来多少效益,也难以计算其费用到底是多少,是否经济也是相对的,因为控制的效益随业务活动的重要性和规模的大小而不同。在实际工作中,我们应尽可能有选择地进行控制,精心选择控制点;另外,尽可能改进控制方法和手段以降低消耗,提高效益。

经济性原则要求:一方面要实行有选择的控制,正确而精心地选择控制点;另一方面要努力降低控制的各种耗费而提高控制效果,改进控制的方法和手段,以最少的成本查出偏离计划的现有和潜在的原因,花费少而控制效率高的系统才是有效的控制系统。

9.2　控制技术与方法

有效地运用控制的技术和方法是成功地进行控制的主要保证。控制的技术和方法多种多样,以下介绍几种常用的控制技术和方法。

9.2.1　质量控制

质量有广义和狭义之分。狭义的质量指产品的质量;广义的质量还包括工作质量。

质量控制是对产品、工作是否满足规定要求的属性或特征进行的控制。产品质量是指产品适合社会和人们一定用途和需要所具备的特性;工作质量是指企业的管理、技术和组织等工作对实现或提高产品(或服务)质量标准的保证程度。

迄今为止,质量管理和控制的发展经历了三个阶段,即质量检验阶段、统计质量管理阶段和全面质量管理阶段。质量检验阶段大约发生在 20 世纪 20 年代至 40 年代,工作重点在产品生产出来之后的质量检查;统计质量管理阶段发生在 20 世纪 40 年代至 50 年代,管理人员主要采用统计方法作为工具,对生产过程加强控制,提高产品的质量。从 20 世纪 50 年代开始的全面质量管理是以保证产品质量和工作质量为中心,企业全体员工参与的质量管理。如今,全面质量管理已经形成了一整套管理理念,风靡全球。

全面质量管理是基于分权控制的一种广为流行的方法,即为了保证产品质量符合规定标准和满足用户需求,企业在生产的全过程中始终贯彻质量观念,从而全方位提升质量水平的方法。

全面质量管理有四大特征:

(1)全过程的质量管理。质量管理不仅仅在生产过程中,更应"始于市场,终于市场",从产品设计开始,直至产品进入市场,以及售后服务等,质量管理都应贯穿其中。

(2)全企业的质量管理。质量管理不仅仅是质量管理部门的事情,它和全企业各个部门都休戚相关,因为产品质量是做出来的,不是检验出来的,故每项工作都与质量相关。

(3)全员的质量管理。每个部门的工作质量,决定于每个员工的工作质量,所以每个员工都要保证质量,为此,员工成立了很多小组专门研究部门或工段的质量问题。

(4)全面科学的质量管理方法。以统计分析方法为基础,综合应用各种质量管理方法,工作步骤按"计划—执行—检查—处理(PDCA)"四步循环进行。

相关案例

企业内部控制

2002 年 2 月,工商银行湖北分行武汉营业部储蓄员杨峥,在春节期间,通过虚拨存款手段卷走 337.3 万元人民币,并偷走 3 万美元、1 万元港币。杨峥今年 26 岁,是工商银行武汉营业部下属某支行机场路分理处凌云储蓄所临时工。正月初一,杨利用值班上柜之机,在电脑上操作,凭空划账 300 多万元,分别存入自己的 35 个活期存折。此后 3 天,杨租乘摩托奔赴武汉三镇,从 48 个储蓄所取款 116 笔,共计 337.3 万元。初六上午,工行武汉营业部监管部门发现该笔存款疑点。同日上午,杨给家人留言并留下 20 万元后,携女友潜逃。机场路分理处在随后的清理中,发现杨峥所在的凌云储蓄所外币钱箱少了 3 万美元、1 万港元,确定被杨峥盗走。

令人不解的是,一个小小的储蓄员,怎么作下如此大案?

杨峥的作案手段其实并不高明,但他蓄谋已久。他于 2001 年 9 月开了 35 个活期存折,以便乘过年休假期间监管松懈的时机下手。原来,该储蓄所过年几天值班人员少,平时分人掌管的"责任卡"(即划分银行电脑使用权限的级别卡)这时可能集中到一个人手中。于是,正月初一本不该杨峥值班,但他与人换了班,当天使用本应由储蓄所主任掌管的"五级卡"和本应由储蓄主管员掌管的"四级卡"在电脑中虚存了款项;按规定,储蓄所每天的借贷应是一本平账,每笔储蓄业务应隔日审核,但由于当天储蓄所值班人员不到位,隔日审核的部门又放了假,这个"黑洞"直到初六才被发现。同时,平时看管很严的钱箱,在过年期间也无人管理了。杨峥利用手中的钥匙,直接从钱箱中盗走了外币。

(资料来源:http://zhidao.baidu.com/question/162314592.html.)

9.2.2 预算控制

1. 预算控制的含义

组织管理中最基本、最广泛运用的控制方法就是预算控制方法。所谓预算,就是用数字,特别是用财务数字的形式来陈述的组织中短期活动计划,它是一种以货币和数量表示的计划,是对完成组织目标和计划所需资金的来源和用途所做的说明。它以货币作为计量单位把计划活动数字化,通过预算为各部门各项活动规定了在资金、劳动、材料、能源等方面的支出额度。

预算控制就是将实际和计划进行比较后确认预算的完成情况,找出差距并进行弥补,从而实现对组织资源合理利用的控制方法。

2. 预算的特点

(1)计划性。预算首先是一种计划方法或者说计划形式。预算的主要构成内容是各种数字计划。

(2)预测性。预算是对未来的计划,不论是在历史数据基础上进行必要调整后得到的数据,还是根据主观经验推测得到的数据,都无一例外地表示了对未来的估计。因此,预算本身包含着对未来的预计,预计可能会出现的数据结果,或者预计经过努力后可以达到的数据结果和结构特征,而正是在对未来各种环境和条件作出一定的预测之后,预算才得以最终确立。

3. 预算的控制作用

(1)便于管理者了解和控制组织的财务状况。预算通常规划和说明了资金的来源及分配计划,有了预算,就能有效地了解组织的资金财务状态。又由于预算是用货币来表示的,这为比较各项活动的完成情况提供了一个清晰的标准,从而使管理者可通过预算的执行情况把握组织的整体情况。

(2)有助于管理者合理配置资源和控制组织中各项活动的开展。组织中各项活动的开展,几乎没有不与资金打交道的,资金作为一种重要的杠杆,调节着各项活动的轻重缓急及其规模大小。预算范围内的资金收支活动,由于得到人力、物力的支持而得以进行;没有列入预算的活动,由于没有资金来源,也就难以开展活动。预算外的收支,会使管理者及时了解情况而被纳入控制。因此,管理者可通过预算,合理配置资源,保证重点项目的完成,并控制各项活动的开展。

(3)有助于对管理者和各部门的工作进行评价。预算为各项活动确定了投入产出标准,只要能正确运用,就可以根据预算的执行情况,来评价各部门的工作成果。同时,由于预算还可控制各级管理人员的职权,明确他们各自应承担的责任,做到责、权、利的落实,达到有效控制的目的。

(4)有助于提高企业的经济效益。通过预算,可以使管理者在财务上做到精打细算,杜绝铺张浪费的不良现象,有效地控制和降低成本、提高效益。

4. 预算控制的优缺点

预算控制的优点主要表现在:预算为衡量绩效提供标准,并且方便企业不同部门之间、不同层次之间以及不同时期之间作出比较;预算控制有助于公司协调资源和项目,有助于不同部门间的协调和信息沟通。预算还有助于公司保持绩效水平,是对战略计划的合理补充。

预算控制的缺点主要表现在:预算应当起框架作用,可是管理人员有时不能认识到变化的形势可能需要调整预算。此外,编制预算很浪费时间。

5.预算的种类

不同企业,由于生产活动的特点不同,预算表的项目会有所不同,但一般来说,预算可分为以下几种:

(1)收支预算。收支预算包括收入预算和支出预算。收入预算列出某个时期组织的预期收入及其来源,如销售收入、租金收入、专利收入及其他投资收益来源等。支出预算列出计划期各种费用支出,如材料费、人工费、管理费、销售费等。收支预算应尽可能准确地估计各项收入的数量和时间,并努力提高其实现的可靠性。

(2)实物预算。这是一种以实物单位来表示的预算,是货币量收支预算的重要补充。常用的实物预算包括产量预算、人工预算、机时预算、原材料消耗预算、燃料消耗预算、库存预算等。

(3)投资预算。投资预算列出了组织在主要资产项目(如厂房、机器、设备等)方面的资本支出。在通常情况下,资本支出项目都是一年以上的。较长的回收周期使资本支出不仅大大影响到未来的费用支出状况,同时也对企业的盈利能力有着重要影响。因此,为了预测资本投资对于现金流量和盈利能力的影响,投资预算不仅要包括资本投资金额,还必须评估预期的投资回报率是否切实可行。合理的投资预算可以帮助管理者将投资与组织的早期计划工作密切结合起来,判断向某一项目投资的价值。

(4)现金预算。现金预算列出了每天或者每周的现金收支情况,以确保管理者有足够的现金保持企业的运行。在现金预算中管理者可以发现流入和流出企业的资金数量以及现金支付的性质,当企业的现金拥有超出清偿债务所需时,企业就会考虑把多余部分用作再投资,相反企业则必须靠借入现金来渡过难关。

(5)资产负债预算。资产负债预算是对企业会计年度的财务状况进行预测。它通过将各部门和各项目的分预算汇总在一起,表明如果企业的各种业务活动达到预先规定的标准,在财务期末企业资产与负债会呈现何种状况。作为各分预算的汇总,管理人员在编制资产负债预算时虽然不需要作出新的计划或决策,但通过对预算表的分析,可以发现某些分预算的问题,从而有助于采取及时的调整措施。比如,通过分析流动资产与流动债务的比率,可能发现企业未来的财务安全性不高,偿债能力不强,可能要求企业在资金的筹措方式、来源及其使用计划上作相应的调整。另外,通过将本期预算与上期实际发生的资产负债情况进行对比,还可发现企业财务状况可能会发生哪些不利变化,从而指导事前控制。

(6)综合预算。综合预算是考虑各种因素后的多项内容总预算,通过编制预算汇总表,用于公司的全面业绩控制。它把各部门的预算汇总起来,从中可以看到销售额、成本、利润、资本的运用、投资利润率及其相互关系。综合预算可以向最高管理层反映出各个部门为了实现公司总的奋斗目标而运行的具体情况。

9.2.3 成本控制

随着社会经济的发展,成本领先已成为企业在竞争中取胜的关键战略之一,企业无论采取何种改革、激励措施都代替不了强化成本管理、降低成本这一工作。它是企业成功重要的因素之一,也是企业利润的源头。

成本控制是企业根据一定时期预先建立的成本管理目标,由成本控制主体在其职权范围内,在生产耗费发生以前和成本控制过程中,对各种影响成本的因素和条件采取的一系列预防和调节措施,以保证成本管理目标实现的管理行为。

成本控制包括以下步骤:

(1)确定目标成本,制定具体控制标准。这一阶段企业会根据利润的要求,通过反复的测算,确定先进合理、效益最佳的目标成本,然后根据目标成本,层层分解指标,为每一项活动制定具体的控制标准。确定目标成本的方法有计划法、预算法和定额法等。

(2)根据原始记录,进行成本核算。成本统计所用的原始记录是反映核算人力、物力、财力等支出的全部原始记录,是进行成本核算和控制最基本的依据。通常该阶段需要进行的成本核算有:可比产品总成本、可比产品单位成本、商品产品成本、主要产品单位成本、可比产品成本降低率等。通过成本核算,管理者可以了解实际成本,并为分析改进提供数据资料。

(3)差异分析。将实际成本与目标成本相比较,就会发现差异。分析就是通过比较,找到实际成本与目标成本的差异、发展趋势,找出控制和降低成本的措施。差异分析的主要内容有直接材料费用分析、直接人工费用分析、管理费用分析、销售费用分析等。

(4)采取措施,降低成本。一旦发现实际成本高于目标成本,就应积极采取措施,控制成本上升趋势。一般来说,可采用的方法有价值工程、严格投入管理、改进产品设计或生产工艺、精简机构等。

做好企业成本控制工作,不断降低企业的经营成本,是提高企业竞争力从而提高企业经济效益的最直接有效手段。在进行成本控制过程中应遵循以下原则:①竞争是成本控制的基准;②全员全过程控制;③以企业价值最大化为最终目标;④精细管理,从细节入手;⑤整合优化内外部资源。

◣ 相关案例

钢厂不同的经营模式

1. 邯钢模式

邯郸钢铁总厂在 1991 年针对原材料大幅度涨价、钢材市场严重疲软、产品成本升高、经济效益下滑的严峻局面下,在全厂实行"模拟市场,成本否决",顺利渡过难关。所谓"模拟市场",指采用最终产品的市场价格来"模拟"确定内部转移价格的过程。其具体方法为,首先以钢材的市场价格为基础,减去税金和目标利润之后为钢材的目标成本,实际成本与目标成本的差异即为全厂应挖掘的潜力。班组再把指标落实到人,形成一个以保障全厂目标利润为中心由十几万个指标组成的成本控制体系。这个体系中的每个指标都与厂内各部门和个人密切相关,成为一个严密的责任网络。这样,由于目标成本的测算是以市场价为基础的,是客观存在的,市价有无可争辩的权威性,从而避免了不必要的讨价还价。所谓"成本否决",是指无论其他指标完成得再好,只要突破了分配给分厂、班组或个人的目标成本,工资和奖金就要受到影响。这样,邯钢就树立起了"成本权威",并将成本作为影响、诱导和矫正人的行为的杠杆。

邯钢模式的优点是:坚持从实际出发,实行集约经营,推进技术改进,自觉遵循价值规律和供求规律;企业管理以财务管理为重点,财务管理以资金运作为中心,加速资金周转;全心全意依靠职工办企业,让广大职工当家理财,使职工真正成为企业的主人。

邯钢模式的缺点是:成本否决法很难适应生产不均衡、品种多又变化频繁的场合;易于产生低质量问题,易失去激励作用。

2. 宝钢模式

宝钢于 1996 年正式采用标准成本制度。具体方法为：首先制定成本中心，分清部门责任。将某种产品在其生产过程中所经过的、又投入、产出的单元设为成本中心，并分为各个等级：一级为全厂；二级为分厂；三级为作业区。成本中心按其功能又分为生产性成本中心、服务性生产中心、辅助性成本中心和生产管理性中心。其次是制定并修正成本标准。成本标准是各成本中心针对具体产品制定的，分为消耗标准和价格标准。在标准制定过程中，工程技术方、生产方、财务人员共同参与。最后是成本差异的揭示及分析。差异由实际成本减去标准成本来揭示。差异揭示出来后，由责任中心的生产人员、技术人员、管理人员共同分析差异产生的原因，提出改进措施。

宝钢模式的优点是：便于决策、便于成本控制、便于分清成本责任中心。

宝钢模式的缺点是：在实际操作中，由于内部结算中心无法发挥作用等原因导致标准成本的制定不合理，或高不可攀，或太低失去控制作用。由于信息反馈制度不够及时，造成各责任中心控制人员后知后觉，无法及时校正偏差，导致成本的事中控制沦为事后分析。

❓ 本章思考题

1. 简述控制的概念。
2. 简述控制与计划的关系。
3. 简述控制的过程。
4. 控制的基本类型有哪些？
5. 控制过程中应遵循什么原则？
6. 管理过程中控制的技术和方法有哪些？

◢ 案例分析

麦当劳公司的控制系统

麦当劳公司以经营快餐闻名遐迩。1955 年，克洛克在美国创办了第一家麦当劳餐厅，其菜单上的品种不多，但食品质量高，价格廉，供应迅速，环境优美。连锁店迅速发展到每个州，至 1983 年，美国国内分店已超过 5000 家。1967 年，麦当劳在加拿大开办了首家国外分店，以后国外业务发展很快。到 1985 年，国外销售额约占它的销售总额的 1/5。在 40 多个国家里，每天都有 1800 多万人光顾麦当劳。

麦当劳金色的拱门允诺：每个餐厅的菜单基本相同，而且"质量超群，服务优良，清洁卫生，货真价实"。它的产品、加工和烹制程序乃至厨房布置，都是标准化的、严格控制的。它撤销了在法国的第一批特许经营权，因为它们尽管盈利可观，但未能达到在快速服务和清洁方面的标准。

麦当劳的各分店都由当地人所有和经营管理。鉴于在快餐饮食业中维持产品质量和服务水平是其经营成功的关键，因此，麦当劳公司在采取特许连锁经营这种战略开辟分店和实现地域扩张的同时，就特别注意对各连锁店的管理控制。

如果管理控制不当，使顾客吃到不对味的汉堡包或受到不友善的接待，其后果就不仅是这家分店将失去这批顾客光顾的问题，还会波及影响到其他分店的生意，乃至损害整个公司的信誉。为此，麦当劳公司制定了一套全面、周密的控制办法。

　　麦当劳公司主要是通过授予特许权的方式来开辟连锁分店。其考虑之一,就是使购买特许经营权的人在成为分店经理人员的同时也成为该分店的所有者,从而在直接分享利润的激励机制中把分店经营得更出色。特许经营使麦当劳公司在独特的激励机制中形成了对其扩展中的业务的强有力控制。麦当劳公司在出售其特许经营权时非常慎重,总是通过各方面调查了解后挑选那些具有卓越经营管理才能的人作为店主,而且事后如发现其能力不符合要求则撤回这一授权。

　　麦当劳公司还通过详细的程序、规则和条例规定,使分布在世界各地的所有麦当劳分店的经营者和员工们都遵循一种标准化、规范化的作业。麦当劳公司对制作汉堡包、炸土豆条、招待顾客和清理餐桌等工作都事先进行翔实的动作研究,确定各项工作开展的最好方式,然后再编成书面的规定,用以指导各分店管理人员和一般员工的行为。公司在芝加哥开办了专门的培训中心——汉堡包大学,要求所有的特许经营者在开业之前都接受为期一个月的强化培训。回去之后,他们还被要求对所有的工作人员进行培训,确保公司的规章条例得到准确的理解和贯彻执行。

　　为了确保所有特许经营分店都能按统一的要求开展活动,麦当劳公司总部的管理人员还经常走访、巡视世界各地的经营店,进行直接的监督和控制。例如,有一次巡视中发现某家分店自行主张,在店厅里摆放电视机和其他物品以吸引顾客,这种做法因与麦当劳的风格不一致,便会立即得到纠正。除了直接控制外,麦当劳公司还定期对各分店的经营业绩进行考评。为此,各分店要及时提供有关营业额和经营成本、利润等方面的信息,这样总部管理人员就能把握各分店经营的动态和出现的问题,以便商讨和采取改进的对策。

　　麦当劳公司的再一个控制手段,是在所有经营分店中塑造公司独特的组织文化,这就是大家熟知的"质量超群,服务优良,清洁卫生,货真价实"口号所体现的文化价值观。麦当劳公司的共享价值观建设,不仅在世界各地的分店,在上上下下的员工中进行,而且还将公司的一个主要利益团体——顾客——也包括进这支建设队伍中。麦当劳的顾客虽然被要求自我服务,但公司特别重视满足顾客的要求,如为他们的孩子们开设游戏场所、提供快乐餐和组织生日聚会等,以形成家庭式的氛围,这样既吸引了孩子们,也增强了成年人对公司的忠诚感。

思考题

　　1.麦当劳提出的"质量超群,服务优良,清洁卫生,货真价实"口号如何反映它的公司文化?以这种方式来概括一个组织或公司的文化,具有哪些特色或不足?

　　2.麦当劳公司所创设的管理控制系统具有哪些基本构成要素?

　　3.该控制系统是如何促进了麦当劳公司全球扩张战略的实现?

参考文献

[1] 徐国华,张德,赵平. 管理学[M]. 北京:清华大学出版社,2010.

[2] 周三多. 管理学[M]. 北京:高等教育出版社,2006.

[3] 王建民. 管理学原理[M]. 北京大学出版社,2006.

[4] 刘秋华. 管理学[M]. 北京:高等教育出版社,2010.

[5] 吴照云. 管理学原理[M]. 北京:经济管理出版社,2008.

[6] 单凤儒. 管理学基础[M]. 北京:高等教育出版社,2008.

[7] 徐国华. 管理学[M]. 北京:清华大学出版社,1998.

[8] 周瑜弘. 组织行为学案例精选精析[M]. 北京:中国社会科学出版社,2008.

[9] 张康之. 一般管理学原理[M]. 北京:中国人民大学出版社,1998.

[10] 徐艳梅. 管理学原理[M]. 北京:北京工业大学出版社,2003.

[11] 杨文士,张雁. 管理学原理[M]. 北京:中国人民大学出版社,2003.

[12] 都国雄. 管理原理[M]. 南京:东南大学出版社,2003.

[13] 陕西职业技术学院管理学精品课程网站.

[14] 南京大学管理学精品课程网站.

[15] 北京交通大学管理学精品课程网站.

图书在版编目(CIP)数据

管理学基础/王红梅,蔡爱丽主编.—2版.—西安:西安交通
大学出版社,2017.9(2018.9 重印)
ISBN 978 - 7 - 5693 - 0020 - 8

Ⅰ.①管…　Ⅱ.①王…　②蔡…　Ⅲ.①管理学　Ⅳ.①C93

中国版本图书馆 CIP 数据核字(2017)第 209892 号

书　　名	管理学基础(第二版)	
主　　编	王红梅　蔡爱丽	
责任编辑	赵怀瀛　史菲菲	
出版发行	西安交通大学出版社	
	(西安市兴庆南路 10 号　邮政编码 710049)	
网　　址	http://www.xjtupress.com	
电　　话	(029)82668357　82667874(发行中心)	
	(029)82668315(总编办)	
传　　真	(029)82668280	
印　　刷	西安明瑞印务有限公司	
开　　本	787mm×1092mm　1/16　　印张 13.875　　字数 328 千字	
版次印次	2017 年 8 月第 2 版　　2018 年 9 月第 5 次印刷	
书　　号	ISBN 978 - 7 - 5693 - 0020 - 8	
定　　价	29.80 元	

读者购书、书店添货,如发现印装质量问题,请与本社发行中心联系、调换。
订购热线:(029)82665248　(029)82665249
投稿热线:(029)82668133
读者信箱:xj_rwjg@126.com